Berliner Leichenschau

Horst Bosetzky / Gunther Geserick

Berliner Leichenschau

Kleines Einmaleins des Mordens

Jaron Verlag

Prof. Dr. Horst Bosetzky alias -ky lebt in Berlin und gilt als
»Denkmal der deutschen Kriminalliteratur«. Im Jaron Verlag ver-
öffentlichte er eine Vielzahl von Krimis und anderen Büchern.
Horst Bosetzky feiert im Februar 2013 seinen 75. Geburtstag.

Prof. Dr. Gunther Geserick, ebenfalls 1938 in Berlin geboren,
ist Rechtsmediziner und emeritierter Universitätsprofessor. Von
1987 bis 2003 leitete er das Institut für Rechtsmedizin der Humboldt-Universität Berlin. U. a. erschien von ihm »Zeitzeuge Tod.
Spektakuläre Fälle der Gerichtsmedizin«.

Originalausgabe
1. Auflage 2013
© 2013 Jaron Verlag GmbH, Berlin
Alle Rechte vorbehalten. Jede Verwertung des Werkes und aller seiner
Teile ist nur mit Zustimmung des Verlages erlaubt. Das gilt insbesondere für Vervielfältigungen, Übersetzungen, Mikroverfilmungen
und die Einspeicherung und Verarbeitung in elektronischen Medien.
www.jaron-verlag.de
Umschlaggestaltung: Bauer + Möhring, Berlin, unter Verwendung
eines Fotos der Bildagentur iStockphoto
Satz: Pinkuin Satz und Datentechnik, Berlin
Druck und Bindung: CPI – Clausen & Bosse, Leck

ISBN 978-3-89773-700-6

Inhalt

Es begann am Seziertisch ...

von Horst Bosetzky

Es geschah am 11. April 2008 in München, und im Nachhinein könnte man meinen, der bayrische Horst habe dem Berliner Horst aus der Solidarität derer heraus, die mit diesem Vornamen geschlagen sind, ein kleines Geschenk machen wollen. Tatsache ist, dass mich Münchner Kolleginnen und Kollegen zu einer Lesung ins Institut für Rechtsmedizin an der Ludwig-Maximilians-Universität eingeladen hatten. Thema der Veranstaltung: *Krimi-Autoren auf dem Seziertisch*. Neben mir lasen zwei weitere Autoren. Gemeinsam waren wir vorher durch die Räumlichkeiten des Instituts geführt worden. Schön, so was kannten wir aus dem Fernsehen – neu für uns aber waren die ortsüblichen Gerüche. Am meisten Eindruck jedoch hinterließ der gerade fertige Anbau mit Kühlfächern für »dicke Leichen«. Mit meinen 71 Kilogramm hatte ich allerdings keine Chance, dort zu landen, also unterließ ich es, mich in München ermorden zu lassen.

Führung und Moderation oblagen Prof. Dr. Matthias Graw. Ich hatte beim Lesen seines Namens gedacht, er sei Engländer oder Amerikaner, aber dann hörte ich, dass man ihn »Herr Graf« nannte. Wie ein Pathologe sah er wirklich nicht aus, man hätte ihn eher für einen einfühlsamen Cellisten gehalten. Und außerdem ist ein Rechtsmediziner kein Pathologe, sondern wesentlich mehr, wie ich bald von Matthias Graw erfahren sollte.

Er war bei allem so amüsant, dass mir schon nach wenigen Minuten der Gedanke kam, ihn Helge Schätzel, dem Cheforganisator der jährlich stattfindenden Reinickendorfer Kriminacht, als Gaststar der 16. Veranstaltung vorzuschlagen. Unter der Überschrift *Prof. Graw obduziert die Leichen des Herrn -ky* wollte ich kurze Passagen aus einem meiner Romane oder einer Kurzgeschichte vorlesen – und Matthias Graw sollte dann darlegen, wie ein Rechtsmediziner die Kripo auf die richtige Spur bringt. Beispiel: Jemand wird erst mit einem Auto totgefahren und dann ins Wasser geworfen, um einen Badeunfall vorzutäuschen – wie kommt da später durch den Rechtsmediziner die Wahrheit ans Licht?

Im Bezirksamt Reinickendorf war man schnell von meiner Idee überzeugt, und am 12. November 2008 muss Matthias Graw und mir eine so überzeugende Performance gelungen sein, dass mich Helge Schätzel zweieinhalb Jahre später fragte, ob man das Ganze nicht wiederholen könne. Er habe da einen berühmten einheimischen Rechtsmediziner im Auge, Prof. Dr. Gunther Geserick, Nachfolger des legendären Otto Prokop als Leiter des Instituts für Rechtsmedizin an der Humboldt-Universität zu Berlin. Gunther Geserick war mir vor allem durch eine seiner vielen Veröffentlichungen recht vertraut (*Zeitzeuge Tod – Spektakuläre Fälle der Berliner Gerichtsmedizin*, mit Klaus Vendura und Ingo Wirth, Leipzig 2001), und ich war begeistert. Seit der jahrelang erprobten Zusammenarbeit mit meinem Freund und Kollegen Jan Eik weiß ich, dass man die Seele Berlins nur richtig erfassen kann, wenn man die Sichtweisen der alten Ost- und der alten West-Berliner zusammenbringt. Und Gunther Geserick kam aus der Hauptstadt der DDR.

Zur Vorbereitung unseres gemeinsamen Auftritts bei der 19. Reinickendorfer Kriminacht am 12. November 2011 haben wir uns Ende September in einem kleinen Café in der Nähe des Bundesplatzes getroffen, denn ein erstes Telefongespräch hatte ergeben, dass wir beide in Wilmersdorf wohnen und derselbe Jahrgang sind, 1938 nämlich. Es war Sympathie auf den ersten Blick, und wir haben uns seither immer eine Menge zu erzählen. Ich schätze seine Profession, er meine, und außerdem üben Menschen, die sozusagen mit dem Tod auf Du und Du stehen, eine gewisse Faszination auf mich aus. Für mich war dieses Treffen ein ganz besonderer Glückstag, denn nun kann ich mir ganz sicher sein, nicht selbst ermordet zu werden: Jeder meiner potentiellen Mörder müsste ja damit rechnen, dass Gunther Geserick mich obduziert und der Kripo jene berühmten zweckdienlichen Hinweise liefert, die zu seiner Ergreifung führen.

Wer nun denkt, wir hätten an diesem Tage ganz spontan die Idee zur *Berliner Leichenschau* gehabt, der irrt, die hatte erst unser sehr verehrter Verleger Dr. Norbert Jaron, als er uns auf der Bühne in der Tegeler Humboldt-Bibliothek agieren sah. Unsere Zustimmung zu diesem Projekt kam spontan. Mein Part war es nun, ein Ermittlerteam zu entwickeln (den Ersten Kriminalhauptkommissar Gunnar Granow und seine Assistentin Theresa Marotzke) und zehn Kurzgeschichten auszubrüten, und Gunther Geserick hat dann, nachdem ich ihm die ersten Teile zugeschickt hatte (Tatbegehung und Erster Angriff der Kriminalbeamten), als Prof. Schwarz den Obduktionsbericht verfasst. Mit seiner Hilfe kommen nun Gunnar Granow und Theresa Marotzke dem Täter auf die Spur, und hat der dann ein Geständnis abgelegt, folgt am Schluss Gunther Geserick mit einer fachlichen Plauderei aus dem reichen beruflichen Erfahrungsschatz eines Rechtsmediziners. Die geneigten Leserinnen und Leser werden schnell erkennen, wer von uns beiden was geschrieben hat, um aber jeglichen Zweifel auszuräumen, sind die einzelnen Teile durch Sternchenzeilen abgetrennt.

Gunther Geserick und ich hoffen, dass Sie beim Lesen dieselbe Freude und dasselbe hohe Maß an Erkenntnisgewinn haben wie wir beide beim Schreiben.

Der Hakenmann von Krampenburg

Peter Reinhalter hatte über vierzig Jahre lang in verschiedenen Berliner Finanzämtern Einkommensteuerbescheide bearbeitet und Tag für Tag von seinem Ruhestand geträumt. Nun war er Pensionär und konnte sich voll und ganz seiner großen Leidenschaft widmen: dem Wassersport. Was hatte er die Bücher von Herbert Rittlinger verschlungen! Der war mit seinem Faltboot auf der Rhône, der Drau, dem Euphrat und sogar auf dem Amazonas unterwegs gewesen. Reinhalter hingegen musste sich mit der Spree, der Dahme und dem Gosener Graben begnügen. Aber das Glück war auch hier zu Hause – und ertrinken konnte man hier genauso, wenn man nicht Obacht gab. Er war schon immer ein schlechter Schwimmer gewesen, doch als alter Seefahrer eine Schwimmweste umzubinden, empfand er als peinlich. Was hätten seine Enkel da gelästert! Um ihn zu warnen, erzählte seine Frau ihm immer wieder die Geschichte von einem Paddlerfreund, der wie einst Rittlinger alle wichtigen Flüsse der Welt befahren hatte, dazu die deutschen Boddengewässer und die halbe Ostsee – und der dann auf einem Dorfteich in Mecklenburg gekentert und ertrunken war. Nun, *ihm* würde das bestimmt nicht passieren!

Gemächlich paddelte er am Seddinwall vorbei, sah dann links die Gosener Berge, auf deren Gipfel früher eine Warte gestanden hatte und in deren Tiefen sich Markus Wolf einen Bunker hatte bauen lassen, der auch einer Atombombe widerstanden hätte – so hieß es jedenfalls. Ein Stückchen dahinter lag der endlose Schlauch des Oder-Spree-Kanals. Vor Reinhalter tauchten die beiden Inselchen auf, die Schmöckwitz von Seddinsee abschirmten, und er entschied sich, vom Seddinsee rechts in den Langen See einzubiegen, die Verbreiterung der Dahme. Nach einigen Paddelschlägen kam Krampenburg in Sicht, eine Halbinsel auf der Landzunge zwischen der Großen Krampe und dem Langen See. Gegenüber lag Schmöckwitz, mit dem Krampenburg durch eine Fähre verbunden war.

Müde vom stundenlangen Paddeln, ließ Peter Reinhalter sein altes Pouch-Faltboot mit dem Heck voran in den ansehnlichen Schilfgürtel gleiten. Das war zwar aus Gründen des Umweltschutzes verboten, doch er liebte es, seinen »Binsenbummler« auf diese Art zu parken, denn die Halme hielten das kipplige Gefährt so fest, als steckte es in einer Schraubzwinge. So konnte er sich lang ausstrecken, um zu dösen und zu träumen. Die paar Schrammen an der blauen Gummihaut, die dadurch entstanden, nahm er billigend in Kauf. Er war gerade dabei sich auszustrecken, als ein Schrei ihn hochfahren ließ.

»Hilfe, mich zieht jemand unter Wasser!«

Reinhalter griff sofort nach seinem Paddel, doch es vergingen einige Sekunden, ehe er sein Boot aus der Umklammerung des Schilfs befreit hatte. Sein Blick ging zu den beiden kleinen langgestreckten Inseln hinüber, die Schmöckwitz vorgelagert waren und die Namen Weidenwall und Werderchen trugen. Von Werderchens Spitze musste der Schrei gekommen sein. Seltsamerweise standen nirgendwo am Ufer Menschen, um Ausschau zu halten, weder auf den Grundstücken und vielen Stegen in Schmöckwitz noch am bewaldeten Ufer auf seiner Seite, also zur Gosener Landstraße hin, wo viele Zelte standen. Da sollte niemand etwas gehört haben? Reinhalter griff nach seinem Handy, zögerte aber noch, die Notrufnummer zu wählen. War er eben eingedöst und hatte nur geträumt, es würde jemand um Hilfe rufen? Er sah sich um. Nirgends gab es Kreise auf dem Wasser, und im Umkreis von gut zweihundert Metern war kein Sportboot zu sehen. Er gab sich einen Ruck. Nein, er war kein

Spinner und hatte sicherlich keine Halluzinationen, er war ein durch und durch rationaler Mensch – und absolut nüchtern war er auch. Also wählte er die 110.

Gunnar Granow, 49, seines Zeichens Erster Kriminalhauptkommissar bei einer der acht Berliner Mordkommissionen, hatte als einfacher Schutzpolizist angefangen, war seinen Vorgesetzten durch besondere Leistungen, aber auch durch seine Aktivitäten in der Polizeigewerkschaft immer wieder aufgefallen und von ihnen zum Studium an die Fachhochschule für Verwaltung und Rechtspflege, der heutigen Hochschule für Wirtschaft und Recht, geschickt worden, nachdem er sein Abitur an der Abendschule nachgeholt hatte. Er war stolz auf seine Lebensleistung und wollte gern zum Berliner Bildungsbürgertum gezählt werden. Er las viel, wobei die deutsche Geschichte sein Spezialgebiet war, und ging regelmäßig in die Oper oder ins Schauspiel, weil das ungemein schmückte. Er war verheiratet, hatte drei Kinder mittleren Alters und drückte sich gern vor deren Erziehung und jeder anfallenden Hausarbeit. Da seine Frau als Grundschullehrerin bis auf die Jahre des Mutterschutzes auch immer gut verdient hatte, waren sie vor einigen Jahren in der Lage gewesen, sich ein Reihenhaus in Kladow zu kaufen. Ihre Straße hieß An der Bastion, was Granow in seiner Preußenbegeisterung recht passend fand.

Wenn einmal nicht so viel zu tun war, wie heute etwa, las er am liebsten historische Kriminalromane – bevorzugt aus den Serien »Es geschah in Berlin« und »Es geschah in Preußen« –, wobei er die Taschenbücher jeweils aufgeschlagen in seiner Schreibtischschublade liegen hatte. Kam jemand zur Tür herein, konnte er sie schnell mit dem Bauch zudrücken, ohne dass derjenige etwas mitbekam. Fast alle Kolleginnen und Kollegen mochten keine Kriminalromane. Die waren ihnen zu wirklichkeitsfremd.

Gunnar Granow gegenüber saß die Kriminalassistentin Theresa Marotzke, 29 Jahre alt, blitzgescheit und geborene Neuköll-

12

nerin, was nicht zu überhören war. Allerdings beherrschte sie das meisterlich, was Soziologen *code switching* nannten, das heißt, sie konnte übergangslos vom *restringierten* in den *elaborierten Code* wechseln, also am Anfang eines Gesprächs furchtbar berlinern, um wenig später ein geradezu lupenreines Hochdeutsch zu sprechen. Vor einiger Zeit war sie wegen ihrer Lebensgefährtin nach Marzahn gezogen. Beide spielten Fußball beim 1. FC Neukölln. Theresa studierte gerade den *Kicker*.

Das Telefon klingelte, und sie seufzten laut ob dieser unverschämten Störung des Dienstbetriebes. Am Apparat war der Koordinator der Berliner Mordkommissionen.

»Setzt euch mal in Bewegung! In Schmöckwitz ist der Teufel los.«

»Wie, brennt's mal wieder im Reifenwerk?«

»Nein, drüben in Krampenburg könnte einer ertrunken worden sein.«

Granow staunte. »Wie sollte das denn gehen?«

»Ein Paddler hat angerufen, und der will einen Schrei gehört haben: Hilfe, mich zieht jemand unter Wasser!«

»Wohl der weiße Hai von Schmöckwitz!«, spottete Granow. »Oder war es doch das Ungeheuer von Loch Ness, das schnell mal zu uns nach Berlin geschwommen ist?«

»Ist ja gut!«, erwiderte der Kollege und erzählte ihm dann alles, was er wusste. »Gefunden hat man noch niemanden, aber die Feuerwehr ist da, und Taucher suchen alles ab. Fahrt so schnell wie möglich hin! An der Schmöckwitzer Brücke wartet ein Boot der Wasserschutzpolizei auf euch und bringt euch rüber.«

Da es an einem Werktag zur Hauptverkehrszeit nicht ratsam war, von der Keithstraße mit dem Auto nach Schmöckwitz zu fahren, weil man auf den rund dreißig Kilometern nur von einem Stau in den anderen kam und spätestens auf dem Adlergestell in Gefahr geriet, Amok zu laufen, parkten Granow und seine Kollegin Marotzke ihren Wagen am Bahnhof Tiergarten und stiegen dort in die S-Bahn. Da es im Juli keine vereisten Weichen gab und zufällig auch nirgendwo der Strom ausgefallen war, erreichten sie nach 42 Minuten planmäßig den Bahnhof Grünau, wo sie in die Straßenbahn nach Schmöckwitz umstiegen. Die 68 galt als attraktivste Linie Berlins, und die Kommissare genossen den Ausblick auf den Langen See und die Müggelberge.

»Sightseeing im Dienst«, sagte Granow. »Wenn man uns dieses Vergnügen nur nicht vom Gehalt abzieht!«

In Schmöckwitz mussten sie von der Endhaltestelle der 68 bis zur Brücke nur ein paar hundert Meter laufen.

Schwärmend zitierte Granow ein paar Zeilen von Theodor Fontane:

> *Am Waldessaume träumt die Föhre,*
> *Am Himmel weiße Wölkchen nur;*
> *Es ist so still, dass ich sie höre,*
> *Die tiefe Stille der Natur.*

»Abgesehen von den Lastwagen hier auf der Straße und den lärmenden Flugzeugen, die von Schönefeld kommen ...«, fügte Theresa Marotzke hinzu.

Links unten vor der Schmöckwitzer Brücke, wo sich einst das legendäre Ausflugslokal »Zur Palme« befunden hatte, wartete das Polizeiboot und brachte sie nach 44 hinüber. Das war die Landzunge zwischen dem Langen und dem Seddinsee, die bei den Einheimischen so genannt wurde, weil hier die Tafel stand, die anzeigte, dass die Wasser der Dahme von ihrem Anfang bis zu dieser Stelle bereits 44 Kilometer zurückgelegt hatten.

Der Einsatzleiter der Feuerwehr begrüßte sie, konnte aber nur vermelden, dass man trotz aller Bemühungen noch niemanden gefunden habe.

»Und wo ist der Mann, der den Schrei gehört haben will?«, wollte Granow wissen.

»Es ist der ältere Herr dort mit dem Faltboot. Reinhalter heißt er.«

Sie ließen sich von Peter Reinhalter erzählen, was er gehört hatte. Sein Bericht klang etwas merkwürdig, und sie gaben sich auch keine Mühe, ihre Skepsis zu verbergen.

Reinhalter zeigte sich leicht gekränkt. »Ich bin Beamter, das sollte Ihnen alles sagen. Und ich lese weder Kriminalromane, noch schreibe ich selber welche«, gab er zu Protokoll.

Granow lächelte. »Aber es gilt nun mal die alte Weisheit: Ohne Leiche kein Mord.«

Vom Spielplatz der Zeltstadt drang Kindergeschrei zu ihnen herüber. Theresa Marotzke fixierte Reinhalter. »Und Sie meinen nicht, dass die lieben Kleinen da Weißer Hai gespielt haben könnten?«

Der Finanzbeamte schüttelte den Kopf. »Nein, es war eine Männerstimme.«

»Es könnte ein Vater gewesen sein«, gab Granow zu bedenken. »Einer, der hier draußen mit seiner Familie Urlaub macht.«

»Ich habe aber keine Familie baden sehen, als ich aus dem Schilf raus bin.« Reinhalter blieb bei seiner Version.

Granows Handy dudelte. Es war abermals der Leiter der Berliner Mordkommissionen. »Eben hat mich die Vorsitzende des Ortsvereins Schmöckwitz angerufen – und weißt du, was die mir erzählt hat?«

»Nein, wie denn? Ich bin nicht vom Verfassungsschutz, ich höre nicht mit, wenn du telefonierst«, feixte Granow.

»Sie sagt, dass es in diesem und im letzten Sommer eine Reihe von Badeunfällen in und um Schmöckwitz gegeben hat, in der Großen Krampe, im Langen, im Zeuthener und im Seddinsee. Daraufhin habe ich bei der Zeitung angerufen. Das Ergebnis: Bislang sind drei Männer und zwei Frauen mit einem plötzlichen Aufschrei im Wasser versunken und Tage später tot am Ufer aufgefunden worden. Als Ursachen für ihr Ertrinken wurden genannt: überhitzt und nach üppiger Mahlzeit ins Wasser gegangen, Kreislaufschwäche, plötzliche Unterzuckerung und Überschätzung der Schwimmkünste.«

15

»Da siehst du mal«, sagte Granow, »nicht nur Rauchen kann tödlich sein!« Er beendete das Gespräch und berichtete seiner Kollegin von dem, was er eben gehört hatte.

»Dann fragen wir doch mal die Leute, die hier zelten, ob sie was gehört oder gesehen haben!«, entgegnete Theresa Marotzke eifrig.

Granow hatte keine Lust auf diesen kleinen Spaziergang, viel lieber wäre er zu Reinhalter ins Boot gestiegen und hätte sich ein wenig durch die Gegend paddeln lassen. Immer auf der Suche nach der Wasserleiche natürlich. Aber Theresa allein losziehen zu lassen, brachte er nicht über sich. Also machten sie sich gemeinsam auf den Weg und fragten alle, die sich unter ihren Vorzelten blicken ließen. Doch niemandem war etwas aufgefallen. Allerdings standen ihre Stoffdatschen auch nicht direkt am Wasser.

Keiner der Urlauber schien sich sonderlich für ihr Problem zu interessieren, und auch keiner machte den Eindruck, als würden ihm Berichte von Menschen, die in dieser Gegend rätselhaft ertrunken waren, Angst machen. Einige der Befragten machten sich sogar noch lustig über sie, so etwa ein Student, der das studierte, was früher Volkskunde hieß, und gerade dabei war, für seinen Bachelor eine Arbeit über Aberglauben zu schreiben. »Vielleicht war da ein Hakenmann am Werke«, erklärte er Granow.

»Ein was?«

»Ein Hakenmann. Ich habe im Rahmen meiner Arbeit ein Referat über Wassergeister gehalten, über den Nix, die Muhme und den Hakenmann, die ihre Opfer auf den Grund von Seen und Flüssen reißen und sie dort in ihren Wohnungen gefangen halten.«

Granow und Theresa Marotzke bedankten sich für diese Nachhilfestunde in angewandter Ethnologie und machten sich auf den Rückweg zum Hauptquartier der Rettungskräfte. Als sie dort ankamen, war immer noch kein Ertrunkener gefunden worden, und so wagte es Granow nun, Reinhalter wegen einer kleinen

Bootstour anzusprechen. »Ich war früher selbst mal Paddler und würde mir gern für ein halbes Stündchen Ihr Boot ausleihen, um mich auf dem Wasser umzusehen.«

»Ick bin dabei!«, rief Theresa Marotzke.

Reinhalter hatte zwar ein wenig Angst, dass sie sein Gefährt beschädigen könnten, ließ sich dann aber doch erweichen. So legten sie ab, Theresa Marotzke vorn im Boot, Granow hinten. Und als echter Kavalier schwang nur er das Paddel, während sie sich zurücklehnen und die milde Abendsonne genießen konnte.

»Links haben wir die Kleine Krampe«, sagte Granow, nachdem sie ein paar hundert Meter dahingeglitten waren. »Das ist die kleine Schwester der Großen Krampe.«

»Ich sehe nichts.«

»Das kannst du auch gar nicht, denn die Kleine Krampe ist nach dem Krieg zugeschüttet worden – mit Trümmerschutt.«

»Achtung«, rief Theresa Marotzke plötzlich, »vor uns treibt wat im Wasser!«

»Das wird der Ertrunkene sein!« Doch es war lediglich der Rest eines Schlauchbootes.

»Hier fließt allet Richtung Innenstadt«, sagte die Kriminalassistentin. »Wenn wirklich eener ertrunken sein sollte, dann wird der doch eher in Grünau anlanden als hier.«

»Vielleicht hat er sich an einer Schiffsschraube verfangen«, wandte Granow ein. »Ab und zu kommt ja auch heute noch ein Ausflugsdampfer hier vorbei und fährt Richtung Gosener Kanal und Dämeritzsee.«

»Wie ooch imma, det is 'n schöna Ausflug heute!«, erwiderte Theresa Marotzke und schloss zufrieden die Augen.

Als sie auf Höhe des Seddinwalls angekommen waren, wendete Granow und paddelte zur Landzunge 44 zurück. Schon in einiger Entfernung hörten sie, dass es dort inzwischen hoch hergehen musste.

»Sie werden den Gesuchten gefunden haben«, sagte Granow. Und so war es dann auch. Als sie aus dem Faltboot kletterten, sahen sie den Notarzt neben einem Mann von etwa fünfzig Jahren knien, der nur mit einer Badehose bekleidet war. Eingefunden hatte sich schon eine Vertreterin der Staatsanwaltschaft, die wunderbare Frau Dr. Monique Müller-Linthe. Wer jetzt noch fehlte, war der Rechtsmediziner Prof. Dr. med. Robert Schwarz. Thererša Marotzke griff zu ihrem Handy und wählte die Nummer des geschätzten Kollegen.

*∗∗

Prof. Schwarz hatte sich eigentlich auf einige schöne Urlaubstage bei dem herrlichen Sommerwetter gefreut. Es waren Semesterferien, von denen er auch eine Woche für sich nutzen wollte. Endlich müsste er mal nicht um sechs Uhr aufstehen und mit der Autolawine eine gute Stunde vom beschaulichen Wendenschloss nach Mitte zur Charité in sein Institut fahren.

Als er am Telefon die muntere Stimme der Kommissarin Marotzke hörte, legte er sein Buch beiseite und kletterte aus dem Liegestuhl. Wenn die 4. Mordkommission anrief, wurde er gebraucht. Den Ansatz zu einem brummigen Hinweis auf seinen Urlaub verschluckte er, weil die Marotzke ungefragt erklärt hatte, dass sein Oberarzt doch zu einer Tagung und die diensthabende Rechtsmedizinerin Frau Dr. Schöneberg in der Kinderklinik bei einem misshandelten Kind sei.

»Kann ich nicht gleich über Müggelheim zur Krampenburg fahren?«, fragte Prof. Schwarz, aber die Kommissarin empfahl ihm die Anfahrt über Köpenick und Adlergestell bis zur Fähre in Schmöckwitz. Dort würde er an der Anlegestelle erwartet.

Also vertröstete Schwarz seine Frau auf den Abend, griff nach seinem Einsatzkoffer und machte sich auf den Weg. Eine knappe Stunde später war er am Ziel und ließ sich auf dem Polizeiboot von der Kommissarin über die bisherigen Erkenntnisse informieren. Offenbar handelte es sich um einen frischen Leichnam, also würde er heute ohne *odor mortis*, den fürchterlichen Fäulnisduft in Kleidung und Haaren, nach Hause kommen.

18

Am Bergungsort hatte man den kleinen Strandabschnitt abgesperrt und den Toten mit einer Plane bedeckt.

Schwarz führte nun die Leichenschau durch, wie er es schon tausendmal in seinem Leben getan hatte. Er fand eine frische männliche Leiche, geschätztes Lebensalter um die fünfzig Jahre, Körpergröße ungefähr 180 Zentimeter, mit kräftigem, muskulösem Körperbau. Die Zeichen des Todes registrierte er in Form einer leichten, offenbar beginnenden Totenstarre und schwach ausgebildeter violetter Totenflecke. Der Körper wies noch spürbare Restwärme auf, am deutlichsten in den Achselhöhlen. Die rektale Temperaturmessung ergab 32 Grad. Die Totenflecke waren schwach an Gesicht, Hals- und Schultervorderseite sowie Unterschenkeln und Füßen erkennbar, sie waren aber auch spärlich an der Körperrückseite des auf dem Rücken liegenden Toten ausgebildet. An den Finger- und Zehenspitzen war die Haut leicht weißlich verfärbt und gequollen, was Schwarz als beginnende Waschhautbildung festhielt. Alle Befunde sprach er in knappen, routinierten Formulierungen in sein Diktiergerät. Er vermerkte, dass es keine gröberen Verletzungen gab.

Zu seinen diagnostischen Erwägungen über die Ursache des Todes im Wasser gehörte auch die Prüfung eines charakteristischen Geruchs an der Leiche, beispielsweise nach Alkohol. Nachdem er an Mund- und Nasenöffnung geschnuppert hatte, wiederholte er diese Prozedur, wobei er kräftig auf den Brustkorb drückte – doch auch dabei war nichts Auffälliges zu riechen. Es traten jedoch kleine weißliche Schaumblasen aus Mund und Nase heraus, die Prof. Schwarz als »Schaumpilz vorhanden« zusammenfasste. Bei seiner abschließenden Inspektion von Kopf, Rumpf und Gliedmaßen fand er doch noch eine Besonderheit: zirkuläre Hautrötungen oberhalb der Fußknöchel. Sie waren drei bis fünf Zentimeter breit, unscharf begrenzt und von annähernd gleichmäßiger Farbintensität. Bei Lupenbetrachtung waren auch feine Hautabschürfungen zu erkennen, die kopf- wie fußwärts mehrere Zentimeter über die Rötungen hinausreichten.

Schwarz richtete sich auf, um den Kommissaren seine erste Einschätzung vorzutragen. »Wo ist denn Ihr großer Chef?«, fragte er die Marotzke. Doch da erblickte er Granow schon, wie der über den kleinen Strandabschnitt geeilt kam.

Die beiden begrüßten sich herzlich. »Grüß dich, alter Mordermittler!«, rief Schwarz. »Grüß dich, alter Leichenzerteiler!«, rief Granow zurück. Der Rechtsmediziner und der Kommissar waren etwa derselbe Jahrgang. Sie hatten sich trotz unterschiedlicher Biographie schnell verstanden, wozu sicherlich ihre preußische Pflichtauffassung, gepaart mit Berliner Direktheit und einem Hang zu schwarzem Humor, beigetragen hatte.

»Schön, dass du gleich gekommen bist! Jetzt muss ich nicht doppelt predigen«, meinte Schwarz. »Also, eines ist schon jetzt klar: Der Mann ist ertrunken. Der Tod dürfte unter Berücksichtigung einer Wassertemperatur von etwa 20 Grad und der Lufttemperatur von ungefähr 25 Grad vor etwa vier Stunden eingetreten sein.«

»Das deckt sich mit den Angaben unseres Ohrenzeugen Reinhalter«, sagte Granow.

»Prima«, stellte Schwarz fest, »dann bleibt nur noch die Kleinigkeit zu klären, warum dieser offenbar kräftige und sportliche Mann ertrunken ist. Ich sehe da Befunde an den Unterschenkeln, die mir gar nicht gefallen. Der Mann wird doch nicht gefesselt gewesen sein? Oder wurde bei der Bergung ein Seil um die Füße geschlungen? Die Hautrötungen imponieren allerdings durchaus als vital, also zu Lebzeiten beigebracht.«

»Den Ablauf der Bergung werden wir nochmals prüfen«, meinte Granow. »Aber was machen wir mit Reinhalter und dem angeblichen Hilferuf des Opfers? Wir sind uns doch einig, dass wir mit der Obduktion nicht warten sollten.« Als Schwarz dazu nickte, fuhr Granow fort: »Ich kläre das gleich mit der Staatsanwältin. Wann wollen wir uns treffen?«

Schwarz packte seinen Einsatzkoffer zusammen. »Ich rufe unseren Leichenwagen und alarmiere das Obduktionsteam. Wir sehen uns um 21 Uhr im Sektionssaal!«

Frisch gestärkt durch einen schnellen Imbiss an einer Currywurst-bude erreichte Prof. Schwarz das Rechtsmedizinische Institut gegen 20.45 Uhr. Der Sektionsassistent Peter Schulz hatte schon alle Vorbereitungen getroffen, und Frau Dr. Schöneberg stand be-reits eingekleidet im Sektionssaal. Mit einer kurzen Begrüßung eröffnete der Professor seine Spätschicht. Die Assistentin legte die Schnitte, der Sektionsassistent half dabei, und Schwarz diktierte akribisch alle Befunde. Wie jedes Sektionsprotokoll bestand auch dieses aus den Abschnitten »A. Äußere Besichtigung«, »B. Innere Besichtigung« und »C. Vorläufiges Gutachten«.

Gegen 22.30 Uhr – Prof. Schwarz diktierte gerade den Zu-stand der Bauchorgane – trafen die Kommissare Granow und Marotzke ein.

»Ich soll dir einen schönen Gruß von der Staatsanwältin be-stellen«, richtete Granow aus. »Sie wird nicht kommen. Ich soll ihr stattdessen das Wesentliche telefonisch übermitteln.«

»Das soll mir recht sein. Kommt näher, ihr habt auch noch nicht viel versäumt«, erwiderte Schwarz.

Kurz nach 23 Uhr war die Sektion beendet, und Prof. Schwarz begann mit dem Diktat des »Vorläufigen Gutachtens«. Zuvor rief er den Kriminalisten zu: »Achtung, ihr könnt jetzt gleich das zu-sammenfassende Resultat unserer Bemühungen hören!«

I. Sektionsergebnis
Leichnam eines unbekannten, ca. 50 Jahre alten, 182 cm großen und 83 kg schweren Mannes.
Zeichen des Ertrinkens: hochgradige Überblähung des Lungengewebes (Emphysema aquosum). Schaumige Flüssigkeit in Mund, Nase und Luft-röhre. Ertrinkungsflüssigkeit in der Keilbeinhöhle. Dreischichtung des wässrigen Mageninhalts (Wydler'sches Zeichen).
Zeichen des Aufenthalts im Wasser: beginnende Waschhautbildung an Fin-ger- und Zehenspitzen.
Näher beschriebene zirkuläre Hautrötungen und -abschürfungen beider Unterschenkel, jeweils kräftig unterblutet.

Hinweise zur Identifizierung: Zustand nach länger zurückliegender operativer Blinddarmentfernung (Appendektomie). Lückenhaftes Gebiss mit einzelnen Metallkronen (siehe Schema Zahnstatus). Buntgestreifte Badehose der Marke Aquos (siehe Fotomappe).

Leichte allgemeine Arteriosklerose mit teils mittelgradiger Sklerose der Herzkranz- und Hirngrundschlagadern.

Leichte Leberverfettung.

II. Todesursache: Ertrinken.

III. Ergebnis der Alkoholbestimmung aus Schenkelvenenblut und Urin nach zwei Methoden: Venenblut 0,0 mg/g Ethanol, Urin 0,0 mg/g Ethanol.

IV. Als Todesursache ist eindeutig Ertrinken festzustellen. Eine alkoholische Beeinflussung zum Zeitpunkt des Todes konnte ausgeschlossen werden. Es fanden sich keine wesentlichen vorbestehenden krankhaften Veränderungen, die unmittelbar mit dem Todeseintritt in Zusammenhang stehen könnten. Die näher beschriebenen Hautabschürfungen und -unterblutungen an den Unterschenkeln sind durch eine grobe komprimierende Gewalt zu Lebzeiten entstanden. Zur Verursachung erscheinen sowohl feste Griffe als auch eine Fesselung mit relativ glattem Material geeignet.

V. Die Obduzenten behalten sich ein endgültiges Gutachten ausdrücklich vor.

VI. Prof. Dr. med. Robert Schwarz, Dr. med. Lisa Schöneberg

»Morgen bekommt ihr unser Gutachten schriftlich«, versprach Schwarz. »Aber lasst mich noch etwas hinzufügen: Ich glaube nicht, dass ein Tier den Mann in die Tiefe gerissen hat. Den Angriff eines großen Wels, der sein Revier verteidigt, kann man zwar in unseren Gewässern nicht grundsätzlich ausschließen, aber das würde anders aussehen.«

»Ich bin der Überzeugung, dass hier am ehesten Menschenhand im Spiel war – und das meine ich wörtlich«, entgegnete Kommissar Granow. »Es sieht ja fast so aus, als hätte ihn jemand gepackt und unter Wasser gezogen.«

»Die Hautabschürfungen und vor allem die kräftigen Weichteilunterblutungen oberhalb der Fußknöchel sprechen für einen heftigen Todeskampf«, pflichtete ihm Schwarz bei.

»Das muss fürchterlich gewesen sein«, sagte Theresa Marotzke. »Vielleicht treibt hier ja tatsächlich ein irrer Kampfschwimmer oder Taucher sein Unwesen.«

***

Mit den Erkenntnissen, die das detaillierte Gutachten von Prof. Schwarz geliefert hatte, schwärmten Granow und seine Leute am nächsten Tag aus, um den Täter zu finden.

»Nach Lage der Dinge kann es nur ein Taucher gewesen sein, der die Schwimmerinnen und Schwimmer in die Tiefe gerissen hat«, erklärte Granow den angerückten Polizeireportern.

»Kann es nicht auch ein Einmann-U-Boot gewesen sein?«, fragte Charly Packebusch, einer der Journalisten und ein stadtbekannter Scherzbold zudem, und verwies darauf, dass in Deutschland gegen Ende des Zweiten Weltkrieges über dreihundert solcher Kleinst-U-Boote gebaut worden waren. »Vielleicht hat jemand so 'n Ding über all die Jahre heimlich aufbewahrt und versetzt jetzt die Schwimmer damit in Angst und Schrecken.«

»Ein Einmann-U-Boot ist wohl eher unwahrscheinlich«, sagte Granow, als das Gelächter verklungen war. »Aber ein ehemaliger Kampfschwimmer ist durchaus nicht auszuschließen. Der Spur werden wir auf alle Fälle nachgehen.«

Theresa Marotzke erzählte, dass die DDR-Volksmarine ein Kampfschwimmerkommando unterhalten hatte. Ein Freund ihrer Eltern hatte als ganz normaler Berufstaucher angefangen und war dort gelandet.

»Da passt ja alles«, kam es aus den hinteren Reihen der Presseleute. »Das letzte Opfer war ja auch ein typischer imperialistischer Klassenfeind.«

Der Mann, den es in der Nähe der Landzunge 44 erwischt hatte, war der 67-jährige Journalist Herbert Heidereuter, der beim

RIAS gearbeitet und unaufhörlich über die Missstände in der DDR berichtet hatte.

»Das wäre eine Möglichkeit«, sagte Granow. »Aber die ungewöhnliche Mordmethode spricht eher dafür, dass es sich bei Heidereuter um ein reines Zufallsopfer handelt.«

»Das ist am wahrscheinlichsten, wenn es stimmen sollte, dass wir es mit einem Serientäter zu tun haben«, fügte Theresa Marotzke hinzu.

In der Tat gab es in den Biographien der fünf im Umkreis von Schmöckwitz ertrunkenen Menschen keinerlei Parallelen. Leider waren die Toten alle eingeäschert worden, so dass sich keine Obduktion mehr vornehmen ließ und nicht auszuschließen war, dass es sich doch um Unfälle gehandelt hatte.

»Ein irrer Taucher schwimmt also los und sucht sich wahllos ein Opfer aus.« Granow – und bald auch die ganze Mordkommission – war sich da sicher. »Was benötigt ein Taucher eigentlich?«, fragte Granow in die Runde.

»Außer Anzug, Maske, Sauerstoffflasche, Flossen und Bleigürtel braucht er vor allem eine Basis«, erwiderte Theresa Marotzke schnell. »Kein Taucher ohne Basis.«

Sofort war einer der Kollegen am Computer. »Mist, die nächstgelegene Tauchschule haben wir in Karlshorst. Rings um Schmöckwitz gibt es nichts.«

»Dann müssen wir unseren Suchradius eben erweitern«, sagte Granow bestimmt und verteilte die Aufgaben. »Es gilt jetzt, bei allen Tauchschulen, Tauchsportvereinen und allen Geschäften für Taucherbedarf nachzufragen und zu sehen, ob sich ein Anhaltspunkt ergibt. Auf zu den Dive-Centern! Theresa und ich besorgen uns ein Motorboot und befragen alle, die wir an den Ufern von Großer Krampe, Langem und Seddinsee antreffen.«

»Und an den Einsatz von Lockvögeln ... ich meine, an Lockschwimmern ist nicht gedacht?«, fragte einer.

»Doch, ich stoße Theresa ins Wasser und rase dann davon«, scherzte Granow.

24

»Wehe!«, rief Theresa Marotzke.

Granow und Theresa Marotzke machten sich nun mit professionellem Können und höchstem Eifer an die Arbeit, schipperten über die besagten Gewässer und befragten alle Uferbewohner, Camper und Badegäste – doch zwei Tage lang blieben sie ohne Erfolg.

»Buchen wir die zwei Tage als außerordentlichen Urlaub ab«, sagte Granow schließlich.

»Wenn de recht hast, haste recht. Is ja ooch 'ne herrliche Jegend hier!«

Granow war schon dabei, einen Schlussstrich unter ihre Ermittlungen zu ziehen, da sahen sie, dass drüben am westlichen Ufer der Großen Krampe jemand am Ufer stand und ihnen zuwinkte. Es war einer der Männer, die in der kleinen Bucht hinter Krampenburg auf einem Hausboot lebten. Er sah aus wie einer der Autonomen, die bei den Kreuzberger Festspielen am 1. Mai immer Brandsätze auf ihre Kollegen warfen, und konnte sich daher grundsätzlich keiner großen Sympathie bei ihnen erfreuen.

»Sie sind doch sicher von der Kripo und ermitteln in diesem mysteriösen Badeunfall?«

»Warum fragen Sie?«

Der Mann beugte sich verschwörerisch zu ihnen hinunter. »Ich wollte Ihnen nur sagen, dass hier auf dem Hausboot nebenan ein Assistent der Humboldt-Uni wohnt, und der scheint mir nicht ganz sauber zu ticken. Manchmal sehe ich ihn nachts seine Taucherausrüstung anziehen und stundenlang tauchen gehen. Und tagsüber sitzt er oft grimmig am Ufer und starrt die Leute, die hier baden gehen, äußerst merkwürdig an. Sein Name ist Arnulf Affinghausen. Aber ich will nichts gesagt haben ...«

Granow bedankte sich für diese Auskunft. Die beiden Kommissare maßen dem Ganzen keine besondere Bedeutung bei.

»Das wird ein Student gewesen sein, der sich für eine schlechte Note rächen will«, befand Theresa Marotzke.

»Das würde ich auch sagen«, stimmte Granow zu.

Aber sicher war sicher, sie mussten allen möglichen Spuren nachgehen, bevor es ein nächstes Opfer gab. Als sie wieder im Büro waren, setzte sich Granow an den Computer. Und da das, was die Kolleginnen und Kollegen im Falle des ertrunkenen Ex-RIAS-Journalisten Herbert Heidereuter zusammengetragen hatten, auch auf seiner Festplatte zu finden war, rief Granow den betreffenden Ordner auf und ließ das Programm nach *Arnulf Affinghausen* suchen. Plötzlich schrie er auf. »Mensch, das gibt's doch nicht!«

Theresa Marotzke erschrak und schnellte von ihrem Bürosessel hoch. »Was ist denn?«

»Der gute Affinghausen hat sich in Karlshorst eine Taucherausrüstung gekauft – und er lebt tatsächlich auf einem Hausboot, das in Krampenburg vor Anker liegt ...«

»Mit seinem Jagdrevier sozusagen direkt von dem Fenster«, ergänzte Theresa Marotzke.

»Und nun?« Granow war unentschlossen.

Seine junge Kollegin ergriff die Initiative. »Wir verschaffen uns einen Durchsuchungsbefehl und sehen, ob wir was finden. Aufzeichnungen oder so ...«

»Und wenn nicht? Ohne etwas Handfestes gegen ihn wird er kein Geständnis ablegen. Und wir stehen dann als Idioten da.«

»Wenn wir bei ihm auftauchen, kommt das einem Warnschuss gleich. Er würde sich sicherlich hüten, wieder zuzuschlagen.«

»Weiß man's, ob nicht doch dunkle Triebkräfte im Spiele sind?« Granow überlegte. »Mir wäre schon lieber, wir sorgen dafür, dass dieser Mann, der sich wahllos irgendwelche Opfer aussucht, im Knast oder meinetwegen in der Psychiatrie landet – jedenfalls sicher verwahrt. Doch dafür brauchen wir sein Geständnis. Oder aber wir müssen ihn auf frischer Tat ertappen.«

Theresa Marotzke hatte eine Idee. »Wir besorgen uns Kampfschwimmer der Bundeswehr und setzen sie als Lockvögel ein.«

So exotisch dieser Vorschlag anfangs auch schien, die Vorgesetzten stimmten schließlich zu. Die Aktion endete jedoch ohne Erfolg. Keiner der eingesetzten Männer wurde angegriffen, so dass man sich am Ende der Badesaison doch entschloss, Affinghausens Hausboot zu durchsuchen.

Mit der Staatsanwältin Dr. Monique Müller-Linthe an der Spitze und einem Durchsuchungsbefehl in der Tasche rückte man in Krampenburg an. Affinghausen war nicht auf seinem Hausboot, aber die Türen ließen sich leicht öffnen. Und die Kommissare hatten Glück! Sie fanden nicht nur eine komplette Taucherausrüstung, sondern auch Affinghausens Tagebuch. Das enthielt wirre Sätze und Zeichnungen, die alles bewiesen. Unter anderem war zu lesen:

Im Brunnen sitzt der Hakenmann.
Was macht er in dem Wasser drin?
Er lauert mit der Hakenstange,
auf dass er kleine Kinder fängt.

Dieses Greuelmärchen hat mir meine Großmutter auf dem Bauernhof in der Prignitz oft erzählt, damit ich um den Brunnen einen großen Bogen machte und ja nicht hineinfiel.
Ich gehe die Sache jetzt wissenschaftlich an. Die langen Vorbereitungen haben sich gelohnt, niemand ist mir auf die Schliche gekommen. Wie meine Opfer gestrampelt haben, herrlich! Nun bin ich selbst ein Hakenmann.

Die Kommissare machten sich sofort zur Humboldt-Universität auf, um den verrückten Arnulf Affinghausen festzunehmen. Doch als sie in den Hörsaal stürmten, stürzte der Assistent ans Fenster und versuchte, sich mit einem Sprung auf die Straße in Sicherheit bringen.

Im nächsten Sommer sollte es um Schmöckwitz herum keine Badeunfälle mehr geben. Denn Arnulf Affinghausen überlebte den Sturz aus dem Fenster seines Hörsaals nicht.

***

Schon auf der Heimfahrt von der Sektion der Wasserleiche aus der Dahme dachte Schwarz über seine Fälle nach, bei denen in den vergangenen Jahrzehnten Wasser ein Rolle gespielt hatte.

Wasser – im Sinne von Gewässer – war, kriminalistisch betrachtet, höchst vielseitig: Es konnte Tötungsmittel, Tatort, Transportmittel und Versteck sein. Wurde ein Toter aus dem Wasser geborgen, so war die Frage zu klären, ob es Tötung, Selbsttötung oder ein Unfall war, wobei die Unfälle statistisch deutlich überwogen. Zur Klärung, die schwierig und gelegentlich sogar unmöglich sein konnte, mussten alle Ermittlungsergebnisse, Beobachtungen von Zeugen sowie mitunter Gutachten verschiedener Experten herangezogen werden. Das konnten neben Kriminalisten und Rechtsmedizinern unter Umständen auch Tauchexperten, Meereskundler oder Schifffahrtsexperten sein.

Der Mensch war eben kein Fisch. Wenn die Sauerstoffzufuhr drei bis fünf Minuten unterbrochen wurde, trat der Tod ein. Im Wasser war dies also ein Erstickungstod. Der Begriff »Ertrinken« war irreführend und historisch begründet. Er ging wohl auf den griechisch-römischen Arzt Galen zurück. Zwar schluckt der Ertrinkende in der Regel auch Flüssigkeit, aber er stirbt nicht durch Magenüberfüllung, sondern durch Eindringen der Ertrinkungsflüssigkeit in die Luftwege mit Verhinderung des Sauerstoffaustauschs in der Lunge.

Ja, wenn wir unsere Kiemen noch hätten, um den Sauerstoffgehalt des Wassers zu nutzen!, sagte sich Schwarz. Wie viele Menschen wissen wohl, dass wir in unserem Hals-Nasen-Ohren-Bereich noch Reste von Kiemenbögen und -spalten besitzen? Die stammen aus unserer Embryonalperiode und sind damit Zeugen unserer stammesgeschichtlichen Entwicklung aus Meeresbewohnern. Der Zoologe Ernst Haeckel hatte dies genial in seinem biogenetischen Grundgesetz formuliert: Die Ontogenese ist eine kurze Wiederholung der Phylogenese.

Schwarz erinnerte sich an junge Männer, gute Schwimmer, die ihre Kräfte überschätzt hatten und überhitzt ins Wasser gesprungen waren. Eine besonders üble Rolle spielte immer wieder die Alkoholisierung. Schwarz wurde bei privaten Gesprächen wie in seinen Vorlesungen nicht müde, auf die Unvereinbarkeit von Trunkenheit und Badefreuden hinzuweisen. Die Erfahrungswerte waren klar, die pathophysiologischen Mechanismen beim lautlosen Untergehen Betrunkener hingegen weithin unerforscht, und die Einsicht seiner Zuhörer erschien ihm auch meist begrenzt.

In Gerichtsprozessen war bei Todesfällen im Hallen- oder Strandbad die Pflichtverletzung von Aufsichtspersonen verhandelt worden, häufig ohne oder mit widersprüchlichen Zeugenbeobachtungen. Die Todesursache war rechtsmedizinisch meist zu klären, nicht immer aber der Hergang des Geschehens. Denn dem finalen Ertrinken konnten unterschiedlichste pathophysiologische Vorgänge vorausgegangen sein. Und es gab auch Todesfälle im Wasser ohne Ertrinken, die durch natürliche Todesursachen eintraten und im Sammelbegriff »Badetod« zusammengefasst wurden.

Auch die schrecklichen Querschnittslähmungen mit oder ohne Todesfolge fielen Prof. Schwarz ein. Sie waren durch einen Sprung in zu flache, meist unbekannte Gewässer entstanden und betrafen in der Regel junge, sportliche Schwimmer. Auch hierzu erinnerte Schwarz sich an schwierige Gerichtsverfahren. So war ein junger Mann nach einem Sprung vom Startblock eines öffentlichen Strandbades mit einer hohen Querschnittslähmung bewusstlos geborgen worden. Er überlebte die Halswirbelfraktur, war aber an den Rollstuhl gebunden, berufsunfähig geworden und hatte den Betreiber des Bades auf Schadenersatz verklagt. Als Gutachter hatte Schwarz die Weltliteratur zu dem Thema »Wassertiefe und Halswirbelsäulenverletzung« studiert. Der Beklagte verwies darauf, dass die Wassertiefe bei dem betreffenden fließenden Gewässer schwankte. Letztlich war das Faktum der Wirbelfraktur infolge Stauchung und Überstreckung der Halswirbelsäule im konkreten Fall bei geringer Sprunghöhe nur durch Bodenkontakt und damit durch unzureichende Wassertiefe zu erklären.

In einem weiteren Fall von Querschnittslähmung in einem Strandbad war die Entstehung einzig durch Kopfsprung mit Auftreffen des Verletzten auf einen anderen Badenden möglich. Der bei der Obduktion anwesende Staatsanwalt einer brandenburgischen Kreisstadt hatte große Behälter mitgebracht, um Wasser aus dem Strandbad auf tödliche Gifte untersuchen zu lassen. Nachdem Schwarz und seine Kollegen geklärt hatten, dass die weiteren rund zweihundert Badegäste wohlauf waren und der Tote an einer hohen Querschnittslähmung gestorben war, konnte auf die toxikologische Analyse verzichtet werden.

Der Rechtsmediziner wusste, dass neben der Temperatur auch die Zusammensetzung der Ertrinkungsflüssigkeit – beispielsweise der Salzgehalt (Süß- oder Salzwasser) – für die Ausbildung der Leichenbefunde bedeutsam waren. Mit Salzwasserleichen hatte man als Rechtsmediziner in Berlin-Brandenburg naturgemäß wenig praktische Erfahrung.

Ein besonders unschönes Kapitel waren die Wasserleichen im Sommer. Schwarz konnte sich noch gut an die zurückliegenden Jahre im Sektionssaal ohne Klimaanlage erinnern – doch mittlerweile gehörte das glücklicherweise der Vergangenheit an. Bei langer Liegezeit im Wasser, speziell bei hohen Temperaturen, konnten die Fäulnisveränderungen so hochgradig sein, dass Körperoberfläche wie innere Organe kaum noch zu beurteilen waren. Meist war auch eine Identifizierung durch Inaugenscheinnahme des Leichnams unmöglich, da Gesicht, Rumpf und Gliedmaßen verfärbt und aufgetrieben waren. Dazu kam der penetrante Geruch. Weitere Erschwerungen entstanden durch sogenannte Algen- oder Schlammrasen auf der Leichenhaut. Einige Male hatte Schwarz erlebt, dass sich Hinterbliebene auch durch deutlich formulierte Warnungen nicht von einer Besichtigung des vermutlichen Angehörigen abhalten ließen – und das erstaunlich gut bewältigt hatten.

Die Gasproduktion in dem verfaulenden Leichnam führte zu einem starken Auftrieb im Wasser, was den versunkenen Leichnam nach einiger Zeit wieder an die Oberfläche brachte. Schwarz hatte in den vergangenen Jahren mehrfach Beschwerungen an Wasserleichen vorgefunden, die einen Auftrieb nicht verhindert hatten. Solche Gewichte verschiedenster Art aus Stein oder Metall wurden sowohl bei Selbsttötung als auch bei Mord angebracht. Sie mussten wie auch Fesselungen sorgfältig geprüft werden, um Hinweise für Selbst- oder Fremdanbringung zu gewinnen. Nur bei der Teil- oder sogar Ganz-Betonierung des Körpers, früher in amerikanischen Gangsterkreisen zur Beseitigung von Mordopfern in Gewässern beliebt, konnten kaum Zweifel aufkommen.

Da Wasserleichen auf dem Bauch liegen, wenn sie frei treiben, Kopf und Gliedmaßen nach unten hängend, waren Aufdunsung und Verfärbung im Gesicht besonders ausgeprägt. In den filmischen Darstellungen von Wasserleichen, zum Beispiel bei großen Schiffskatastrophen, sah Schwarz häufig falsche Rekonstruktionen: Wasserleichen, die auf dem Rücken trieben. Dann konnte er sich nicht verkneifen zu kommentieren: »So haben wir als Kinder im Wasser Toter Mann gespielt, doch das entspricht leider nicht der Realität.«

Als sein Haus in Sichtweite war, verdrängte Schwarz die unschönen Gedanken an den Tod im Wasser, welche der ungewöhnliche Mordfall ausgelöst hatte. »Dienst ist Dienst, und Schnaps ist Schnaps!« Eigentlich liebte er das Wasser und schaute gerne aus seinem Häuschen auf die nahe Dahme. Doch noch mehr mochte er es, selbst in die Fluten zu springen – am liebsten war ihm die Ostseeküste. Wenn hier immer warme Sommertemperaturen herrschen würden, könnte er auf die beliebten Ferienziele am Mittelmeer, Atlantik oder Pazifik glatt verzichten! Aber so weit war die Klimaerwärmung noch nicht vorangeschritten.

Wie vom Blitz getroffen

Es war zu einem Ritual geworden: Regelmäßig wanderten sie durch die Mark Brandenburg, immer an die zwanzig Kilometer und zumeist im Dutzend. Diesmal aber waren wegen der unerträglichen Hitze, unter der Berlin nun schon seit einer Woche zu leiden hatte, nur vier Gruppenmitglieder am Ausgangspunkt, dem Bahnhof Potsdam Park Sanssouci, erschienen: die Kulturjournalistin Medea Meier-Ebersbach, der Schauspieler Bo Rommerskirchen, der Architekt Ludger Krügelstein und seine Frau, die Grundschullehrerin Katharina Krügelstein.

Katharina Krügelstein blickte misstrauisch zum Himmel hinauf. »Von Westen her scheint ein Gewitter heraufzuziehen.«

Medea Meier-Ebersbach winkte ab. »Solange es nicht das Jünger'sche *Stahlgewitter* ist, kann ich damit leben.«

Bo Rommerskirchen schaltete sich ein und rezitierte einige Zeilen aus Gottfried Kellers Gedicht *Gewitter im Mai*: »*In Blüten schwamm das Frühlingsland, / Es wogte weiss in schwüler Ruh; / Der dunkle feuchte Himmel band / Mir schwer die feuchten Augen zu.*«

Ludger Krügelstein war währenddessen vollauf damit beschäftigt, sein GPS-Gerät in Gang zu setzen. Als ihm das nach einigen vergeblichen Versuchen endlich gelungen war, gab er das Kommando zum Abmarsch. »Wir wandern durch den Park Sanssouci, dann den Ruinenberg hinauf und durch die russische Kolonie zum Schloss Cecilienhof. Von dort geht es an der Havel entlang über die Glienicker Brücke zum Wirtshaus Moorlake, wo wir einkehren und zu Mittag essen können.«

Sofort setzte sich die Gruppe in Bewegung, mit Ludger

Krügelstein an der Tete, wie Medea Meier-Ebersbach es lachend ausdrückte. Er achtete anhand seines GPS-Gerätes streng darauf, dass die Gruppe die Geschwindigkeit von 4,5 Stundenkilometern nicht unterschritt. Tat sie das doch einmal, rief er den anderen zu, dass man eine Wandergruppe und keine Seniorengruppe sei, die vor ihrem Heim spazieren ging. »Ihr schiebt doch noch keinen Rollator vor euch her!«

Die erste Verzögerung gab es, als Medea Meier-Ebersbach mit großer Geste eine mitgebrachte Kartoffel auf die Grabplatte Friedrichs des Großen legte und dabei aus seinen *Randverfügungen* zitierte.

Für eine zweite Verzögerung sorgte Bo Rommerskirchen, der eigentlich Boris mit Vornamen hieß, aber nicht an Boris Becker erinnert werden wollte und deshalb die zweite Silbe wegließ. Da Bo ein schwedischer Vorname war, dachten viele, er käme aus dem Pippi-Langstrumpf-Land, was er gern mit dem Kalauer »Ich komme nicht aus Schweden, sondern aus Schwedt« kommentierte. Da er recht beleibt war, empfand er die Wanderung im Gegensatz zu den anderen als beschwerlich. Keuchend warf er sich, endlich oben auf dem Ruinenberg angekommen, ins Gras und verlangte eine Pause.

Doch kurze Zeit später drängte der ruhelose Ludger Krügelstein zum Weitergehen. »Kinder, unsere Durchschnittsgeschwindigkeit ist schon auf 3,3 Stundenkilometer abgesunken! Manche Schildkröte ist schneller als ihr.«

»Soll ich *dich* nun erschlagen«, brummte Bo Rommerskirchen, »oder reicht es, wenn ich dein blödes Gerät zertrete?«

Trotz des Gejammers ging die Gruppe zunehmend schneller, denn die Gewitterfront rückte näher und näher. Ohne weiteren Zwischenhalt kamen sie bei der Glienicker Brücke an, und für Ludger Krügelstein, der jede Wanderung genauestens protokollierte, gab es diesmal nichts Bedeutendes zu notieren. Dann aber ereignete sich doch noch ein merkwürdiger Zwischenfall.

Vor ihnen lief eine Joggerin mit auffallend knapp geschnittener Kleidung, als plötzlich ein Radfahrer neben ihr hielt, absprang und sie festhalten wollte.

»Lass mich in Ruhe!«, schrie die Joggerin, stieß den Mann zur Seite und lief weiter Richtung Moorlake.

Der Mann schwang sich wieder auf sein Rad, kehrte um und radelte an ihnen vorbei zurück zur Glienicker Brücke.

Sie hätten das Ganze wohl noch des Längeren diskutiert, wäre nicht in diesem Moment ein Sturm losgebrochen, der sie, als seien sie trockene Blätter, das Havelufer entlangwehte. Und schon setzte ein Platzregen ein, der Donner rollte derart, dass ihnen das Trommelfell zu platzen drohte, und kurz hinter ihnen fuhren schon die ersten Blitze nieder. Mit Müh und Not und schon ein wenig durchnässt, erreichten sie das Wirtshaus Moorlake und waren erst einmal in Sicherheit. Wie die Medien später berichten sollten, waren sie in eines der schwersten Gewitter geraten, die Berlin seit Jahren erlebt hatte.

Hungrig von der Wanderung, bestellten sie sich rasch etwas zu essen und zu trinken. Die beiden Männer entschieden sich für Bollenfleisch.

Katharina Krügelstein fragte, ob denn alle wüssten, was im Berlinischen Bollen seien.

»Na, Bollen sind Zwiebeln«, war die Antwort von Medea Meier-Ebersbach. »Und so nennt man auch die Löcher in den Strümpfen.«

»Das stimmt, aber Bollen bedeuten auch noch Hoden. In Zilles *Hurengesprächen* etwa tritt eine Frau namens Bollenjuste auf.«

»Ah«, rief Bo Rommerskirchen, »daher also kommt der Ausdruck ›Du kannst mir mal die Bollen lecken‹.«

Medea Meier-Ebersbach verzog angewidert die Nase, worauf Bo Rommerskirchen herzlich lachte.

Während sie aßen, zog das Gewitter langsam ab, und als Ludger Krügelstein nach dem letzten Bissen auf sein GPS-Gerät blickte, schrie er erschrocken auf. »Unser Gesamtschnitt ist auf 2,9 Kilometer pro Stunde abgesunken. Nun aber los!«

»Aber bitte mit 'ner Taxe!«, erwiderte seine Frau. »So quatsch-nass, wie ich noch immer bin, wandere ich nicht gern.«

»Das kommt nicht in Frage!«, rief Bo Rommerskirchen, der sich wegen seines Geizes bei den anderen schon öfter unbeliebt gemacht hatte. Aber es war nur seine Erfolglosigkeit als Schauspieler, die ihn zur Sparsamkeit zwang.

»Ich habe ebenfalls keine Lust, bis zum S-Bahnhof Wannsee zu laufen«, maulte jetzt auch Medea Meier-Ebersbach.

Katharina Krügelstein suchte nach einem Kompromiss. »Was hieltet ihr davon, wenn wir quer durch den Wald zur König-straße gehen? Da fährt ein Bus zum Bahnhof Wannsee.«

Der Vorschlag wurde mit einer Gegenstimme angenommen, nur Ludger Krügelstein hatte missmutig dagegen gestimmt, denn er hätte zu gern auch heute seine zwanzig Kilometer geschafft. Sie zahlten und machten sich sogleich auf den Weg Richtung Süden. Ludger Krügelstein hatte eine Karte bei sich, und so lag die Wahr-scheinlichkeit, sich zu verlaufen, nur bei 27,23 Prozent, wie seine Frau einmal anhand seiner bisherigen diesbezüglichen Heldenta-ten ausgerechnet hatte.

Als sie den Punkt erreicht hatten, wo es rechts hinter dem Schneewittchenweg etwas aufsteigend zum Finkenberg ging, hielt Bo Rommerskirchen plötzlich inne. »Da liegt doch jemand!«, rief er den anderen zu.

Jetzt erkannten auch sie den leblosen Frauenkörper, der ge-krümmt am Fuße einer mächtigen Buche lag. Der Sportkleidung nach musste es sich um eine Joggerin handeln.

Da sich den gesamten Stamm der Buche eine schwarze Furche hinunterzog, schien offensichtlich, was sich hier ereignet hatte: Die Frau hatte Schutz vor dem gewaltigen Gewitter gesucht und war vom Blitz erschlagen worden.

»Buchen sollst du suchen ...«, murmelte Medea Meier-Ebers-bach.

Katharina Krügelstein, die einen Kurs in Erster Hilfe mit-gemacht hatte, zog einen kleinen Spiegel aus dem Rucksack und hielt ihn der Joggerin vor den Mund. »Nichts. Die dürfte es erwischt haben.«

Trotzdem forderte ihr Mann per Handy Feuerwehr und Notarzt an.

Die morgendliche Zeitungslektüre gehörte für Gunnar Granow zu seinen dienstlichen Pflichten, denn als Mitglied einer Mordkommission konnte man auf Dauer nur erfolgreich sein, wenn man ganz genau wusste, was in Berlin Tag für Tag geschah. Sein Anspruch, zu den gebildeten Ständen zu zählen, verbot ihm eigentlich die Lektüre aller Boulevardzeitungen, doch da bei einer von ihnen sein junger Freund Charly Packebusch tätig war, las er sie dennoch – schon wegen der literarisch so wertvollen Überschriften. Eine der heutigen besagte: *42-jährige Dichterin Verena Löwe aus Wannsee in der Nähe des Schäferbergs vom Blitz erschlagen.*

Dies hätte ihn nun nicht weiter interessieren müssen, denn Unfälle fielen nicht in sein Ressort, und den Herrgott konnte man schwerlich wegen fahrlässiger Tötung eines Menschen vor Gericht stellen. Doch in der darauffolgenden halben Stunde gab es zwei Anrufe, die dies änderten.

Der erste kam von einem Architekten namens Krügelstein und schien im ersten Augenblick nicht weiter von Bedeutung zu sein.

»Ich war gestern mit meiner Wandergruppe unterwegs«, berichtete ihm Herr Krügelstein, »und wir haben die Frau gefunden, die womöglich vom Blitz erschlagen worden ist.«

»Sie meinen wohl den Unfall in der Nähe des Schäferbergs«, murmelte Granow.

»Es sah tatsächlich alles nach einem Blitzschlag aus«, fuhr Krügelstein fort. »Allerdings ist mir heute früh eingefallen, dass wir auf dem Weg zwischen der Glienicker Brücke und dem Wirtshaus Moorlake eine kleine Szene beobachtet haben. Da hat ganz offensichtlich ein Radfahrer eine Joggerin belästigt. Das war kurz vor dem Gewitter.«

»Und – ist er ihr gefolgt?«

»Nein, er ist dann in die andere Richtung gefahren.«

Granow überlegte einen Augenblick. »Haben Sie denn in der Toten unter der Buche vielleicht die Joggerin wiedererkannt, die belästigt worden ist?«

»Nein, wir hatten sie nur von hinten und aus einiger Entfernung gesehen. Aber von der Kleidung her könnte sie es durchaus gewesen sein. Sie trug eine dunkle Jacke und eine blaue Hose, mit Regenbogenfarben abgesetzt.«

»Vielen Dank, Herr Krügelstein, wir werden der Sache nachgehen.«

Damit wäre der Fall für Granow möglicherweise bereits erledigt gewesen, wenn die Kriminalassistentin Theresa Marotzke, die ihm gegenüber den Sportteil seiner Zeitung las, nicht mitgehört hätte. »Sag mal, das müsste dich doch an etwas erinnern ...«

»Dass ich mal mit dem Rad hinter einer Joggerin hergefahren bin?« Er lachte. »Aber das war meine Frau. Und die hatte damals Angst, dass sie auch ...« Er schlug sich mit der flachen Hand gegen die Stirn und rief: »Mensch, die ermordete Joggerin im Spandauer Forst!« Am 20. Juni 2009 war eine 39-jährige Psychologin von einem Mann ermordet worden, der mit hoher Wahrscheinlichkeit auf einem roten Fahrrad unterwegs gewesen war. Bis heute hatte man den Mann nicht finden können.

Während sie noch über diesen Mordfall und mögliche Parallelen diskutierten, kam der zweite Anruf.

»Mein Name ist Jocelyn Naumann«, sagte die Frau am Apparat. »Ich bin die Schwester von Verena Löwe, die vom Blitz erschlagen worden sein soll. Ich möchte zu der Angelegenheit eine wichtige Aussage machen.«

»Bitte, ich höre ...«

»Verstehen Sie, ich möchte nichts sagen, wenn jemand mithören kann. Kommen Sie doch bitte zu mir nach Hause!« Sie nannte noch ihre Adresse, dann legte sie auf.

Granow rang eine Weile mit sich. Was ging ihn die Sache

eigentlich an? Das roch doch alles nur nach Wichtigtuerei. Aber auf der anderen Seite sagte ihm sein Gefühl, dass da womöglich doch nicht alles mit rechten Dingen zuging. Er sah seine junge Assistentin an. »Komm, fahren wir mal schnell zum Ku'damm!«

Theresa Marotzke verzog das Gesicht. »Wenn's unbedingt sein muss ...« Als geborene Neuköllnerin fühlte sie sich am Kurfürstendamm nicht sonderlich wohl. Hier wohnten Menschen, die ein Vielfaches mehr verdienten als sie und sich oft für etwas Besseres zu halten schienen.

Beide trugen sie der Armut des Landes Berlin Rechnung, indem sie auf ein dienstliches Fahrzeug verzichteten und mit öffentlichen Verkehrsmitteln zu Tatorten und Vernehmungen fuhren. Früher hatten sie sich noch Freifahrscheine geben lassen, jetzt nutzten sie ihre privaten Monatskarten. So stiegen sie am S-Bahnhof Halensee aus, um von dort über die Westfälische Straße zur Joachim-Friedrich-Straße zu gelangen, wo nahe dem Kurfürstendamm die Schwester der Löwe wohnen sollte.

Der Hauseingang wirkte so feudal, dass sich Granow an das alte Berliner Stadtschloss erinnert fühlte. Sie stiegen die vornehme Treppe hinauf und klingelten bei Jocelyn Naumann.

Eine verhutzelt aussehende Frau öffnete ihnen sogleich die Tür. Frau Naumann wirkte recht verbittert – warum, sickerte in dem Gespräch mit den Beamten bald durch: Sie hatte stets im Schatten ihrer erfolgreichen Schwester gestanden. Ihre Gedichtbände waren weithin unbeachtet geblieben, den letzten hatte sie sogar selbst finanzieren müssen.

Granow brachte das Gespräch auf ihre verstorbene Schwester und deren Ehemann. »Leonhard Löwe ist Makler?«

»Ja, und er hat mit seiner Firma eine Menge Geld gemacht. Aber in letzter Zeit ist sein Geschäft nicht mehr gut gelaufen, doch er hatte eine Menge Ausgaben – für seine Yacht, für seine teuren Autos, für seine noch teureren Geliebten.«

»Und Ihre Schwester?«, fragte Theresa Marotzke.

»Sie wusste davon. Deshalb wollte sie sich auch scheiden lassen und hat Unterhaltszahlungen gefordert, die Leonhard in die Insolvenz getrieben hätten. Ich glaube, für ihn ist der Blitzschlag gerade zur rechten Zeit gekommen.«

Granow fixierte die Schwester der Toten. »Wollen Sie damit sagen, dass Sie nicht ausschließen, dass Leonhard Löwe ein wenig nachgeholfen hat?«

»Das ist Ihre Interpretation meiner Worte«, entgegnete Frau Naumann ausweichend. »Aber ich weiß, was Leonhard so treibt, und will deshalb Ihrem Gedanken nicht widersprechen.«

Als die Kommissare wieder auf der Straße standen, war für Granow klar, was jetzt zu tun war. »Wir müssen Professor Schwarz zu Rate ziehen, der soll sich die Leiche der Löwe mal genauer ansehen.«

***

Als die Mordkommission im Rechtsmedizinischen Institut anrief, stand Prof. Robert Schwarz gerade im Hörsaal. Die Vorlesung »Rechtsmedizin für Studierende der Rechtswissenschaft« gehörte zu seinen Lieblingsaufgaben. Die Studenten kamen gerne zu der fakultativen Vorlesung und waren entsprechend interessiert und diszipliniert. Auch das weibliche Dreigestirn war anwesend, und so ging ihm der Unterricht besonders leicht von der Hand. »Die drei Grazien«, wie er sie für sich nannte, saßen immer auf denselben Plätzen in der zweiten Reihe, waren auffallend hübsch und strahlten ihn an.

Eigentlich duldete Schwarz während seiner Vorlesung keinerlei Störung. Kriminalhauptkommissar Granow hatte aber die Sekretärin wohl so barsch angewiesen, dass sie seinem Drängen nachgab und in den Hörsaal lief. Dort legte sie ihrem Chef mit aufgeregten Gesten einen Zettel auf das Pult.

Schwarz unterbrach kurz die Vorlesung und studierte die Mitteilung. »Liebe Studentinnen und Studenten«, sagte er dann, »ich muss die Vorlesung leider vorzeitig abbrechen, denn ich habe hier eine dringende Anforderung von der Mordkommission. Jetzt gäbe es die praktische Anwendung des Gehörten, nur kann ich Sie leider zu der Untersuchung nicht mitnehmen. Sie müssen mich jetzt entschuldigen. Doktor Krell wird ihnen noch die restlichen Folien zur Leichenschau zeigen. In der nächsten Woche fahren wir dann mit dem Thema Scheintod, lateinisch *vita minima*, fort. Bis dann!«

Schwarz schlürfte in der Kantine noch schnell eine Tasse Kaffee, griff seinen »Tatortkoffer« und fuhr dann mit seinem Wagen zum Krematorium Baumschulenweg. Er kannte es gut, hatte er doch dort in früheren Jahren die gesetzlich vorgeschriebene zweite Leichenschau vor der Kremation durchgeführt. Die Leiterin des Hauses hatte sein Institut vor einiger Zeit zu einer Besichtigung eingeladen, nachdem das Krematorium mit großem Aufwand neu erbaut worden war. Die Rechtsmediziner hatten damals ganz schön gestaunt und das alte Krematorium nach dem Einzug moderner Architektur kaum wiedererkannt. Auch die neueste Technik mit dem elektronischen Lager- und Transportsystem hatte die Mediziner beeindruckt.

Nun war er also wieder hier, um sich die Leiche eines Blitzschlagopfers anzuschauen. Ein Mitarbeiter des Krematoriums wartete bereits auf ihn und hatte den Leichnam der Verena Löwe bereitgestellt. Schwarz wunderte sich, warum die Leiche hier gelandet war, obwohl sie in der Nähe von Potsdam gefunden worden war. Aber vielleicht gibt es bei den Krematorien ja Preisunterschiede, die bei der Entscheidung eine Rolle spielen, dachte er belustigt. Dann wandte er sich seiner Arbeit zu.

Die Tote lag in einem schlichten Holzsarg, wie es bei Feuerbestattungen üblich war. Sie war bereits entkleidet, ihre Kleidung lag zu einem Bündel zusammengepackt am Fußende des Sargs.

Prof. Schwarz zog rasch Kittel und Handschuhe an. Vor der Inspektion des Leichnams prüfte er die Identität. Die Beschriftung an Sarg und Zehenkarte lautete *Löwe, Verena*, Geburts- und Todestag stimmten mit dem Totenschein und seinen Angaben überein. Auf dem Totenschein war als Todesursache *Blitzunfall* vermerkt, und bei der Todesart war *Natürlicher Tod* angekreuzt. Da haben wir es wieder!, dachte Schwarz. Seit wann war ein Blitztod ein natürlicher Tod? Sicherlich stammte der Blitz aus der natürlichen Umwelt – »natürlich« aber war nur der Tod aus innerer krankhafter Ursache. Aus seinen langjährigen Lehrerfahrungen wusste Schwarz, dass dies eher Kriminalisten und Juristen klarzumachen war als Medizinern. Darüber hatte es auch mit Kollegen aus Kliniken wie aus Pathologischen Instituten schon manche Debatte gegeben. Bei der Einordnung eines Todesfalls als natürlicher Tod war von dem Leichenschauarzt keine Meldung an die Polizei erforderlich, und so war die Tote von dem Bestatter abgeholt und ins Krematorium gebracht worden.

»So«, murmelte Schwarz, »wo sind denn nun die Spuren des Blitzschlags?« Als Erstes nahm er sich die Kleidung und die Joggingschuhe vor und suchte nach Zerreißungen, Verbrennungen oder Durchlöcherungen – doch er fand nichts Auffälliges. Er vermerkte auch, dass die Kleidung nicht durchfeuchtet war. Sorgfältig inspizierte er Kopf, Rumpf und Gliedmaßen, wobei ihm der Krematoriumsmitarbeiter beim Umwenden der Toten half. Das Kopfhaar war blutig durchtränkt und das gesamte Gesicht stark blutverschmiert. An der rechten Hinterkopfseite fand sich eine grobe, blutige Platzwunde. Darunter ertastete Schwarz Knochenbruchstücke, die zum Teil tief in das Gehirn hineingetrieben waren. »Hier haben wir wohl die Todesursache«, schlussfolgerte Schwarz.

Dann untersuchte er weiter Haut und Schleimhäute des Gesichts, besonders gründlich den Hals, danach Rumpf, Arme und Beine. Nachdem er keine blitztypischen Hautrötungen oder Hautverbrennungen gefunden hatte, griff er zu seiner Lupe. Akribisch suchte er nach Zeichen von Hitzeeinwirkung an den Kopfhaaren, danach an den Körperhaaren. Auch hier war nichts Auffälliges festzustellen. Schwarz wandte sich an den Krematoriumsangestellten. »Herr Schulz, die Leiche darf auf keinen Fall verbrannt werden. Sie kommt in unser Institut – das wird eine gerichtliche

Obduktion. Ich verständige sofort die Mordkommission. Meine Leute werden die Frau Löwe noch heute abholen.« Dann notierte Schwarz auf seinem Befundblock:

Offene Schädel-Hirn-Verletzung am Hinterkopf mit großer Platzwunde und Impressionsfraktur. Sonst keine äußeren Verletzungen, insbesondere keine Kampf- oder Abwehrspuren, keine Würge- bzw. Drosselmarken, vor allem keine Zeichen elektrischer Energie.

Anschließend rief Schwarz die Mordkommission an. Als sich sein alter Freund Granow meldete, sagte er: »Hallo, Gunnar, ich bin gerade im Krematorium bei Frau Verena Löwe, eurem angeblichen Blitzschlagopfer. Den Blitzunfall könnt Ihr vergessen. Beantragt gleich mal eine Obduktion beim Staatsanwalt! Die Frau hat eine schwere Schädel-Hirn-Verletzung, und es sieht ganz nach einem Schlag auf den Kopf aus. Mich würde ja schon interessieren, wie die Theorie vom Blitzschlag zustande gekommen ist und wie die Frau unter den getroffenen Baum kam. Meine Sekretärin ruft euch an, wenn wir mit der Sektion beginnen.«

Granow wollte jedoch rasch Ergebnisse sehen und drängte auf eine Sofortobduktion.

»Also gut«, gab Schwarz nach, »wenn ihr von der ›M‹ ruft, sind wir selbstverständlich immer zur Stelle. Na, dann fangen wir heute Nachmittag um halb drei an.«

Inzwischen war es dreizehn Uhr, und Schwarz knurrte der Magen. Geistige Nahrung reicht eben doch nicht, dachte er schmunzelnd. Wenn ihm seine belastende Tätigkeit mit Verletzten oder Getöteten den Appetit verderben würde, wäre er längst verhungert. Also auf zur nächsten Bäckerei! Natürlich hätte er auch in der Mensa des Uniklinikums essen können, doch dahin ging er immer seltener. Das lag nicht etwa an der Qualität des Mittagstisches, sondern daran, dass er dort kaum in Ruhe essen konnte. Alle Störenfriede, ob Kollegen, Mitarbeiter oder Studenten, nutzten die Gelegenheit zu einem Gespräch.

Prof. Schwarz erreichte gegen vierzehn Uhr sein Institut. Der Leichnam von Frau Löwe war noch nicht eingetroffen, und so blieb ihm noch etwas Zeit. Schwarz ging in sein Dienstzimmer, fragte seine Sekretärin nach wichtigen Anrufen und sah den Posteingang durch.

Gut zehn Minuten später rief der Sektionsassistent Walter Mann an und meldete die Ankunft der Leiche. Als Schwarz in den Sektionssaal kam, erwartete ihn Dr. Krell, der zweite Obduzent, bereits in voller Montur. »KHK Granow ist auch soeben eingetroffen«, sagte Krell. »Er trinkt im Sektionssekretariat noch einen Kaffee.«

»Prima, dann können wir ja anfangen«, meinte Schwarz, und das eingespielte Team begann mit der Obduktion.

Zuerst diktierte Prof. Schwarz die »Äußere Besichtigung« in sein Diktaphon. Als er sich der Schädelverletzung zuwandte, erschien Kommissar Granow mit dem Staatsanwalt Wolf. Nach kurzer Begrüßung setzte Schwarz sein Diktat fort. Detailliert wurden alle Körperregionen beschrieben, insbesondere der Kopf. Die Verletzung am Hinterkopf wurde vermessen, danach aus unterschiedlichen Blickwinkeln und mit angelegtem Maßstab fotografiert. Mit dem Auflichtmikroskop suchten die Rechtsmediziner auffällige Wundbestandteile, die von einem Hiebwerkzeug hätten stammen können. Aber es gab weder Partikelchen noch Abrieb etwa von Farbe, Kunststoff, Metall oder Holz zu sehen.

Dann legte der Assistenzarzt die Sektionsschnitte unter Hilfestellung des Sektionsassistenten. Schwarz diktierte detailliert alle inneren Befunde, die Teil B des Sektionsprotokolls darstellten. Nach dem Ablösen der Kopfschwarte wurde eine länglich geformte und zur Scheitelhöhe hin rundlich begrenzte Fraktur im rechten Hinterhaupts- und Scheitelbein beschrieben, vermessen und fotografiert.

»Sehen Sie sich hier diese längliche und terrassenförmige Impressionsfraktur im rechten Hinterhaupt an!«, sagte Schwarz und zeigte den Gästen den wesentlichen Befund. »Diese Bruchform spricht für einen groben Hieb mit einem länglichen und relativ schweren Gegenstand. Mal abwarten, wie es darunter aussieht, dann können wir uns über mögliche Tatwerkzeuge unterhalten.«

Gegen achtzehn Uhr war die Leichenöffnung beendet, und Prof. Schwarz diktierte das »Vorläufige Gutachten«.

I. Sektionsergebnis

Leichnam einer bekannten, 42 Jahre alten, 165 cm großen und 72 kg schweren Frau.

Schweres Schädel-Hirn-Trauma: 7 × 3 cm messende ausgedehnt unter-blutete Platzwunde der Kopfschwarte am rechten Hinterkopf. Längliche terrassenförmige Impressionsfraktur von 8 × 3 cm Ausdehnung im rechten Hinterhaupts- und Scheitelbein.

Berstungsbruchausläufer nach rechts unten bis in die Schädelbasis. Aus-gedehnte Hirnprellung und -quetschung im rechten Hinterhaupts- und Scheitellappen.

Hirnschwellung. Blutiges Hirnwasser in den Hirnkammern.

Schaumige, blutige Flüssigkeit in der Luftröhre und ihren Ästen. Kleinfle-ckige Bluteinatmungsherde beiderseits.

Leichte allgemeine Arteriosklerose.

Zustand nach länger zurückliegender operativer Entfernung von Gallen-blase und Wurmfortsatz.

II. Todesursache: Schädelbruch mit Hirnverletzung.

III. Ergebnis der Alkoholbestimmung aus Schenkelblut und Urin nach zwei Methoden: Venenblut 0,0 mg/g Ethanol, Urin 0,0 mg/g Ethanol.

IV. Als Todesursache ist die schwere Schädel-Hirn-Verletzung festzustellen. Zum Zeitpunkt des Todes bestand keine alkoholische Beeinflussung. Es fan-den sich keine wesentlichen vorbestehenden krankhaften Veränderungen, die unmittelbar mit dem Todeseintritt in Zusammenhang stehen könnten. Die näher beschriebene Schädelverletzung ist durch einen Hieb mit einem länglichen Gegenstand zu erklären, wobei der Hieb mit großer Kraft und/oder mit einem schweren Werkzeug ausgeführt worden sein muss.

V. Für die Einwirkung elektrischer Energie, wie hier vermutet durch Blitz-

44

schlag, gab es keinerlei Hinweise, weder am Körper der Toten noch an ihrer
Kleidung. Die Tötung durch eine Blitzeinwirkung kann ausgeschlossen
werden.
VI. Die Obduzenten behalten sich ein endgültiges Gutachten ausdrücklich
vor.
VII. Prof. Dr. med. Robert Schwarz, Dr. med. Hans Krell

»Ich will noch einmal betonen«, sagte Schwarz ergänzend zu seinen Ausführungen, »dass es sich hier nicht um einen Blitzschlag handelt, denn es sind weder typische Beschädigungen von Bekleidung und Haut des Opfers vorhanden, noch gibt es irgendwelche Verbrennungsspuren oder gar die schönen Blitzfiguren.« Sogleich erklärte er den Begriff: »So heißen arborisierte Erytheme – farnkrautartige oder astförmig verzweigte Hautrötungen –, die ein Fachmann sofort erkennt. Vielmehr haben wir es eindeutig mit einer Tötung von fremder Hand zu tun. Wir vermuten einen kräftigen und gezielten Hieb mit einem länglichen Werkzeug von rundem Querschnitt, beispielsweise mit einem Metallrohr oder einem Baseballschläger. Charakteristische Spuren von einem Werkzeug fanden sich in der Wunde nicht. Der Schlag ist offenbar von hinten geführt worden. Für den Hergang ist außerdem noch von Interesse, dass die Frau nach dem Hieb mit größter Wahrscheinlichkeit sofort kampfunfähig war.«

Kriminalhauptkommissar Granow sah Staatsanwalt Wolf an. »Dann müssen wir jetzt abklären, wie die Frau unter den vom Blitz getroffenen Baum gekommen ist«, resümierte er.

»Ich muss noch hinzufügen«, meinte Schwarz, »dass es keinerlei Schleifspuren oder andere Hinweise auf einen Transport der Verletzten oder Getöteten gibt. Die Frau hatte auch keine Kampf- oder Abwehrspuren. Sie sollten überprüfen, welche Wohnhäuser in der Nähe der Einschlagstelle stehen. Womöglich konnte von dort jemand den Blitzschlag beobachten.«

Gunnar Granow legte die Hand grübelnd ans Kinn. »Ist die Frau Löwe dort unter dem Baum getötet worden – oder ist sie als

Leiche dorthin transportiert worden? Und war das vor oder nach dem Unwetter beziehungsweise dem Blitzeinschlag in die Buche?«

»Wenn wir nur eine halbwegs zuverlässige Todeszeit hätten!«, entgegnete Schwarz. »Leider gibt es die nicht, denn beim Auffinden der Frau gingen alle von einem Blitzschlag aus, und dessen Zeitpunkt war ziemlich genau bekannt. Jetzt, nach dem abgelaufenen Zeitraum und längerer Kühlraumlagerung, ist eine nähere Bestimmung leider nicht mehr möglich. Außerdem gibt es bei einem natürlichen Tod auch keine kriminalistische oder rechtsmedizinische Untersuchung des Fundortes und seiner Umgebung. Bei einer Alarmierung vor Ort hätten wir selbstverständlich nach Blutspuren oder einem in Frage kommenden Werkzeug gesucht. Der oder die Täter waren auf jeden Fall ganz schön clever ...«

Der Staatsanwalt nickte und sagte zum Kommissar: »Herr Granow, Sie wissen, was nun zu tun ist. Ich hoffe, dass Ihre Kommission die Sache bald aufklären kann. Es wird nicht lange dauern, dann haben wir die Medien am Hals.«

***

Gunnar Granow und Theresa Marotzke hatten sich zusammengesetzt, um die Lage zu besprechen. Der Ausgangspunkt ihrer Überlegungen war klar: Jemand hatte vor oder während des schweren Gewitters Verena Löwe erschlagen und dann einen Unfalltod durch Blitzschlag vorgetäuscht.

Granow überlegte. »Um weiterzukommen, müssen wir erst mal die Frage klären, ob die Löwe am Fundort ihres Leichnams oder woanders erschlagen worden ist.«

»Fahren wir doch mit den Kollegen von der Spurensicherung noch einmal nach Moorlake raus!«, schlug Theresa Marotzke sogleich vor.

Das taten sie dann auch. Doch als es Mittag geworden war, konnte Granow nur seufzend mit dem Kopf schütteln, denn man hatte nicht die geringste Spur eines vorangegangenen Kampfes gefunden.

»Na juti, dann klappern wa ma alle ab, die et jewesen sein könnten«, sagte Theresa Marotzke.

»Am besten fangen wir mit diesem Radfahrer an.«

Den hatte man inzwischen aufgrund verschiedener Zeugenaussagen ermitteln können, und die Kollegen hatten auch schon eine Menge Material zusammengetragen: Moritz Massanz, so hieß der Radfahrer, hatte mehrere Vorstrafen vorzuweisen, vor allem Rohheitsdelikte und Betäubungsmittelmissbrauch, war alleinstehend und gelegentlich auch als Fahrradkurier oder Türsteher in Nachtclubs tätig. Er war wohnhaft in Friedrichshain-Kreuzberg, in der Ebertystraße.

Granow und Marotzke fuhren zu Massanz, und als sie an dessen Wohnungstür klingelten, kam ihnen ein junger Mann entgegen, den Schädel kahl rasiert und das linke Ohrläppchen mehrfach gepierct. Beinahe hätte der Kommissar ausgerufen: »Mensch, das ist er!« Er hatte viele Feindbilder, und Leute wie Massanz gehörten definitiv zu ihnen.

Die Kriminalkommissare wiesen sich aus, und Granow erklärte dem Verdächtigen, dass sie in der Mordsache Verena Löwe ermittelten. »Dürfen wir mal zu einer kleinen Unterredung eintreten?«, fragte er.

Massanz musterte erst Granow feindselig, schaute dann aber wohlwollend zu der jungen Kriminalassistentin und sagte: »Na jut, komm Se rin!«

An der einen Wand seines Wohnzimmers hingen ein gutes Dutzend Gotcha-Gewehre, davor stand ein weißes Rennrad.

»Wir wissen, dass Sie mit diesem Rad auch zur Zeit des großen Gewitters letzten Sonnabend unterwegs waren, unten an der Glienicker Brücke.« Granow wollte schnell zur Sache kommen. »Sie haben dabei eine Joggerin angesprochen und ...«

»Klar, das war Verena. Warum sollte ick nich? Wir sind mal zusammen in eene Klasse jejangen, und da war ick vaknallt in sie. Dann musste ick 'ne Ehrenrunde drehen, und da hab ick sie aus'n Augen verloren.«

»Und nun haben Sie sie beim Joggen bedrängt und wollten ein Treffen mit ihr erzwingen?«, wollte Theresa Marotzke wissen.

»Ich habe sie überhaupt nicht bedrängt!«, gab Massanz leicht verärgert zurück. »Und nach einem Date zu fragen ist ja wohl nicht verboten, oder?«

»Sind Sie abgewiesen worden?«, hakte Granow nach.

»Ja und? Da bin ick denn weita.«

Theresa Marotzke sah ihn scharf an. »Haben Sie dafür Zeugen?«

»Weeß ick nich. Ick bin nach Potsdam und hab ma da in eem Hausflur untajastellt.«

Mehr war aus ihm nicht herauszuholen, und Granow war sich sicher, dass sie bei ihm auch auf Granit beißen würden, wenn sie ihn in die Keithstraße holten und die ganze Nacht über verhörten.

»Knöpfen wir uns also den Ehemann der Löwe vor!«, sagte Theresa Marotzke.

Sie fuhren quer durch die Stadt nach Wannsee, wo an der Straße Am Heidesaum Löwes Villa stand.

Granow fielen einige Zeilen eines Gedichtes von Theodor Fontane ein, das er einmal als junger Schüler hatte auswendig lernen müssen. »*Am Waldessaume träumt die Föhre, / Am Himmel weiße Wölkchen nur ...*«

Theresa Marotzke klatschte in die Hände. »Jut, du! Wenn se dich bei der Kripo mal rausschmeißen, kannste ooch zu *Deutschlandradio Kultur* gehen. Ick kenne keinen Heidesaum, dafür aber den Heidesand ...«

»Was ist denn das?«

»Das sind wunderbare Plätzchen. Kann ick aba nich backen, det macht allet meine Frau.«

»Meine leider nicht«, sagte Granow. »Die sitzt lieber in der Oper, als dass sie am Backofen steht.«

Der Makler Löwe hatte nun so gar nichts an sich, was an den König der Tiere denken ließ. Vielmehr erinnerte sein Gesicht

Granow an ein Pferd. Allerdings wirkte er ebenso charmant wie redegewandt.

Es war schwülwarm an diesem Sommertag, und Granow hätte sich gern auf die Terrasse gesetzt, doch Löwe versperrte ihm den Weg nach draußen und führte ihn und seine Kollegin ins Wohnzimmer. »Bitte haben Sie Verständnis ... Das nächste Gewitter liegt in der Luft, und nach dem, was meiner armen Frau passiert ist, ertrage ich es nicht mehr, die Blitze zu sehen.« Er zeigte auf seine Sitzecke. »Wenn Sie bitte hier Platz nehmen würden ... Darf ich Ihnen etwas anbieten?« Und schon holte er aus der Küche drei Gläser und eine Flasche Mineralwasser. »So ganz genau habe ich nicht verstanden, was Sie zu mir führt ...«

Granow zögerte, direkt zu werden. »Nun ... Sagen Sie, Herr Löwe, war Ihre Frau allein, als sie zum Joggen in den Wald gegangen ist?«

»Ja, warum?«

»Wir haben jetzt das rechtsmedizinische Gutachten vorliegen, und danach ist Ihre Frau nicht von einem Blitz getroffen worden.« Granow suchte nach den passenden Worten. »Es tut mir leid, Ihnen dies sagen zu müssen, aber Ihre Frau ist wohl von einem Unbekannten mit einem länglichen Gegenstand erschlagen worden. Jedenfalls hat sie schwere Schädel-Hirn-Verletzungen erlitten, die zu ihrem Tod geführt haben.«

Löwe sprang auf. »Das darf doch nicht wahr sein!«

Theresa Marotzke fixierte ihn. »Nachdem Ihre Frau erschlagen worden ist, hat sie jemand in den Wald bei Moorlake geschafft, um einen Unfalltod durch Blitzschlag vorzutäuschen.«

»Und Sie meinen wohl, dass ich es war, hab ich recht?«, rief Löwe aufbrausend. »Fragen Sie lieber mal meine liebe Schwägerin, die hat Verena fürchterlich gehasst. Immerzu war sie neidisch auf meine Frau. Sie muss es gewesen sein!«

Granow sagte bestimmt: »Herr Löwe, Ihre liebe Schwägerin hat ein hieb- und stichfestes Alibi für letzten Sonnabend. Wie sieht es bei Ihnen aus?«

»Ohne meinen Anwalt sage ich kein Wort mehr!«, rief Löwe mit hochrotem Kopf.

Gunnar Granow und Theresa Marotzke veranlassten kurz darauf, dass Leonhard Löwe vorläufig festgenommen und in Untersuchungshaft gebracht wurde.

In der Keithstraße angekommen, war sich Kriminalhauptkommissar Granow ziemlich sicher, dass es mit hoher Wahrscheinlichkeit fast unmöglich war, Löwe die Tat nachzuweisen. »Der Untersuchungsrichter wird gewiss seine Bedenken haben, den Verdächtigen länger festzuhalten, und sein Verteidiger wird behaupten, dass Verena Löwe von einem unbekannten Dritten – oder eben dem Radfahrer Moritz Massanz – erschlagen worden ist«, vermutete Granow. »Und wie ich unsere Gerichte kenne, wird er damit durchkommen.«

So schnell wollte Theresa Marotzke nicht aufgeben. »Wir sollten unsere Leute losschicken, damit sie Löwes Wagen – und meinetwegen auch den von Jocelyn Naumann – genau unter die Lupe nehmen. Da müssten sich doch entsprechende Spuren finden lassen.«

Granow lachte. »Natürlich können wir das in die Wege leiten – doch was soll das bringen? Verena Löwe dürfte wiederholt im Wagen ihres Mannes gesessen haben, und in dem ihrer Schwester auch. Selbstverständlich werden wir da Spuren finden.«

»Aber sie wird nicht wiederholt im Kofferraum gelegen haben«, erwiderte Theresa Marotzke mit einem spitzbübischen Lächeln. »Ihre Kopfwunde muss doch heftig geblutet haben. Und da soll nichts zu finden sein?«

Doch Granow behielt recht, sie konnten beim besten Willen nichts finden.

Als der Kommissar spätabends im Bett lag, ging er in Gedanken noch einmal den mysteriösen Fall durch, und da kam ihm die Idee, dass Löwe genauso gut auch ein geliehenes Fahrzeug benutzt haben konnte.

Am nächsten Morgen telefonierten Granow und seine Leute

alle Unternehmen ab, die Mietwagen anboten. Doch auch hier kamen sie zu keinem Ergebnis. Aber vielleicht hatte sich Löwe auch bei Freunden oder Bekannten einen Wagen geliehen?

Und siehe da: Ihre Recherchen ergaben, dass einer seiner Nachbarn drei Wochen verreist gewesen war und Löwe auf dessen Haus nebenan im Schuchardtweg aufgepasst hatte. Der Verdächtige hatte alle Schlüssel in Verwahrung gehabt – auch die Autoschlüssel.

Was nun folgte, war für Kriminalhauptkommissar Granow und seine Assistentin Theresa Marotzke reine Routine. Im Wagen des Nachbarn wurden in der Tat DNS-Spuren gefunden, die eindeutig Verena Löwe zuzurechnen waren. Und der Nachbar schwor, Frau Löwe nie in seinem Wagen mitgenommen zu haben.

Insgesamt zehn Stunden dauerten die Vernehmungen des Tatverdächtigen Leonhard Löwe, dann hatte der ein umfassendes Geständnis abgelegt. Schlussendlich kam heraus, dass seine Motive genau die waren, die ihm seine Schwägerin unterstellt hatte.

***

Prof. Robert Schwarz wollte gerade seinen Kittel gegen das Sakko tauschen, als das Telefon klingelte. Es war bereits gegen zwanzig Uhr – also längst Zeit für einen gemütlichen Feierabend. Doch weil er auf dem Display die Nummer der Mordkommission erkannte, hob er ab.

Am anderen Ende meldete sich gut gelaunt der Kriminalhauptkommissar Gunnar Granow. »Hallo, Robert, hier ist Gunnar! Wir haben den Ehemann von Verena Löwe festgenagelt. Und zwar haben wir ihm die rechtsmedizinischen Befunde so lange unter die Nase gerieben, bis er aufgegeben hat. Ich wollte dich gleich informieren. Das haben wir doch wieder einmal prima hingekriegt, mein Lieber! Eines wollte ich dich bei der Gelegenheit noch fragen: Warst du nicht etwas mutig mit deiner Annahme, Frau Löwe sei erschlagen worden? Sie hätte doch auch gestürzt und mit dem Kopf aufgeschlagen sein können.«

»Nein, das hätte sie nicht«, erwiderte Schwarz fachkundig. »Dagegen sprachen nämlich drei Umstände: Erstens lag die Kopfverletzung zu hoch für einen Sturz zu ebener Erde, und am Fundort gab es weder einen nennenswerten Höhenunterschied noch eine Treppe. Das besagt die sogenannte Hutkrempenregel. Zweitens war die Schädelfraktur auffallend gut geformt, da hätte es schon ein entsprechendes Widerlager vor Ort geben müssen. Drittens unterscheiden sich die Hirnverletzungen nach einem Schlag auf den Kopf von denen nach einem Aufschlag des bewegten Schädels, wie beispielsweise bei einem Sturz. Das ist als Contrecoup-Phänomen bekannt. Du siehst, ich konnte mir ziemlich sicher sein.« Und nach einer kurzen Pause fügte Schwarz lachend an: »Vielleicht solltest du wieder einmal in meine Vorlesung kommen!«

Granow erwiderte trocken: »Wenn wir von der Kripo das alles wüssten, wärt ihr Rechtsmediziner doch überflüssig.«

Nachdem die beiden das Gespräch beendet hatten, ging Schwarz zu seinem Wagen. Nun war es schon so spät, dass er den Berufsverkehr nicht mehr fürchten musste. Bei der ruhigen Fahrt nach Köpenick hatte er Zeit zum Nachdenken. Über die Hutkrempenregel hatte er früher wissenschaftlich gearbeitet. Sie wurde in der Fachliteratur meist dem deutschen Gerichtsmediziner Kurt Walcher zugeschrieben, der dazu in den dreißiger Jahren publiziert hatte. Schwarz hatte dann bei seinen Recherchen die Erkenntnis bei dem Österreicher Julius Kratter gefunden, der schon Ende des neunzehnten Jahrhunderts darüber berichtet hatte. Und was käme wohl heraus, wenn man weitersuchte? So war das oft mit dem Ruhm durch Namensgebungen – nicht immer traf es den Richtigen. Aber die Regel war sehr nützlich.

Oft konnte man in seinem Fach durch simple Erfahrungsregeln bei richtiger Anwendung wichtige Schlussfolgerungen ziehen. Die hochtechnisierte Glitzerwelt der forensischen Laboratorien in amerikanischen TV-Krimiserien war zwar hübsch anzusehen, hatte aber mit der Realität wenig gemein.

Die Hutkrempenregel besagte, dass beim Sturz zu ebener Erde entstehende Kopfverletzungen nicht oberhalb der gedachten Hutkrempenlinie lagen. Der Sachverhalt war aber nicht so einfach, wie sich die Regel anhörte. Die war sogar in einigen Lehrbüchern falsch dargestellt. Und was er in Staatsexamensprüfungen alles zu hören bekam! So lautete eine häufige Fehlinterpretation: »Schlagverletzungen liegen oberhalb, Sturzverletzungen unterhalb der Hutkrempenlinie.« Oft vergaßen die Prüflinge, dass die Regel nur für den Sturz zu ebener Erde anwendbar war – denn beim Fahrradsturz, Treppensturz oder Sturz aus der Höhe konnten die Verletzungen auch auf der Scheitelhöhe liegen. Wenn er die Studierenden fragte, ob die Verletzungen unterhalb der gedachten Linie immer Sturzverletzungen seien, sah er sich häufig ratlosen Gesichtern gegenüber und musste ärgerlich einwerfen: »Haben Sie noch nie von einem Veilchen oder einer Backpfeife gehört ... oder einer gebrochenen Nase beim Boxkampf?«

Als eine weitere Besonderheit galt, dass Sturzverletzungen häufig durch charakteristische Hautabschürfungen an hervorstehenden Gesichtsteilen wie Augenbrauenwülsten, Nasenrücken, Jochbeinregion und Kinn zu erkennen waren.

Schwarz musste grinsen, denn in dem Zusammenhang erinnerte er sich an den Fall eines prominenten Lokalpolitikers, den Schwarz vor Jahren zu untersuchen hatte. Der hatte angegeben, bei einem Überfall geschlagen und sowohl seiner Brieftasche wie auch wichtiger Schriftstücke beraubt worden zu sein. Die rechtsmedizinische Untersuchung ließ aber ausschließlich sturztypische Gesichtsverletzungen erkennen. Die kriminalpolizeilichen Ermittlungen ergaben dann, dass der Mann nach einem Alkoholexzess sturzbetrunken auf dem Nachhauseweg mehrfach zu Boden gegangen war und dabei seine Habseligkeiten verloren hatte, die übrigens bald darauf von einem ehrlichen Finder abgegeben wurden. Der Verletzte gestand schließlich, den Überfall aus Angst vor Vorwürfen der Ehefrau und aus Scham vor seinen Parteikollegen erfunden zu haben.

Noch interessanter fand Schwarz das Contrecoup-Phänomen, das bei der Unterscheidung zwischen Sturz und Schlag nutzbringend einsetzbar war. Schon früh war Ärzten aufgefallen, dass beim Aufschlag mit dem Hinterkopf die stärksten Hirnschäden in Form sogenannter Rindenprellungsherde an der Gegenseite, also am Stirnhirn, auftraten. Die Académie Royale de Chirurgie in Paris hatte schon Mitte des achtzehnten Jahrhunderts einen Preis für die Klärung dieser Schädel-Hirn-Verletzung ausgeschrieben. Seitdem wurden dazu zahlreiche biophysikalische Theorien entwickelt. Aber erst seit Anfang des zwanzigsten Jahrhunderts wusste man, dass der entscheidende Mechanismus ein am Gegenpol des Aufschlagpunktes auftretender Unterdruck war, der die Hirngewebsschäden durch eine Zugbeanspruchung oder Sogwirkung verursachte. Diese Erkenntnisse wurden sowohl empirisch, also durch Fallauswertungen, als auch experimentell gewonnen. An verkehrsmedizinischen Forschungsprojekten rechtsmedizinischer Institute arbeiteten neben Medizinern zunehmend auch Physiker. Und in der Fahrzeugindustrie untersuchten interdisziplinäre Forscherteams aus Ingenieuren, Physikern und Medizinern die Verletzlichkeit respektive Belastbarkeit des menschlichen Körpers. Dabei konnten lebende Menschen (Freiwillige) natürlich nur begrenzten Belastungen ausgesetzt werden. Für Experimente mit höheren Energien war man auf Leichen oder Modelle (Dummies) angewiesen, was beides nicht unproblematisch war. Neben rechtlichen und ethischen Fragen bei der Verwendung von Leichen mussten auch Probleme der Übertragbarkeit so gewonnener Ergebnisse auf Lebende beachtet werden.

Als Rechtsmediziner wusste Schwarz: Der Kopf war unbedingt zu schützen! Wenn er die Radfahrer ohne Helm durchs Gelände rasen sah oder mitansehen musste, wie sie in der Stadt zwischen Autokolonnen und über rote Ampelkreuzungen manövrierten, konnte er nur den Kopf schütteln. Er kannte sogar Fachkollegen, die einen Schutzhelm beim Radfahren leichtsinnig ablehnten. »Wie das aussieht! Und außerdem schwitzt man darunter!«, argumentierten sie. Dabei wusste doch heute jedes Kind, wie verletzlich das menschliche Gehirn war. Ein einfacher Sturz mit dem Rad reichte für schwere, mitunter tödliche Hirnverletzungen. Das galt auch für den Sturz von Fußgängern etwa bei Glatteis. Bei Gewalttaten, die mit bleibenden oder tödlichen Hirnschäden endeten, reichte das Spektrum von Raubüberfällen mit Umstoßen von alten Damen bis zu Attacken mit Baseballschlägern oder den ungeheuerlichen Tritten auf den Kopf eines am Boden liegenden Opfers. Vor allem die letztgenannten Taten hatte er in den siebziger und achtziger Jahren noch nicht gesehen.

Schwarz war sich mit vielen Fachkollegen einig, dass die Schwelle zur Anwendung brutalster Gewalt in den letzten Jahren deutlich gesunken war. Ebenso beobachtete er mit Sorge, dass die Gewalttaten häufig grundlos oder aus nichtigem Anlass entstanden. Und das gezielte Treten oder Springen auf den Kopf eines wehrlosen Opfers, dazu noch mit harten und schweren Stiefeln, war eine ganz neue Art der Gewalt. Mit anderen Rechtsmedizinern hatte Schwarz seit Jahren in Wort und Schrift diese Entwicklung angeprangert. Inzwischen war die Erkenntnis auch bei den tolerantesten Gutmenschen in der Justiz und Politik angekommen.

Als Schwarz mit dem Wagen in seine Grundstücksauffahrt einbog, musste er schmunzeln. Er würde bei der nächsten Radtour wie jedes Mal den Schutzhelm tragen, und seine Enkeltochter würde wie immer ausrufen: »Opa, wie siehst du denn aus!«

Hang down your head,
Tom Dooley

Die HWD galt bei Firmen und Behörden als gute Adresse, und die Medien hatten bislang auch nur Erfreuliches von ihr zu berichten gewusst. Alle dachten, der Firmenname würde sich von den Initialen des Eigentümers Hans-Werner Damretzky herleiten, doch im Handelsregister war *HWD, Hazardous Waste Disposal* vermerkt – auf Deutsch Sondermüllentsorgung. Damretzky, geborener Berliner, hatte einige Jahre in den USA am Massachusetts Institute of Technology studiert und war dort auf die Idee einer Firmengründung gekommen. Er war ein Macher, liebte »Top-down-Entscheidungen« und legte keinen großen Wert auf langes Palaver mit seinen Mitarbeiterinnen und Mitarbeitern. Das Organisationsklima war trotzdem gut, man lobte seine soziale Einstellung und dass er immer um das Wohl seiner Mitarbeiter besorgt sei. Wenn etwas zu besprechen war, ließ er seine Angestellten zu sich ins Büro kommen, und zwar möglichst einzeln.

Nun war es kurz vor Feierabend, und er hatte noch einen Termin mit Simon Mächtig, seinem Diplom-Ingenieur für das Altlampen-Recycling. Und schon wurde der von Damretzkys Sekretärin gemeldet. Das Thema ihres Gesprächs beschäftigte Simon Mächtig und seinen Chef bereits eine ganze Weile.

»Hat endlich irgendjemand eine Idee gehabt, wie wir das Quecksilber aus den Energiesparlampen so recyceln können, dass es sich rechnet?«, wollte Damretzky wissen.

»Nein, leider noch nicht«, musste Mächtig zugeben.

Damretzky wurde energisch. »Dann soll Tom Dooley endlich

eine Deponie ausfindig machen, die preiswerter ist als die, die wir jetzt haben!«

Mächtig winkte ab. »Der ist doch mit seinen Nerven längst am Ende.«

Eigentlich hieß der Mann, der für die Verbringung des eingesammelten Sondermülls auf Deponien in halb Europa zuständig war, nicht Tom Dooley, sondern Thomas Duhler, aber das wussten einige der HWD-Leute gar nicht.

»Depressiv ist er doch nur geworden, weil Sie ihm die Doreen Reger weggeschnappt haben«, sagte Damretzky.

»Schön wär's!«, rief Mächtig, der nicht nur so hieß, sondern wirklich die Figur eines Diskuswerfers hatte. »Noch ist es mir nicht ganz gelungen, aber ich bin guter Hoffnung.«

»Na, besser Sie als die Doreen!«, erwiderte Damretzky lachend.

Sie besprachen noch einiges Dienstliche, dann verabschiedete sich Mächtig. Damretzky wartete noch, bis ihm seine Sekretärin die letzten Briefe zur Unterschrift vorgelegt hatte, dann machte er sich auf den Heimweg. Das Bürogebäude stand in der Breite Straße in Pankow, und bis zu seiner Villa in Woltersdorf waren es über 43 Kilometer, was ohne Stau eine halbe Stunde Fahrzeit bedeutete. Auf dem Zubringer zum Berliner Ring hatte er es fast bis zur Auffahrt Buch geschafft, als ihm einfiel, dass er das von Mächtig reparierte Fahrrad seines Sohns vergessen hatte. Das stand jetzt im Heizungskeller unter dem Bürotrakt. Also wendete Damretzky und raste zurück nach Pankow.

Alle hatten schon Feierabend gemacht. Er fluchte vor sich hin, weil er, um in den Keller zu gelangen, unzählige Schlüssel brauchte und die nicht sofort finden konnte. Endlich war er am Ziel. Die Tür zum Heizungskeller war nicht abgeschlossen, und das Licht brannte auch noch. Er ärgerte sich über die Schusseligkeit seiner Leute. Doch was er dann sah, ließ ihn erstarren.

Thomas Duhler stand auf einem Hocker und hatte sich um den Hals einen Strick gelegt, den er gerade über eines der dicken Heizungsrohre zu werfen suchte.

»Sind Sie verrückt geworden, Duhler? Runter da!« Damretzky half dem schmächtigen Duhler vom Hocker herunter und sprach beruhigend auf ihn ein. »Es wird alles wieder gut, Tom.«

»Ich kann nicht mehr, ich will nicht mehr.«

»Doch, Sie müssen sich nur helfen lassen! Ich bringe Sie in eine psychiatrische Klinik.«

Ein gutes halbes Jahr nach dieser Szene, die, als sie bekannt geworden war, Damretzky viel Sympathie eingetragen hatte, war der Arbeiter Rico Strenkel mit einem Lastwagen der Firma HWD auf dem Weg nach Marzahn, wo man in der Nähe der S-Bahn nach Ahrensfelde eine Halle zur Zwischenlagerung allen möglichen Sondermülls angemietet hatte. Diesmal waren es die Abfälle verschiedener Nordberliner Krankenhäuser. Neben Strenkel hockte der Student Tinko Callenberg, der sich Semester für Semester einiges dazuverdienen musste, um über die Runden zu kommen.

»Tinko – wat is'n dit eijentlich für'n komischer Name?«, fragte Strenkel, als sie hinter dem S-Bahnhof Gehrenseestraße in die Bitterfelder Straße abbogen.

»Tinko ist der Titel eines Buches von Erwin Strittmatter, und einen Film hat's auch gegeben. Das war so Mitte der fünfziger Jahre. Meine Mutter ist derart auf den Tinko abgefahren, dass sie mich auch so genannt hat.«

»Strittmatter?« Der Fahrer sah ihn an. »Nie jehört.«

»Er hat die Romantrilogie *Der Laden* geschrieben.«

»Ick kenne nur Bin Laden.«

»Pst!«, machte Tinko Callenberg und tat erschrocken.

Strenkel grinste. »Ick mach mir eha bei Pst! verdächtig.«

»Wieso'n das?«

»Na, weil det 'n janz bekannter Puff inne Brandenburgischen Straße is, und wenn meine Alte det hört, dann is Polen offen.«

Tinko Callenberg, der Ethnologie, Kultur- und Kommunikationswissenschaften studierte, ging nun der Frage nach dem Ursprung dieser Redewendung nach. Er ärgerte sich, dass er auf keine schlüssige Antwort kam, und schickte eine SMS an seinen Tutor.

Wenig später kam die Antwort: »*Dann ist Polen offen*« *stammt vermutlich aus der Zeit, als der polnische Adel untereinander heillos zerstritten war und keine effektive Zentralmacht zuließ. Damals war Polen offen für das Eingreifen fremder Mächte.*

Tinko Callenberg freute sich, wieder eine Bildungslücke geschlossen zu haben.

Strenkel, der öfter Touren nach Polen unternahm, fing an zu singen: »Jeszcze Polska nie zginęła!«

»Wie?«

»Noch ist Polen nicht verloren.«

Damit waren sie an der Wolfener Straße angekommen, in die sie links abbiegen mussten. Wenig später hielten sie vor der Lagerhalle der HWD in dieser gottverlassenen Gegend.

Sie öffneten die Plane ihres Wagens und machten sich, bevor sie das Hallentor aufschlossen, erst einmal daran, den Container von der Ladefläche zu heben. Sie hatten ihn aus dem Keller eines Krankenhauses abgeholt.

»Wenn ich mir vorstelle, was da alles so drin ist ...« Tinko Callenberg schüttelte sich. »Blut, Eiter, rausgeschnittene Gallenblasen und Lungenflügel, amputierte Arme und Beine ...«

»Man müsste 'n Kannibale sein«, meinte Strenkel. »Mann, wär det 'n Festessen!«

»Hör auf!«, rief Tinko Callenberg. »Ab heute bin ich Vegetarier!«

Als alle Abfallcontainer auf der Straße standen, schloss Strenkel das Hallentor auf und schob die beiden gewaltigen Schiebetüren zur Seite. Schnell hatte er den Lichtschalter gefunden, und sie konnten die Container in die Halle rollen. Hier stank es so gewaltig, dass Tinko Callenberg sein T-Shirt hochriss, um sich den Stoff vor die Nase zu halten.

Sie arbeiteten so konzentriert, dass es mehrere Minuten dauerte, bis Strenkel den Toten in der hintersten Ecke der Halle entdeckt hatte. Der baumelte an einem Strick, der über einem der Dachbinder hing.

»Mensch, det is ja Tom Dooley!«, schrie Strenkel.

Gunnar Granow hatte wieder einmal mächtigen Zoff mit seiner Tochter Sarah, die partout nicht einsehen wollte, warum sie schon um halb zehn ins Bett gehen sollte.

»Wenn du nicht zeitig schlafen gehst, kommst du morgen früh wieder nicht hoch.«

»Das ist doch meine Sache!«, rief die Fünfzehnjährige. »Ich weiß doch selber, wie viel Schlaf ich brauche.«

»Nein, das weißt du eben nicht. Sonst würde ich nicht andauernd von deiner Klassenlehrerin zu hören bekommen, dass du Aufmerksamkeitsdefizite hast und neulich in Deutsch sogar eingeschlafen bist.«

»Das lag an diesem dämlichen *Schimmelreiter* von Storm.«

Jetzt kam Granows Frau Verena aus ihrem Arbeitszimmer, in dem sie noch gesessen und Diktate korrigiert hatte, und blaffte: »Meint ihr, dass ich mich bei diesem Lärm konzentrieren kann?«

Granow nickte. »Ja, das meine ich. Du bist doch Meisterin im Multitasking. Du korrigierst deine Hefte, gießt deine Blumen, hörst Nachrichten, verfolgst unser Streitgespräch ...«

»Willst du mich auf die Schippe nehmen?«

»Mama, in der Schule hätte ich dafür ein *Ugs.* gekriegt!«, rief Sarah. Die Abkürzung für ›umgangssprachlich‹ stand des Öfteren am Rande ihrer Aufsätze und gab Punktabzüge.

Verena verlor nun völlig die Contenance und kehrte mit einem unüberhörbaren »Ihr könnt mich mal!« an ihren Schreibtisch zurück.

Granow wollte darauf eine Bemerkung machen, die wegen ihres obszönen Inhaltes mindestens drei *Ugs.* verdient hätte, unterdrückte sie aber, um die sittliche Reife seiner Tochter nicht weiter zu gefährden. Trotzdem drohte sich alles weiter aufzuschaukeln, da erreichte ihn ein Anruf seines Kollegen vom Dienst.

»Wir haben einen wohl etwas suspekten Selbstmordfall in Marzahn. Wolfener Straße, in der Lagerhalle der HWD. Da hat sich einer aufgehängt. Fahr bitte mal hin und sieh dir die Sache an!«

Granow stöhnte vernehmlich. »Das sind von Kladow fast vierzig Kilometer, und dafür brauche ich 'ne Dreiviertelstunde. Kann Theresa das nicht alleine machen? Die wohnt doch gleich um die Ecke.«

»Du, das ist die Sondermüllentsorgung, eine heikle Branche. Da wollen wir uns nachher nichts vorwerfen lassen.«

»Gut, ich mache mich auf den Weg.«

Granow sagte seiner Frau Bescheid, holte seinen Wagen aus der Garage und fuhr los. Es ging durch ganz Berlin hindurch, über den Potsdamer Platz hinweg und hinter dem Alex die Greifswalder Straße hinauf nach Weißensee. Vom Gefühl her war er schon längst nicht mehr in Berlin. Eine gefühlte Ewigkeit war vergangen, als er über die Märkische Allee endlich die Trusetaler Straße erreicht hatte. Theresa Marotzke stand schon am Straßenrand. Granow kurbelte die Fensterscheibe hinunter.

»Was kostet's heute?«

»Bei mir haste nur als Transsexueller 'ne Chance.«

Granow lachte. »Wenn Verena weiterhin so grantig zu mir ist, sehe ich das als echte Alternative an.«

»Gut, wenn du alle Operationen hinter dir hast, sprechen wir uns wieder.« Theresa Marotzke stieg zu ihm in den Wagen.

Granow spielte an seinem Navi herum. »Wolfener Straße ... Hat also Mutter Wolffen auch ihre Straße bekommen.«

»Ick kenne nur det Wolfen, wo meine Frau herkommt«, erklärte Theresa Marotzke. »Aber wer is Mutta Wolfen?«

»Mutter Wolffen – mit zwei F – ist eine resolute Wäscherin bei Gerhart Hauptmann.«

»Muss man det wissen?«, fragte Theresa Marotzke. »Na jut ... Weeßte schon wat über den, der sich da uffjehängt hat?«

Granow verneinte und las vom Display seines Navis ab, dass

sie nur zwei Kilometer bis zur Halle der HWS zu fahren hatten. »Zur Wuhletalstraße, dann über die S-Bahn rüber, und schon sind wir da.«

Wer sie an Ort und Stelle begrüßte, war Charly Packebusch, 28 Jahre alt, umtriebiger Polizeireporter, zwanghaft locker und unersättlicher Frauenheld.

»Wer ist denn der Arme?«, fragte Theresa Marotzke.

Charly Packebuschs Antwort bestand darin, dass er die ersten Zeilen eines Songs zum Besten gab, den 1958 das Kingston Trio zum Welthit gemacht hatte:

Hang down your head, Tom Dooley
Hang down your head and cry
Hang down your head, Tom Dooley
Poor boy, you're bound to die.

Granow verstand den Zusammenhang nicht. »Wie kommst du denn darauf?«

»Weil der, der sich erhängt hat, Thomas Duhler heißt, ihn in der HWD, der Sondermüllentsorgung, aber alle Tom Dooley genannt haben.«

Prof. Dr. Schwarz, der Rechtsmediziner, war auch schon an der HWD-Lagerhalle angekommen und trat zu den Kommissaren.

Granow begrüßte den Professor herzlich und fragte: »Hast du schon was herausgefunden?«

»Nein, aber es sieht wirklich ganz nach einem Selbstmord aus, denn es ist ein Abschiedsbrief vorhanden.«

***

Schwarz hatte aus dem Kofferraum seines Wagens eine Decke geholt, die er neben der Leiche ausbreitete. Der tote Thomas Duhler lag nämlich auf dem ziemlich verdreckten Fußboden der Halle.

Die Zeugen Callenberg und Strenkel hatten als Erstes den

Notarzt gerufen. Nachdem der eingetroffen war, hatten sie gemeinsam den Hängenden abgeschnitten und auf den Boden gelegt. Nach der Feststellung des Todes hatte der Notarzt die Polizei verständigt.

Prof. Schwarz kniete sich neben den Leichnam, um ihn untersuchen zu können. Er meinte zu Granow und Marotzke: »Ich hätte den Toten lieber in der Originalsituation gesehen. Lage des Stricks über dem Balken, Höhe der Füße über dem Boden, Position des danebenstehenden Hockers, Zustand der Kleidung – na, ihr wisst schon. Aber Lebensrettung geht nun mal vor Spurensicherung. Insofern konnte der Notarzt gar nicht anders handeln.«

Zuerst prüfte Schwarz die Zeichen des Todes. Die Totenstarre war erst leicht ausgeprägt, an den abhängigen Partien des Liegenden bildeten sich zarte Totenflecke, und in den Achselhöhlen fühlte er noch eine deutliche Körperwärme. Zu den Kriminalpolizisten gewandt, sagte Schwarz: »Der Mann ist noch nicht lange tot. Ich vermute, der Tod ist heute früh eingetreten. An den Füßen sind keine Totenflecke sichtbar, die waren offenbar noch nicht ausgeprägt oder haben sich nach dem Niederlegen der Leiche umgelagert. Also hat er nicht lange gehangen. Und die Körpertemperatur passt auch dazu.«

Dann inspizierte der Rechtsmediziner alle Körperregionen, besonders gründlich Kopf und Hals. Als er die Leiche umwendete, stutzte er. »Das gefällt mir gar nicht«, murmelte Schwarz. Und die beiden Kriminalisten beugten sich zu ihm. »Seht mal, da sind Teile seines schulterlangen Kopfhaars in den Strang eingebunden. Da läuten bei mir die Alarmglocken. Ich werde die Leichenschau hier also doch gründlicher durchführen als geplant. Unter Umständen muss sich die Spurensicherung den Fundort ansehen.«

Ehe er mit der Untersuchung fortfuhr, steckte er beide Hände des Toten zur Sicherung von Spuren in Spezialtüten. An der Lage des Strangwerkzeugs konnte Schwarz nichts Auffälliges entdecken. Der Aufhängepunkt war im Nacken. Eine angedeutete zweite Strangmarke konnte durch Verrutschen des Strangs beim

Erhängungsvorgang erklärt werden. Anders verhielt es sich mit den zahlreichen punktförmigen Blutungen, die Schwarz in der Gesichtshaut, vor allem in den Augenlidern und -bindehäuten sowie der Lippen- und Mundschleimhaut entdeckte. Er richtete sich auf, wobei er leicht das Gesicht verzog, als er den Rücken streckte.

»Das kenne ich«, meinte Granow. »In unserem Alter haben doch fast alle mit dem Rücken zu tun.«

Und Theresa Marotzke fügte augenzwinkernd hinzu: »Professor, Sie sollten besser mal zur Rückenschule gehen und mit hübschen Mädchen rhythmische Gymnastik machen, als sich immer nur über Leichen zu beugen.«

»Das ist keine schlechte Idee«, erwiderte Schwarz. »Tatsächlich ist die stundenlange unphysiologische Haltung am Sektionstisch Gift für die Wirbelsäule. Dazu kommt noch die Arbeit am Mikroskop und am Rechner. Aber wie soll ich die umgehen? Opfer müssen gebracht werden. Und was soll ich in der Rückenschule? Die hübschesten Mädchen gibt's doch bei der Berliner Kripo!«

Theresa Marotzke bedachte ihren Kollegen mit einem verschmitzten Blick, als wolle sie sagen: Wenigstens einer, der das bemerkt!

»Aber zurück zu unserem Toten«, sagte Schwarz. »Hier stimmt etwas nicht, denn nach meiner Erfahrung binden Selbstmörder ihr Kopfhaar nicht in den Strick ein – egal, ob Mann oder Frau. Und die Stauungsblutungen im Gesicht passen auch nicht zum Erhängen, schon gar nicht in freier Suspension. Allerdings kann ich keine Kampf- oder Abwehrspuren an dem Toten finden. Und außerdem ist da noch der Abschiedsbrief. Ich habe einen ähnlichen Fall vor Jahren schon einmal gehabt – es ist Vorsicht geboten! Wir müssen eine Sofortobduktion machen, und die Kriminaltechnik soll den Fundort wie auch den Abschiedsbrief gründlich unter die Lupe nehmen.« Zum Abschluss machte Schwarz noch einige Fotos von der Leiche und skizzierte die wichtigsten Befunde in seinem Notizbuch.

Granow und Marotzke verabredeten sich mit Prof. Schwarz

für dreizehn Uhr im Rechtsmedizinischen Institut an der Charité. Granow versprach, in der Zwischenzeit den Staatsanwalt zu informieren. Schwarz fuhr indes sofort Richtung Mitte in sein Institut.

»Hallo, Frau Meißner, da bin ich wieder!«, begrüßte der Rechtsmediziner seine Sekretärin. »Wir müssen um ein Uhr sezieren. Seien Sie doch so nett und kochen mir einen Kaffee und schmieren mir ein Brötchen! Ich kann mich dann vorher noch etwas stärken und dabei meine Mails durchsehen.« Aus seinem Büro informierte er die Rechtsmedizinerin Frau Dr. Schöneberg und den Sektionsassistenten über die geplante Obduktion.

Schwarz hatte kaum den letzten Bissen hinuntergeschluckt, da klopfte es. Staatsanwalt Rühl stand in der Tür und nickte freundlich. »Professor Schwarz, ich wollte mich vor Beginn der Sektion noch schlau machen, worum es eigentlich geht.«

»Herr Staatsanwalt, es geht um einen Erhängten mit Abschiedsbrief, bisher ohne Kampf- oder Abwehrspuren, aber einige Befunde lassen mich am Suizid zweifeln. Die Details zeige ich Ihnen im Saal. Ich warte nur noch auf den Toten«, erwiderte der Professor.

»Der ist gleichzeitig mit mir auf ihr Gelände gefahren«, meinte Staatsanwalt Rühl, und Schwarz musste grinsen.

Als der Rechtsmediziner mit dem Staatsanwalt in den Sektionssaal trat, lag der Leichnam schon auf dem Tisch. Granow und Marotzke von der Mordkommission sprachen mit dem Sektionsassistenten, und Frau Dr. Schöneberg zog gerade ihre Hygienekleidung über.

Auch Prof. Schwarz kleidete sich vorschriftsmäßig ein, um dann unverzüglich mit dem Diktat des Sektionsprotokolls zu beginnen: »Teil A: Äußere Besichtigung.« Zwischendurch wurden mehrfach fotografische Aufnahmen gemacht, wobei Schwarz auf manches Detail hinwies. Kopf und Hals mit dem Strang wurden aus verschiedenen Blickwinkeln fotografiert. Dann wurde der Strang abgenommen, vermessen und nach Anfertigung von Klebebandabdrücken einzeln aufbewahrt. Ebenso wurden Abdrücke von den Handinnenflächen des Opfers angefertigt. Die freigelegte Strangmarke am Hals wurde intensiv mit dem Operationsmikroskop betrachtet, gründlich beschrieben, vermessen und mit angelegtem Maßstab fotografiert.

Nach Beendigung der äußeren Leichenschau wurde die »Innere Besichtigung« begonnen. Schwarz diktierte die inneren Befunde für das Sektionsprotokoll, den Teil B, während die Ärztin die Sektionsschnitte ausführte. Schwarz regte an, beide Arme in voller Länge zu präparieren. Die freigelegten Weichteile waren ebenso unversehrt und frei von Unterblutungen wie die Hautoberfläche.

Zum Abschluss der Leichenöffnung diktierte Prof. Schwarz das »Vorläufige Gutachten« des Sektionsprotokolls von Thomas Duhler:

I. Sektionsergebnis
Leichnam eines bekannten, 39 Jahre alten, 178 cm großen und 81 kg schweren Mannes.
Näher beschriebenes Seil am Hals des Leichnams, im Nacken verknotet.
Symmetrisch angeordnete Strangmarke der Halshaut, an der Vorderseite tief eingesunken und vertrocknet, nach hinten deutlich ansteigend. Darunter eine zweite angedeutete Strangmarke mit mehr horizontalem Verlauf.
Mehrfache Brüche von Zungenbein und Schildknorpel mit Zertrümmerung beider Schildknorpelplatten, sämtlich massiv unterblutet. Kräftige Unterblutungen von Halsmuskulatur und Schilddrüse.
Starke livide Verfärbung und Dunsung der Gesichtshaut mit zahlreichen punktförmigen Blutungen, besonders ausgeprägt in den Augenlidern und -bindehäuten sowie in der Lippen- und Mundschleimhaut.
Unterblutete Zahnkontur-Abdrücke der Unterlippe über den Frontzähnen.
Leichte Überblähung der Lungen. Schaumige, blutige Flüssigkeit in der Luftröhre und ihren Ästen.
Älteres Magengeschwür vor dem Magenausgang.
Leichte Leberverfettung. Mehrere bis erbsgroße Gallensteine in der Gallenblase.

Geringe allgemeine Arteriosklerose.

II. Todesursache: Halskompression

III. Die quantitative chemische Alkoholbestimmung nach zwei Methoden ergab im Schenkelblut mit 1,4 mg/g Ethanol und im Urin mit 1,7 mg/g eine deutliche alkoholische Beeinflussung zum Zeitpunkt des Todeseintritts.

IV. Als Todesursache ist eine schwere Halskompression festzustellen. Es fanden sich keine wesentlichen vorbestehenden krankhaften Veränderungen, die unmittelbar mit dem Todeseintritt in Zusammenhang stehen könnten. Die inneren Halsverletzungen und die massive Blutstauung im Kopfbereich sind nicht durch ein typisches Erhängen zu erklären. Vielmehr muss der Erhängung eine massive Halskompression vorausgegangen sein. Diese könnte sowohl durch Würgen als auch durch Drosseln erfolgt sein. Die beschriebene zweite (mehr horizontale) Strangmarke kann Folge eines vorausgegangenen Drosselns sein. Wahrscheinlicher ist jedoch ein Würgen. Da keine charakteristischen Würgemale vorliegen, kann das Würgen mit Handschuhen, mit einer Halsbedeckung oder mit dem Unterarm (»Schwitzkasten«) erfolgt sein.

V. Die Sektionsbefunde sprechen für eine Tötung von fremder Hand.

VI. Die Klebebandabdrücke von den Händen des Leichnams werden mikroskopisch auf Faserspuren des Stranges untersucht.

VII. Das Ergebnis der toxikologischen Untersuchung von Körperflüssigkeiten, Mageninhalt und Organmaterial wird nachgereicht.

VIII. Die Obduzenten behalten sich ein endgültiges Gutachten ausdrücklich vor.

IX. Prof. Dr. med. Robert Schwarz, Dr. med. Lisa Schöneberg

Noch im Sektionssaal wandte sich Schwarz an den Staatsanwalt und die Kriminalpolizisten. »Es kann jetzt keine Zweifel mehr geben, Duhler hat sich nicht erhängt. Die schweren inneren Halsverletzungen, vor allem des Kehlkopfgerüsts, sind nicht durch einen Erhängungsvorgang zu erklären, sondern durch eine Halskompression von fremder Hand entstanden. Allerdings haben wir keine Kampf- oder Abwehrverletzungen gefunden. Entweder erfolgte der Angriff überraschend, oder das Opfer war aufgrund der Alkoholisierung in seiner Abwehrfähigkeit eingeschränkt. Zu dieser Frage müssen wir noch die toxikologischen Resultate abwarten. Die starken Stauungserscheinungen im Kopfbereich weisen darauf hin, dass der Mann bis zum Tode gewürgt oder gedrosselt und dann als Leiche aufgehängt wurde. Bei einem vitalen Erhängungsvorgang hätten wir außerdem Dehnungsblutungen in den Bandscheiben der Lendenwirbelsäule erwartet – das war hier aber nicht der Fall. Da am Fundort keine Schleifspuren auffielen, könnte der leblose Duhler in die Halle getragen oder mit einem Fahrzeug transportiert worden sein. Aber wie kam er in die Erhängungsposition? Der Dachbalken muss kriminaltechnisch danach untersucht werden, ob Schürfspuren von dem Strang auf das Hochziehen des Leichnams hinweisen. So weit unsere erste Einschätzung.«

Fast gleichzeitig fragten der Staatsanwalt und Dr. Schöneberg: »Und wie soll man den Abschiedsbrief erklären?«

Da schlug Granow vor: »Lassen wir den doch von einem Schriftsachverständigen prüfen! Vielleicht ist es ja eine Fälschung.«

Rühl nickte und meinte: »Das wäre auf jeden Fall ein cleverer Täuschungsversuch.«

Und Schwarz fügte hinzu: »Es gibt sicher noch andere Erklärungen. Ich hatte vor Jahren so einen Fall. Bei einem Bier könnte ich Ihnen einmal die ganze Geschichte erzählen.«

Granow, Marotzke und Dr. Schöneberg warfen sich einen raschen Blick zu. Sie kannten die Vorliebe des Professors zur Genüge, ähnlich gelagerte Fälle aus der Vergangenheit ausgiebig vorzutragen. Mitunter hatten sie einen zaghaften Versuch gestartet, einer Anekdote mit dem Hinweis »Die Geschichte kennen wir schon« zu entgehen. Meist waren diese Versuche jedoch zum Scheitern verurteilt. Warum sollte es ihnen besser gehen als dem Auditorium in Schwarz' Vorlesungen? Wobei es einen Unterschied gab: Die Studierenden waren meist an den forensischen Anekdoten mehr interessiert als an reinen Fakten. Nicht zuletzt wegen der geschickten Vermischung von Fachwissen mit spektakulären Fällen waren die rechtsmedizinischen Vorlesungen von Prof. Schwarz so beliebt.

Als der Staatsanwalt sich verabschiedete, nutzten auch Gunnar Granow und Theresa Marotzke die Gelegenheit zum Rückzug und schüttelten Schwarz die Hand, nicht ohne den Hinweis, zu dem Fall in Verbindung zu bleiben.

Schwarz verabredete mit seiner Kollegin das weitere Vorgehen. »Machen Sie in der toxikologischen Abteilung Druck! Die sind zwar völlig überlastet, aber der Fall hat Priorität.« Dann griff er sich die Objektträger mit den Klebebandabdrücken und ging in sein Büro. Er wollte umgehend wissen, ob sich an den Handflächen des Opfers Faserspuren von dem Strangwerkzeug fanden. Nach fast zwei Stunden hatte er alle Objektträger unter dem Mikroskop durchgemustert, rieb sich die strapazierten Augen und brummte zufrieden vor sich hin: »Wusste ich es doch! Es ist alles negativ – der angebliche Selbstmörder hat den Strick nie in den Fingern gehabt.« Anschließend griff er zum Telefon, um der Mordkommission die neuerliche Bestätigung der Mord-Hypothese durchzugeben.

***

Aus ermittlungstaktischen Gründen, wie es so schön hieß, hätte man es bei Staatsanwaltschaft und Kripo vorerst gern bei der Lesart vom Selbstmord in der Sondermüllhalle belassen. Doch Charly Packebusch war ein zu gerissener Polizeireporter, als dass er die Sache nicht irgendwie mitbekommen hätte, und so mussten sie am übernächsten Morgen in seiner Zeitung lesen, dass Thomas Duhler in Wahrheit ermordet worden sei.

Granow fluchte gewaltig, konnte aber nicht anders, als die Dinge so zu nehmen, wie sie waren. Bevor er sich in der HWD umhörte, wollte er erst einmal mit der Mutter des Ermordeten sprechen. Solche Beileidsbesuche waren immer furchtbar belastend, und er konnte sie auch nur unter Aufbietung aller professioneller Routine durchstehen. Zum Glück hatte er jetzt Theresa Marotzke an seiner Seite, und so fuhren sie in seinem Wagen zu Ute Duhler nach Mitte in die Holzmarktstraße.

»Hinter der Janovenwitzbrücke rechts«, sagte Theresa Marotzke, die auf dem Beifahrersitz Platz genommen hatte und die Fahrroute bestimmte.

Granow staunte. »Wieso denn das? In der Holzmarktstraße sind doch die Hauseingänge alle hinten, da fahre ich lieber geradeaus und dann rechts irgendwo in eine Seitenstraße rein.«

»Das stimmt, aber ich will in der Holzmarktstraße noch schnell in meine Tanzschule und mich für einen neuen Kurs anmelden.«

»Mir reicht es schon, wenn mir meine Familie auf der Nase rumtanzt«, brummte Granow und hielt da an, wo Theresa es gern haben wollte.

Nachdem dies erledigt war, machten sie sich auf die Suche nach der Wohnwabe von Ute Duhler. Als ihnen geöffnet wurde, waren sie erleichtert, denn die Trauernde hatte eine Reihe von Freundinnen um sich, die ihr in diesen schweren Stunden beistehen wollten. Schnell waren die nötigen Sätze des Mitgefühls gesagt, dann konnten die Kommissare Fragen zu Thomas Duhlers Umgang und Interessen stellen.

Was die HWD betraf, musste Ute Duhler nicht lange nach einer Antwort suchen. »Mein Sohn war mit seiner Firma verheiratet, das kann man schon so sagen.«

»Und hatte er eine Frau oder eine Freundin?«, hakte Granow nach.

»Na, die Doreen Reger, eine seiner Kolleginnen, die hätte ich mir schon als Schwiegertochter gewünscht. Aber da war ja auch noch ein Konkurrent, der Simon Mächtig.«

Das war das Interessanteste, was sie von Ute Duhler erfuhren, und daraus ließ sich schnell die erste griffige These formulieren.

»Es könnte sich um eine klassische Beziehungstat handeln: Um diese Doreen für sich zu haben, bringt Simon Mächtig seinen Rivalen Thomas Duhler um, das heißt, er erwürgt ihn und hängt ihn dann auf, um mit Hilfe des gefälschten Abschiedsbriefs einen Selbstmord vorzutäuschen.«

Bei der HWD in Pankow meldeten sie sich zuerst im Büro des Firmeninhabers. Hans-Werner Damretzky war deutlich anzusehen, wie sehr ihn die ganze Sache bedrückte.

»Für mich ist das der Super-GAU«, klagte er. »Mein wichtigster Mitarbeiter soll ermordet worden sein, und womöglich suchen Sie den Täter auch noch in den Reihen seiner Kollegen!«

Granow nickte. »Da könnten Sie recht haben.«

Theresa Marotzke nannte einige mögliche Motive. »Ein Kollege kann ihn gemobbt haben, ein anderer kann ihm bei einer Beförderung im Wege gestanden haben, beide können dieselbe Frau geliebt haben ...«

Damretzky schloss die Augen und stöhnte. »Das wissen Sie also auch schon: dass sich beide, der Tote und Herr Mächtig, um Doreen Reger bemüht haben ...«

»Bei Kapitalverbrechen erreichen wir Aufklärungsquoten von über 95 Prozent«, erwiderte Granow stolz.

Damretzky lächelte. »Dann kann ich ja hoffen, dass die HWD und ich bald alles überstanden haben.«

»Wir tun unser Bestes«, versicherte ihm Theresa Marotzke.

Die Kommissare bedankten sich bei Damretzky und ließen sich den Weg zu Doreen Reger beschreiben. Es erschien ihnen sinnvoll, sie vor Duhlers Nebenbuhler zu befragen.

Mit verweinten Augen öffnete ihnen Doreen Reger die Tür. »Beide waren hinter mir her, aber ich habe mich eigentlich mehr für den Thomas interessiert«, gab sie Auskunft und brach in Tränen aus. Viel mehr war nicht aus ihr herauszuholen.

Granow und Marotzke machten sich nun auf zu Simon Mächtig. Der war nicht in der Firma, und so luden sie ihn in die Keithstraße vor. Während sie dort auf ihn warteten, setzte sich Granow an den Computer, um im Internet nach allem zu suchen, was mit der Entsorgung von Sondermüll zu tun hatte.

Theresa Marotzke lachte. »Det kann ick dir ooch so sagen.«

Sie richtete sich auf und sprach auf Hochdeutsch weiter: »In Deutschland Giftmüll zu entsorgen ist teuer, also bringt man ihn nach Übersee oder nach Osteuropa. Und wem das zu unbequem ist, der schafft ihn illegal auf eine Deponie für gewöhnlichen Abfall.«

Was Granow im Internet fand, ging genau in diese Richtung, und bald hatten sie eine zweite Arbeitshypothese formuliert: Möglicherweise hatte man Duhler beseitigt, damit schmutzige Geschäfte der HWD nicht publik würden. Anrufe bei den entsprechenden Behörden ergaben allerdings, dass gegen Damretzky nichts vorlag und auch noch nie etwas vorgelegen hatte.

Dann stand Simon Mächtig in der Tür, und die Mordkommissare hofften, durch ihn endlich mehr zu erfahren. Natürlich fiel ihnen sofort auf, dass der Nachname nicht täuschte. Ein Leichtgewicht wie Thomas Duhler aufzuknüpfen wäre ihm nicht schwergefallen.

»Ich weiß, warum Sie mich hierher gebeten haben«, begann er ihre kleine Unterhaltung, nachdem man sich begrüßt hatte. »Sie glauben, ich hätte Tom Dooley umgebracht, um an Doreen ranzukommen.«

Granow lächelte. »Meine Kollegin glaubt an gar nichts, und für mich ist der Glaube eine Sache der Kirche. Unsere Sache aber ist belastbares Wissen. Und was wir zum Beispiel nicht wissen, ist, was Sie zu der Zeit gemacht haben, als man Duhler erst erwürgt und dann aufgehängt hat.«

Als der Kommissar Datum und Uhrzeit nannte, hatte Simon Mächtig kein Alibi parat. Er habe allein zu Hause vor dem Fernseher gesessen. Er verlor weiter an Glaubwürdigkeit, als ein Kollege hereinkam und Granow einen Zettel überreichte, auf dem zu lesen stand, dass Simon Mächtig an seiner VHS einen Kurs mit dem Titel »Graphologie für Fortgeschrittene« besucht habe.

Granow hielt ihm das vor. »Könnte es sein, dass wir damit herausgefunden haben, wie der gefälschte Abschiedsbrief zustande gekommen ist?«

»Ich war es nicht!«, schrie Simon Mächtig empört.

Ehe Granow etwas erwidern konnte, erschien ein weiterer Kollege bei ihnen im Büro. Und was der ihm ins Ohr flüsterte, war erstaunlich. »Der Abschiedsbrief ist echt. Alle Graphologen, die wir zu Rate gezogen haben, bestätigen das.«

Granow konnte es nicht fassen, aber wenn die Experten sich einig waren, dann musste es wohl stimmen. Notgedrungen schickten sie Simon Mächtig nach Hause.

»Was nun?«, fragte Theresa Marotzke.

»Wenn der Abschiedsbrief echt ist, dann kann das doch nur heißen, dass Duhler entweder dazu gezwungen wurde, ihn zu schreiben, oder dass er wirklich einmal einen Selbstmord geplant, es sich dann aber wieder anders überlegt hatte. Ein Dritter muss dazugekommen sein, hat diesen Brief gefunden und mit nach Hause genommen, um später mit seiner Hilfe den perfekten Mord zu begehen.«

»Doreen Reger kann es nicht gewesen sein«, fand Theresa Marotzke. »Die wäre zu schwach, um einen Mann wie Duhler zu erwürgen und dann aufzuhängen.«

Granow dachte nach. »Bleiben nach menschlichem Ermessen nur zwei Möglichkeiten: Simon Mächtig könnte aus Eifersucht gehandelt haben, Damretzky hingegen, weil er illegale Giftmüllentsorgungen vertuschen wollte – wofür wir aber keine Anhaltspunkte haben.«

»Vielleicht finden sich auf dem Abschiedsbrief noch Spuren, mit denen wir was anfangen können.«

Die Spezialisten des Landeskriminalamtes machten sich ans Werk, und sie fanden DNS-Material nicht nur von Thomas Duhler, sondern auch von Hans-Werner Damretzky.

Nun drehten der Mordkommissar Granow und seine Assistentin Marotzke den HWD-Chef durch die Mangel, und nach einem Tag und zwei Nächten war es so weit: Sie konnten sein Geständnis zu Protokoll nehmen. Damretzky hatte tatsächlich viele Millionen mit der illegalen Sondermüllentsorgung verdient. Vor einigen Monaten hatte er Thomas Duhler vor dem Selbstmord bewahren können und dabei den Abschiedsbrief unbemerkt an sich genommen. Als Duhler jedoch vor kurzem von der illegalen Müllentsorgung erfuhr und zur Polizei gehen wollte, beging sein Chef mit Hilfe des echten Abschiedsbriefs einen scheinbar perfekten Mord.

***

Als Prof. Schwarz von der Überführung und dem Geständnis des HWD-Chefs erfuhr, nickte er zufrieden. Man musste eben seiner Erfahrung, manchmal auch seinem Bauchgefühl vertrauen. Jedenfalls durfte man in seinem Metier Auffälligkeiten nicht beiseiteschieben.

Schwarz war gerade in seinem Dienstzimmer mit der Vorbereitung der nächsten Vorlesung befasst gewesen. Dabei wollte er den Studierenden der Medizin die juristischen Probleme von ärztlichen Behandlungsfehlern nahebringen. Das erforderte neben Sachkunde auch Fingerspitzengefühl. Der künftigen Ärztegeneration war nämlich weder mit der heftig geschwungenen Keule der Strafandrohung noch mit der pauschalen Vorverurteilung unter dem schönen Begriff »Ärztepfusch« geholfen. Denn nicht jeder fatale Ausgang war schuldhaft entstanden. Man musste einfach das Prinzip der bewussten und unbewussten Fahrlässigkeit kennen.

Verschiedene Formen von Fahrlässigkeit begegneten einem auf Schritt und Tritt, wenn man darauf achtete. Wie oft war Schwarz mit der Einschätzung von Kollegen, Handwerkern oder Dienstleistern konfrontiert gewesen, die nach dem Motto »Das wird schon stimmen, das wird schon passen« gearbeitet hatten! Meist ging das gut. Aber in sensiblen Bereichen konnten Fehler katastrophale Auswirkungen haben. Schwarz dachte an Beispiele aus dem Operationssaal, dem Cockpit oder dem Eisenbahn-Stellwerk. Und die schlimmsten Folgen entstanden dann, wenn sich mehrere Fehler summierten.

Im Fall von Thomas Duhler war die erste Auffälligkeit das in den Strang eingebundene Kopfhaar. Alle anderen Besonderheiten wie die Stauungsblutungen im Gesicht hätten von einem Leichenschauarzt mit durchschnittlicher Erfahrung übersehen werden können. Und die schweren Kehlkopfverletzungen waren nur bei einer Obduktion zu erkennen. Der Fall unterstreicht einmal mehr die Bedeutung gerichtlicher Obduktionen bei nicht-natürlichen oder unklaren Todesfällen, dachte Schwarz. Die Rechtsmediziner waren sich mit vielen Kriminalisten und Juristen einig, dass in Deutschland zu wenig seziert wurde.

Im vorliegenden Fall rekapitulierte Schwarz die Schätzungen von Experten, wonach sich unter Todesfällen durch Erhängen in einer Häufigkeit von 1:100 bis 1:1000 unentdeckte Mordfälle verbargen. Den Schätzungen lagen solide Daten zugrunde. Immer wieder wurden Fälle aufgedeckt, in denen ein Täter das Opfer durch Erhängen getötet hatte oder durch nachträgliches Aufhängen eines erwürgten, erdrosselten oder erstickten Opfers die Tat vertuschen wollte. Die Fachliteratur zu diesem Thema war umfangreich. Schwarz hatte selbst einschlägig geforscht und war dabei auf historische Literatur von Gerichtsmedizinern gestoßen. Seine Vorgänger hatten schon im achtzehnten Jahrhundert die Schwierigkeiten dargelegt, das nachträgliche Aufhängen eines Ermordeten zu erkennen.

Besonders hatte sich Schwarz ein eigener Fall eingeprägt, der sich in einer Kleinstadt nahe Berlin ereignet hatte. Eine junge Frau war in ihrem Wohnzimmer, an der Türklinke hängend, tot aufgefunden worden. Auf dem Tisch lag ein Abschiedsbrief, den die Eltern des Opfers für echt hielten (was Schriftsachverständige anschließend bestätigen sollten). Die am Tatort anwesenden Vertreter der Mordkommission hatten schon ermittelt, dass die junge Frau psychisch krank war und einige Wochen zuvor einen Selbsttötungsversuch mit Tabletten unternommen hatte. War also alles klar? Die Polizisten fanden lediglich die kniende Aufhängungsposition verdächtig. Aber Rechtsmediziner wissen, dass sich Selbstmörder durchaus auch in kniender, sitzender oder halb liegender Position erhängen. Das hatte auch der Assistenzarzt Dr. Schwarz damals schon gewusst. Ihn hatte etwas ganz anderes gestört: Das schöne und mehr als schulterlange Haar der Frau war in den Strang eingebunden. Weiterhin war ein neben der Leiche liegendes Handtuch aufgefallen. Und auf dem Tisch des Wohnzimmers fanden sich ein geöffneter Radioapparat, daneben einige Schraubenzieher. Es wäre verwunderlich gewesen, wenn die Frau einen Reparaturversuch an ihrem Radio unterbrochen hätte, um sich das Leben zu nehmen. Also war Schwarz damals gegenüber der Mordkommission zu der Einschätzung gekommen: »Für mich ist der Fall bis zum Beweis des Gegenteils stark verdächtig auf Fremdtötung. Sie müssen so lange ermitteln, bis an einer Selbsttötung kein Zweifel mehr bestehen kann.« Das war natürlich leichter gesagt als getan! Es hatte danach einige Debatten mit den Ermittlern gegeben, die der Einschätzung des jungen Rechtsmediziners nicht folgen wollten. Außerdem stand das Wochenende vor der Tür, wie einer der Kriminalpolizisten ungehalten äußerte. Nach dem Ergebnis der Obduktion und den folgenden polizeilichen Ermittlungen konnte schließlich geklärt werden, dass die junge Frau einen befreundeten jungen Mann aus ihrem Mietshaus darum gebeten hatte, ihr Radio zu reparieren. Der hatte sich auch zuerst um den Apparat gekümmert, wollte sich dann aber der Frau sexuell nähern. Sie hatte sich heftig gewehrt und mit der Polizei gedroht. Daraufhin hatte er die Frau mit dem griffbereiten Handtuch erdrosselt und die Tote danach mit einem Strick an der Türklinke aufgehängt. Der Abschiedsbrief war schon Wochen zuvor geschrieben worden. Da der Täter von dem Brief wusste, hatte er ihn nach der Tötung gesucht und auf dem Wohnzimmertisch präsentiert. Schwarz dachte: Wenn das keine Ähnlichkeit zum Fall Thomas Duhler hat! Es gibt wahrlich nichts Neues unter der Sonne!

Natürlich wusste Schwarz, dass Fälle wie das geschilderte Tötungsdelikt Ausnahmen darstellten. Erhängen ist mit etwa fünftausend bis sechstausend Todesfällen pro Jahr die häufigste Suizidmethode in Deutschland. Sie ist auch eine äußerst effiziente Methode der Selbsttötung, da sehr rasch Bewusstlosigkeit eintritt und damit praktisch keine Möglichkeit zur Umkehr, das heißt zur Selbstrettung besteht.

Laien stellten sich den Erhängungsvorgang meist schmerzhaft und qualvoll vor. Das dürfte aber zumindest für die Mehrzahl der Fälle nicht zutreffen. Von Menschen, die einen Selbstmordversuch hinter sich haben, aus früheren Beschreibungen von Hinrichtungen oder von Einzelfällen mit Filmaufzeichnung des suizidalen Vorgangs weiß man, dass zum Teil angenehme Empfindungen auftreten und sehr rasch – nach wenigen Sekunden – das Bewusstsein schwindet. Ursache dafür ist die Kompression der arteriellen Halsgefäße mit Sauerstoffmangel des Gehirns.

Die erwähnten angenehmen Empfindungen können auch mit sexueller Erregung verbunden sein. Dieses Phänomen ist lange bekannt und wird gelegentlich bei autoerotischer Betätigung genutzt. In der Fachliteratur finden sich zahlreiche Berichte über tödliche Unfälle bei dem Versuch, sich durch dosiertes Aufhängen oder Drosseln sexuell zu stimulieren – eine lebensgefährliche Handlung. Zusätzlich erfolgt häufig eine mechanische oder elektrische Reizung erogener Zonen. Bei einem derartigen Unfall werden die fast ausnahmslos männlichen Personen stets allein aufgefunden. Die Besonderheiten der Bekleidung, am Körper und in der Umgebung des Toten sind für Fachleute in der Regel eindeutig. Schwarz hatte in seinem Leben schon mehrere dieser Fälle untersucht und mitunter gestaunt über den nahezu grenzenlosen Erfindungsreichtum und die unglaubliche Risikobereitschaft bei dieser »Störung der sexuellen Präferenz« – wie es offiziell bei der Weltgesundheitsorganisation der Vereinten Nationen hieß. Bei eigenen Fällen war ihm aufgefallen, dass bevorzugt intelligente junge Männer, Studierende oder Akademiker mit überdurchschnittlicher Intelligenz, doch unterentwickelter Kontaktfähigkeit, unter den Opfern waren. Das Umfeld der Verstorbenen war in der Regel völlig ahnungslos, allerdings wurden in diesem Personenkreis häufig Einzelgänger oder Sonderlinge beschrieben. Schwarz fand das ganze Kapitel ziemlich unappetitlich, und das wollte nach seinen vielen Dienstjahren im Fach Rechtsmedizin schon etwas heißen.

Bei diesen Gedanken fiel Schwarz eine andere traurige Gruppe von Todesfällen durch unfallbedingtes Erhängen oder Erdrosseln ein. Schon als junger Assistent hatte er Fälle von Säuglingen und Kleinkindern untersuchen müssen, die sich mit Schnüren oder Bändern erhängt oder erdrosselt hatten. Diese Unfälle verliefen meist schnell und lautlos. Die tödlichen Strangulationswerkzeuge hatten sich an den Kindermützen, Kinderjäckchen oder Nuckeln sowie als Klapperschnüre an Kinderwagen oder Ställchen befunden. Gelegentlich waren auch Seile von Klettergerüsten zu Todesfallen geworden. In den vergangenen Jahrzehnten hatten aber Eltern, Erzieher und Hersteller dazugelernt. Von der Industrie waren erfolgreich Sicherheitsstandards eingeführt worden. So waren Schwarz in den letzten Jahren glücklicherweise nur noch selten ähnliche Fälle begegnet. Und mit einer gewissen Befriedigung dachte er: So sind die kriminalistischen wie rechtsmedizinischen Untersuchungen und Veröffentlichungen dieser Unglücksfälle doch nicht umsonst gewesen! Und anscheinend hatten auch akademische wie populärwissenschaftliche Vorlesungen neben der fachlichen Bildung einen präventiven Effekt.

Allerdings wusste Schwarz, dass sich die Tücken dieser Welt nicht gänzlich beseitigen ließen. Wer sollte schon darauf kommen, dass sich ein langer Schal beim Verfangen in einer Rolltreppe oder in einer automatisch schließenden Tür öffentlicher Verkehrsmittel zu einem Drosselwerkzeug entwickeln konnte? Im Bereich der Produktion in Industrie und Landwirtschaft waren dagegen schon seit vielen Jahren entsprechende Sicherheitsvorschriften eingeführt. Sie betrafen vor allem das Arbeiten an rotierenden Wellen, von denen lange Kopfhaare oder lose Kleidungsstücke erfasst werden konnten. Schwarz konnte sich noch gut an den Todesfall einer Arbeiterin erinnern, deren offenes Haar in die rotierende Welle einer Kartoffelsortiermaschine geraten war. Die Unglückliche war durch die enorme Kraft der Maschine skalpiert und schließlich erdrosselt worden. Heute schützten strenge Arbeitsschutzvorschriften vor solchen fürchterlichen Unfällen.

Der Volksmund glaubte ja, Kinder und Betrunkene hätten Glück. Von wegen! Was hatte Schwarz auf diesem Gebiet nicht schon alles gesehen! Ein hochgradig Alkoholisierter hatte sich unbeabsichtigt in der Gabel eines Treppengeländers erhängt, das bedeutete, er war mit dem Hals in den spitzen Winkel zwischen Handlauf und Pfostenaufsatz geraten und hatte sich nicht mehr befreien können. In einem anderen Fall war ein Obdachloser beim Durchsuchen eines Abfallcontainers zwischen dem zuklappenden Deckel und der Containerwand mit dem Hals eingequetscht worden. Auch hier hatte der hohe Blutalkoholspiegel eine Selbstrettung verhindert. Und Kinder verunglückten ja nicht nur durch Strangulationsunfälle. Sie waren im Straßenverkehr besonders gefährdet, und Ertrinkungsunfälle oder Fensterstürze von unbeaufsichtigten Kleinkindern gehörten in dieser Altersgruppe zu den häufigen Todesursachen.

Als Hochschullehrer mahnte Schwarz unermüdlich vor diesen Gefahren. Als Vater und Großvater war ihm sein Fachwissen mitunter zur Last geworden. Hier war der Balanceakt zwischen liebevoller Fürsorge und neurotischer Angst nicht immer leicht. Ja, ja, dachte er, Rechtsmediziner sind auch nur Menschen.

Friede seiner Asche

Spötter lästerten immer, er würde in *Bad* Rudow wohnen, und recht eigentlich hätte Dr. Markus Konschack als Inhaber zweier gewinnbringender Apotheken nach Dahlem, Grunewald oder Schlachtensee gehört, aber er hatte in dem schönen Einfamilienhaus am Rande des Rudower Geflügelviertels Kindheit und Jugend verbracht und hing an ihm. Er hatte als Einzelkind nach dem Tod seiner Eltern alles geerbt und war am Gockelweg wohnen geblieben. Seine Frau hatte gemeint, dieser Straßenname würde zu seinem Gehabe wunderbar passen. Nun war Sandra aber auf und davon ...

Konschack duschte noch einmal, trug ein Herrenparfüm auf, das den Ruf hatte, ein ausgezeichnetes Aphrodisiakum zu sein, schluckte einige Tabletten Viagra, steckte sich eine solche Menge an Kondomen ein, dass sie für ein halbes Bataillon gereicht hätte, und machte sich auf den Weg zu Linda.

Sein Namensschild am Gartentor trug nur seine Initialen *M. K.* Kein Fremder sollte wissen, wer hier zu Hause war. Und sogar das »Dr.« im Namen, auf das er mehr als stolz war, hatte er weggelassen, um keine Einbrecher anzulocken. Früher hätten Vorüberkommende hinter *M. K.* möglicherweise den Papierhersteller Max Krause vermutet und den Spruch gemurmelt, den einst alle Berliner gekannt hatten: *Schreibste mir, schreibste ihr – schreibste auf MK-Papier.* Doch diese seligen Zeiten waren längst vorüber.

Konschack schaute auf dem Weg zur Garage in den Briefkasten und holte dann seine schon geleerte Mülltonne vom Gehsteig. Dabei kam er am Zaun seines Nachbarn zur Linken vorüber, und der hatte seinen vollen Namen am Gartenzaun prangen: *Olav Roch*. Schulkinder hatten mit einem Filzstift jene Frage hinter den Nachnamen geschrieben, die der Nachbar häufig zu hören bekam: *Wonach? Nach Scheiße?* Konschack musste schmunzeln, obgleich er sich sicher sein konnte, dass der Nachbar die Missetat auch diesmal wieder ihm zuschreiben würde, denn man hasste sich innig. Es ging um das Übliche: Streit über die Äste seiner Birke, die in Rochs Grundstück hineinragten, der Lärm seiner Gartenpartys, die lauten Streitereien mit Sandra, abfällige Bemerkungen über Rochs politische Ambitionen ...

Das Ganze hatte sich im Lauf der Zeit so hochgeschaukelt, dass Roch schon mal schrie: »Sie knall ich noch mal ab!«

Zum Glück lebte Konschack mit seinem Nachbarn zur Rechten, dem Juraprofessor Dr. Werner Sorbe, in Ruhe und Frieden. Der war mit seiner Frau zu einem Kongress nach München geflogen.

Um Olav Roch noch eine kleine Freude zu bereiten, ließ Konschack den Motor seines Porsche aufheulen und legte einen Formel-1-Start vom Feinsten hin.

Prof. Dr. Sorbe war Jurist und galt, was das Namensrecht betraf, als Koryphäe. Sein Referat in Hamburg über den Wegfall fremdrechtlicher Namensbestandteile in Deutschland hatte bei den Fachkollegen, vor allem aber bei Journalisten erhebliches Aufsehen erregt. Hieß eine Frau namens Gruberova automatisch Frau Gruber, wenn sie aus der Tschechischen Republik nach Deutschland kam? Was machte man mit einem Aussiedler aus Russland, der Stephan Iwanowitsch Kruger hieß, bei dem also zwischen Vor- und Familiennamen noch ein sogenannter Zwischenname vorkam, der üblicherweise dem Vornamen des Vaters nachgebildet war? Durfte jemand, der aus Indien oder Pakistan kam und zum Volksstamm der Sikhs zählte, den Beinamen Singh – Löwe – weiterführen, wenn er Deutscher wurde?

Werner Sorbe und seine Frau stiegen um 23.54 Uhr auf dem Bahnhof Berlin Südkreuz aus dem ICE. »Ja, ja«, sagte Sabrina, die Bibliothekarin war, als sie sich auf dem Weg zum Parkplatz über dieses Thema unterhielten. »Namen sind nicht nur Schall und Rauch. Warum verbietet euer Recht nicht peinliche oder gar diskriminierende Familiennamen?« Und sie zählte Bibliotheksnutzer auf, die ihr wegen ihres ungewöhnlichen Namens schon aufgefallen waren. »Frischbier, Hasenpusch, Mießling, Löchle, Poppen, Poloch, Quäling, Rödelstab, Untenzu, Würgt.«

»Hör auf! Mir reicht es schon, wenn die Leute meinen Namen nur hören – und dann schreiben: Sehr geehrter Herr Professor Doktor Sorbet.«

Sabrina lachte. »Was darf's denn sein, der Herr: ein Waldmeister-Sorbet oder ein Yankee-Sorbet?«

»Weder noch, ich will ein Glas trockenen Bordeaux, wenn wir zu Hause sind.«

Damit sollte es aber so schnell nichts werden, denn als sie am Gockelweg angekommen waren, sahen sie das Haus von Dr. Markus Konschack in hellen Flammen stehen. Das Blaulicht der Einsatzfahrzeuge von Polizei und Feuerwehr signalisierte, dass hier etwas Ungewöhnliches geschah und Menschenleben in Gefahr waren.

»Hoffentlich springen die Flammen nicht auf unser Haus über!«, rief Prof. Sorbe.

»Ich hoffe, die Feuerwehr rechtzeitig gerufen zu haben.« Olav Roch war neben ihnen aufgetaucht und versuchte, sie zu beruhigen.

»Wo ist denn der Konschack?«, fragte Sabrina Sorbe.

»Der ist vorhin weggefahren.«

»Na, Gott sei Dank!«

Das Feuer war nun so weit gelöscht, dass die Feuerwehrleute in Konschaks Haus eindringen konnten. Das schien reine Routine zu sein, bis einer der Männer herausgerannt kam und auf einen der Polizisten zulief, die den Gockelweg abgesperrt hatten.

»Da liegt einer im Bett – völlig verkohlt!«

»Der wird mit der Zigarette im Mund eingeschlafen sein. Na, Friede seiner Asche!«

Der Erste Kriminalhauptkommissar Gunnar Granow träumte ab und an vom Aufstieg in den Höheren Dienst, und dazu schien es ihm sehr nützlich zu sein, regelmäßig Lehraufträge an der Hochschule für Wirtschaft und Recht zu übernehmen, wo es auch einen Fachbereich für die Ausbildung von Beamten des gehobenen Polizeidienstes gab, in der man die zukünftigen Kommissare schmiedete. In seinem Kurs über Tätertypen sollte es in der nächsten Woche um Pyromanen gehen, und da seine Frau noch bis weit nach Mitternacht vor dem Fernseher sitzen und einen Science-Fiction-Film schauen würde, hockte er am Schreibtisch, um Material zum Thema zu sammeln. Er las in einem Nachschlagewerk, dass man von einem Pyromanen sprechen konnte, wenn eine bewusste und vorsätzliche Brandstiftung in mehreren Fällen erfolgte, der Brandstifter große Anspannung und Erregung vor der Tat verspürte, er großes Interesse an Feuer hatte, Freude oder Erleichterung während der Brandstiftung empfand und die Brandstiftung nicht aus finanziellen Gründen oder Rachegelüsten unternahm.

Wenn er das so seinen Studierenden präsentierte, würde sein Vortrag sie nicht gerade fesseln, da musste er schon einen anderen Einstieg wählen. Vielleicht begann er mit dem berühmtesten Pyromanen der Weltgeschichte, mit Nero. Aber da hörte er auch schon den Zwischenruf von Heike, seiner intelligentesten, aber auch kritischsten Studentin: »Das ist doch eine Legende! Nero weilte bei Ausbruch des Großfeuers in Antium am Meer und kam erst nach Rom, als er vom Brand erfuhr.«

Sosehr er auch grübelte, er fand keinen fetzigen Einstieg ins Thema. Er legte seinen Kopf auf die Schreibtischplatte neben der Tastatur seines Computers ... und war im Nu eingeschlafen. Und da geschah das, von dem das Volk schon lange behauptete, dass es möglich sei: Den Seinen gibt's der Herr im Schlaf. Denn wenig später klingelte sein Handy, und als es ihm nach zwei vergeblichen Versuchen endlich glückte, die richtige Taste zu drücken, vernahm er die Stimme des Koordinators der Berliner Mordkommissionen: »Du hast bestimmt noch nicht geschlafen, Gunnar?«

»Nein, ich bin immer im Dienst, auch im Schlaf.«

»Gut, dann fahr doch gleich mal nach Rudow, Gockelweg, da liegt eine verkohlte männliche Leiche in einem ausgebrannten Haus. Ein Apotheker. Markus Konschack.«

»Mensch, das könnte der Einstieg sein!«, rief Granow.

»Was, willst du staatlich geprüfter Pyromane werden?«

»Nee, ich habe gerade an der Vorbereitung für meine nächste Lehrveranstaltung gesessen, und da geht es um Pyromanen.«

»Na, bestens. Dann ab nach Rudow! Theresa kommt auch hin.«

»Soll ich sie abholen?«

»Nein, das ist ein zu großer Umweg.«

Sein Navi gab ihm eine Route, auf die er als geborener Berliner von alleine nie und nimmer gekommen wäre: Ritterfelddamm, Potsdamer Chaussee, Heerstraße, Messedamm, dann die Stadtautobahn, Ausfahrt Stubenrauchstraße, Waßmannsdorfer Straße, Rhodeländerweg.

Als er rechts in die Heerstraße abbog, sah er einen Mann wie wild winken. Und dann sprang ihm der Idiot auch noch vor den Wagen. Es war Charly Packebusch.

Granow konnte gerade noch bremsen. »Bist du des Wahnsinns!«

»Zum Glück ja, sonst wär's auf dieser Welt nicht auszuhalten.« Der Polizeireporter riss schon die Tür auf, um sich auf den Beifahrersitz zu katapultieren.

»Woher weißt du eigentlich, dass ich gerade jetzt hier vorbeikomme?«, wollte Granow wissen.

Charly Packebusch lachte. »Das kann ich dir leider nicht verraten – berufliche Verschwiegenheitspflicht. Aber nimm einfach hin, dass ich mich Tag und Nacht in deiner Nähe aufhalte. Nee, im Ernst, ich bin ja Deutscher Meister im Beischlaf und habe gerade in dem Haus da vorne rechts geübt.«

»Bis dich mal ein anderer Lover umlegt!«

»Wer soll mich schon umbringen, wo jeder weiß, dass du die Morduntersuchung leiten wirst – bei einer Erfolgsquote von 125,3 Prozent.«

»Danke für die Blumen. Und was willst du jetzt in Rudow?«

»Apotheker geben immer was her. Vielleicht versuchen die kolumbianischen Drogenbosse, in Berlin Fuß zu fassen.«

Granow freute sich. »Ja, und dann kaufen sie Hertha auf, damit Berlin endlich mal wieder einen Deutschen Fußballmeister hat.«

Derart plaudernd erreichten sie den Gockelweg, wo sich schon etliche Schaulustige eingefunden hatten. Ein Tatort live vor der Haustür war hundertmal besser als einer im Fernsehen. Vielleicht wurde man ja auch befragt und konnte sich morgen auf dem Bildschirm bewundern.

Charly Packebusch lästerte. »Früher wollten alle Leute in den Himmel, heute wollen sie ins Fernsehen.«

»Manchen reicht auch schon deine Zeitung«, fügte Granow hinzu.

Granow parkte vor den rot-weißen Flatterbändern und passierte mit Charly Packebusch im Schlepptau den Kordon der Schutzpolizisten. Man kannte ihn und grüßte respektvoll. Es hieß ja immer noch, die Kripo sei der Adel der Polizei.

Theresa Marotzke kam auf ihn zu und empfing ihn mit kollegialer Umarmung.

Wieder einmal bedauerte Granow, nicht in Versuchung geführt zu werden. »Wisst ihr schon, was los ist?«, fragte er.

»Nein, Genaues noch nicht.«

»Es gibt ja auch nur vier Möglichkeiten«, sagte Granow. »Mord und dann das Haus in Brand gesteckt, Unfall, Selbstmord oder Brandstiftung, ohne zu wissen, dass da noch jemand im Haus war.«

Theresa Marotzke sah auf ihre Armbanduhr. »Professor Schwarz muss ja gleich da sein.«

»Und auch heute wieder wird er eure Leiche zum Sprechen bringen«, sagte Charly Packebusch.

Granow sah ihn an. »Ich denke, du und deine Kollegen sind diejenigen, die immer als Erste mit der Leiche sprechen.«

»Warum sind die Augen eines Menschen nicht direkt an eine Videokamera angeschlossen?«, sinnierte Charly Packebusch. »Dann würden wir einen Berufsstand wie euren überhaupt nicht mehr brauchen. Noch eine spezielle Gesichtserkennung dazu, das wär's.«

Granow stutzte und lenkte die Blicke seiner Kollegin in die Richtung eines jungen Mannes, der ein Stückchen weiter in einem Kleinwagen saß und zum Haus des Apothekers hinüberstarrte, wo gerade wieder ein Brandnest aufgeflackert war.

»Der ist ja völlig weg«, flüsterte Granow. »So sehen Pyromanen aus.«

»Ja, aber nur, wenn sie dabei auch noch ...« Theresa Marotzke gebrauchte nun eine Wendung, die so drastisch war, dass sie nicht einmal Charly Packebusch in seinem Blatt zum Besten gegeben hätte. »Schauen wir uns das doch mal näher an!«

Und richtig, als sie den jungen Mann baten, doch einmal kurz auszusteigen, ließ sich der feuchte Fleck links neben dem Reißverschluss seiner hellen Jeans nicht übersehen.

»Der wird nur die Weisung eurer Kollegen befolgt haben«, sollte Charly Packebusch später sagen.

»Wieso?«

»Na, da hat doch einer dem anderen zugerufen: Sperr ma ab!«

Granow ließ sich den Ausweis des jungen Mannes zeigen. Liebenhagen hieß er. Vielleicht war das noch einmal von Bedeutung.

Jetzt gab ihnen der Brandmeister erst einmal das Zeichen, dass sie ins Haus konnten, und im selben Augenblick stieg auch ihr Rechtsmediziner aus seinem Wagen.

»Guck ma, da issa schon!«, rief Theresa Marotzke.

Granow grinste. »Du mit deiner Schwarz-Seherei!«

***

Prof. Schwarz hatte sich gerade das Cello-Konzert von Dvořák als nächtliche Beruhigungstablette ausgewählt – er liebte diese alte Aufnahme mit Mstislaw Rostropowitsch –, als die Mordkommission angerufen hatte.

»Eine verkohlte Brandleiche in Rudow, Gockelweg«, hatte er die Nachricht des Kriminalpolizeilichen Dauerdienstes wiederholt und mit wenig Begeisterung »Ich bin in zirka einer halben Stunden vor Ort« hinzugefügt. Seiner Frau hatte er nur noch zugerufen: »Sieh dir bloß keinen spannenden Krimi an, sonst ängstigst du dich wieder die ganze Nacht! Ich habe einen brenzligen Auftrag – das kann dauern.«

Auf der Fahrt von Köpenick nach Rudow legte er eine CD von Händel ein. Die *Feuerwerksmusik* passte jetzt genau. Außerdem hatte die über zweihundert Jahre alte Komposition für ihn mehr Potenzial zum Muntermacher als die meisten modernen Stücke. Während Schwarz die Musik genoss, war noch ein wenig Zeit zum Grübeln. Warum hatte der in England lebende Händel diese Musik damals komponiert? War nicht irgendein Krieg zwischen Österreich, Preußen und Gott weiß wem beendet worden? Zum Kramen in seinen kärglichen Geschichtskenntnissen blieb aber keine Zeit mehr, denn er konnte schon das flackernde Blaulicht von Polizei und Feuerwehr am Einsatzort erkennen.

»Na, wenn das kein heißes Treffen zur Nachtzeit ist!«, begrüßte Schwarz die Kriminalassistentin Theresa Marotzke. »Hoffentlich hat unser Opfer nur im Bett geraucht, dann könnten wir uns mit der Obduktion Zeit lassen. Ich bin heute nämlich nicht mehr scharf auf eine Nachtschicht.« Dann führte ihn die Marotzke zu Granow, der gerade mit dem Einsatzleiter der Feuerwehr gesprochen hatte.

Der langjährige Erste Kriminalhauptkommissar und der erfahrene Rechtsmediziner begrüßten sich herzlich. Sie hatten schon so manchen Fall gemeinsam bearbeitet. Das hatte Vertrauen geschaffen und erleichterte ihnen die nicht gerade angenehme Tätigkeit am Fundort.

Auf dem Weg zu der Leiche meinte Schwarz: »Wie sieht denn der Fundort aus, soll ich meine Gummistiefel aus dem Auto holen?«

Und Theresa Marotzke kam nicht umhin, den Kommentar »Ihre italienischen Nobel-Treter wer'n Se sich da drin janz schön einsauen« abzugeben.

Nachdem Schwarz seine Schuhe gewechselt hatte, bahnten sich die drei ihren Weg in das Schlafzimmer des schönen Wohnhauses, in dem nun die Wände und Decken rußgeschwärzt waren. Auf dem Fußboden fanden sich überall Brandschutt und eine dicke Rußschicht. Das Bettgestell war stark verkohlt, und die Federbetten waren nur noch als schwarze Klumpen vorhanden. Inmitten dieser Klumpen war die verkohlte Leiche eines Menschen zu erkennen.

Der Rechtsmediziner setzte sich eine grüne Operationshaube auf seinen Bürstenhaarschnitt, ließ seinen Schnauzer hinter einem Mundtuch verschwinden und streifte sich Gummihandschuhe über. Aber er wusste, dass er trotzdem den stechenden Brandgeruch nicht so schnell loswerden würde. Selbst nach längerem Duschen würde er sicherlich immer noch einen Rest dieses Geruchs in seiner Nase verspüren. Der Leichnam hatte eine gebeugte Haltung von Kopf und Rumpf, ebenso waren Arme und Beine leicht angewinkelt. »Seht mal«, sagte Schwarz zu den Kriminalisten, »die Leiche zeigt die typische Boxer- oder Fechterstellung. Sie kommt durch einen postmortalen Vorgang durch Hitzeschrumpfung der Weichteile, vor allem der Muskulatur, zustande. Das hat nichts mit vitalen Reaktionen zu tun, wie von Laien irrigerweise angenommen wird. Diese Haltung deutet nicht darauf hin, dass er zum Beispiel flüchten oder sich zur Wehr setzen wollte. Der Leichnam ist von Kopf bis Fuß verbrannt, da werden wir nicht viel finden. Es gibt auch schon eine erhebliche Brandzehrung von Haut und Weichteilen. Aber die verkohlten Klümpchen in der Schamgegend deute ich als Reste von Penis und Hodensack – also haben wir es mit einem Mann zu tun. Und ich sehe ein recht gepflegtes Gebiss. Körpergröße und Zahnstatus – soweit man es jetzt beurteilen kann – sprechen für einen ausgewachsenen Mann. Mehr kann ich erst während beziehungsweise nach der Obduktion sagen. Hier ist nicht mehr viel zu untersuchen. Ich traue mich auch nicht, den Leichnam zu bewegen – ist alles viel zu zerbrechlich. Wir müssen den Toten sorgfältig abtransportieren und im Institut weiter untersuchen.«

Als Schwarz den gesamten Leichnam inspiziert hatte und sich schon aufrichten wollte, fiel sein Blick noch einmal auf die Mundöffnung. Dass der Mund weit offen stand, konnte mit der Hitzeschrumpfung zusammenhängen. Aber in der Umgebung des Mundes fielen dicke schwärzliche Krusten auf. Und die Lippen zeigten an den Innenseiten feine Schleimhauteinrisse. Beim Austasten der Mundöffnung mit dem Finger stellte er fest, dass diese mit schmierigen schwarzroten Massen gefüllt war. Er zerrieb sie zwischen den Zeigefingern und meinte: »Da ist eine Menge geronnenen bzw. hitzefixierten Blutes in der Mundhöhle, was offenbar auch aus dem Mund ausgetreten ist.« Schwarz dachte nach. »Vielleicht hat der Tote eine Verletzung im Mund-, Rachen- oder Brustraum. Das wäre aus der Auffindungssituation nicht ohne weiteres zu erklären. Oder es gibt eine natürliche Blutungsquelle wie bei einem Bronchialkarzinom oder Ösophagusvarizen. Mehr dazu im Sektionssaal.« Zu Granow gewandt, sagte Schwarz: »Wie soll es weitergehen? Der Tote muss in die Rechtsmedizin, schon wegen Klärung der Identität und der Todesursache. Von mir aus wäre morgen um neun Uhr ausreichend.«

Granow nickte zustimmend. »Dann werde ich den diensthabenden Staatsanwalt informieren. Ich wette, der hat zu einer Sofortobduktion heute Nacht auch keine Lust, zumal wir keinen triftigen Grund nennen können.«

Pünktlich um neun Uhr trat Prof. Schwarz in den großen Sektionssaal. Dort herrschte bereits Hochbetrieb. Oberarzt Dr. Liebmann hatte schon um acht Uhr die Aufsicht über drei »Routinefälle« übernommen: einen im Verkehr getöteten Fußgänger, einen Obdachlosen mit unklarer Todesursache und ein unbekanntes Neugeborenes. Schwarz ging mit dem Assistenzarzt Schubert und dem Sektionsassistenten Kanzow in den kleinen Sektionssaal. Der verkohlte Leichnam aus Rudow lag dort schon auf dem Sektionstisch und hatte im Raum einen beißenden Brandgeruch verbreitet. Schwarz sagte zu Schubert: »Ich habe Sie heute als zweiten Obduzenten ausgewählt, weil Sie über das Thema Mordbrand promovieren wollen. Vielleicht können Sie mit dem Fall Ihre Kasuistik erweitern. Wir schießen jetzt noch ein paar Übersichtsfotos, und inzwischen holen Sie bitte die Kommissare aus dem Sektionssekretariat. Die brauchten noch einen starken Kaffee, denn die Nacht war kurz.«

Der Erste Kriminalhauptkommissar Granow trat in den Raum, gefolgt von der Kriminalassistentin Marotzke. Nach freundlicher Begrüßung gab Granow noch einige Ermittlungsergebnisse bekannt. »Also, der Hausbesitzer ist ein promovierter Apotheker, 45 Jahre alt, lebt von der Ehefrau getrennt und wohnt alleine in dem Haus. Aber er soll zur Zeit des Brandes nicht zu Hause gewesen sein. Übrigens, der Staatsanwalt Rühl hat einen Gerichtstermin, wir sollen schon anfangen und ihm anschließend Bericht erstatten.«

Dann begann Schwarz mit dem Diktat der »Äußeren Besichtigung«. Systematisch suchte er nach Schmuckstücken oder Piercings an dem Opfer. Als brauchbar für die Identifizierung konnte sich die Armbanduhr am linken Handgelenk erweisen. Ihr ledernes Armband war weitgehend verbrannt, aber das Uhrengehäuse war gut erhalten. Nach vorsichtigem Putzen der Uhr hielt er sie den Kriminalpolizisten hin. »Dieses gute Stück kann sich nicht jeder leisten. Aufgrund des eigenwilligen Zifferblatts tippe ich auf eine Lange & Söhne, die nicht unter zwanzigtausend Euro zu haben ist.«

Darauf meinte Theresa Marotzke: »Für so eine Stahluhr mit Quarzwerk viel zu teuer.«

Schwarz lachte. »Haben Sie eine Ahnung! Das ist Weißgold, wenn nicht sogar Platin, und natürlich mit mechanischem Antrieb«, sagte er, um dann hinzuzufügen: »Das ist doch ein erster Ansatz für die Identifizierung. Fragen Sie mal die Nachbarn oder seine Ex-Frau! Dieses seltene Stück wird doch aufgefallen sein.«

Theresa Marotzke verließ umgehend den Sektionssaal und raunte ihrem Chef zu: »Ich kümmere mich gleich mal um die Uhr und die Unterlagen des behandelnden Zahnarztes.«

Die Rechtsmediziner hatten inzwischen mit der Besichtigung und Präparation der Gliedmaßen begonnen. Schwarz sprach von einer blassen verfestigten Muskulatur mit einer Konsistenz »wie gekocht«. Verletzungen oder Unterblutungen der Arme oder Beine fanden sich nicht, wenn man von einzelnen Hautaufplatzungen absah, die Schwarz als hitzebedingt interpretierte. Nach dem Durchtrennen der verkohlten Weichteile von Brustwand und Bauchdecke durch die Assistenten begann Schwarz mit dem Teil B des Sektionsprotokolls, der »Inneren Besichtigung«. Dabei fiel auf, dass die Luftwege reichlich mit geronnenem und hitzefixiertem Blut gefüllt waren. Ansonsten waren die inneren Organe wie die Muskulatur auffallend blass. Eine Verletzung der Brust- oder Bauchorgane war nicht festzustellen. Schließlich bat Schwarz den Sektionsassistenten um behutsame Öffnung des Schädeldaches mit der Oszillationssäge. Von der Kopfschwarte waren nur noch verkohlte Reste vorhanden, und Teile des Knochens waren weißlich grau verfärbt.

Nachdem Kanzow den Schädelknochen von den Weichteilresten befreit hatte, zeigte er dem Professor mehrere Bruchlinien, die sich von der Schädelbasis nach oben in das Schädeldach zogen.

»Vorsicht, Vorsicht!«, sagte Schwarz und sah dem Assistenten über die Schulter.

Die harte Hirnhaut war straff gespannt und zeigte über der gesamten Konvexität eine dicke Ansammlung von hitzefixiertem Blut. An der Grenze zwischen Scheitelbeinen und Hinterhauptbein zeigte die *Dura mater* einen rundlichen Defekt, in dem ein kleines kupferfarbenes Metallstück leuchtete.

»Na, was haben wir denn da!«, rief Schwarz und winkte Granow herbei. »Da sieh mal!« Er hielt ihm den Fund in einer Kunststoffpinzette entgegen. »Das ist wohl ein 7,65er Vollmantel-Projektil. Wir sichern es gleich in einem Asservaten-Röhrchen. Wahrscheinlich liegt der Einschuss im Mund, da wir sonst keine Schusswunde gefunden haben.«

Tatsächlich fanden die Rechtsmediziner in der Mundhöhle am Hinterrand des knöchernen Gaumens eine Einschussöffnung. Nachdem alle Befunde an der Schädelhöhle und dem entnommenen Gehirn erhoben worden waren, wurde das gesäuberte Gebiss detailliert beschrieben, wobei alle Befunde in ein vorgedrucktes Schema eingezeichnet wurden. Die Entwicklung von Skelett und Gebiss sowie der Zustand der inneren Organe wurden gesondert zur Schätzung des Lebensalters registriert. Dann begann Schwarz mit dem Diktat des »Vorläufigen Gutachtens«:

I. Sektionsergebnis
Hochgradig verkohlte Leiche eines noch nicht identifizierten Mannes im Alter von ca. 40–50 Jahren, ca. 175 cm Größe und ca. 70 kg Körpergewicht (Maße aufgrund der Verkohlung und Brandzehrung nur eingeschränkt verwendbar).
Schädel-Schuss-Verletzung: Einschussöffnung im Gaumen. Nach hinten ansteigender Schusskanal durch Schädelbasis, Hirnbrücke, Kleinhirn, Scheitel- und Hinterhauptshirnlappen mit ausgedehnter Hirngewebszerstörung und Blutung unter weiche und harte Hirnhaut. In der harten Hirnhaut steckendes Vollmantelprojektil unter dem Hinterhauptsbein. Hirnschwellung.

Massive Blutung in die Luftröhre und ihre Äste. Ausgeprägte Bluteinatmungsherde aller Lungenlappen. Geringer blutiger Inhalt des Magens. Blässe und Blutarmut innerer Organe.

Gering verdauter Nahrungsbrei im Magen mit Nudel- und Pilzresten.

Leichte allgemeine Arteriosklerose.

Kirschgroßer Gallenstein in der Gallenblase.

II. Todesursache: Schussverletzung des Schädels.

III. Die quantitative Alkoholbestimmung ergab nach zwei Methoden im Schenkelblut 0,6 mg/g und im Urin 0,85 mg/g Ethanol.

IV. Als Todesursache ist die schwere Schädel-Hirn-Verletzung durch einen Steckschuss festzustellen. Zum Todeszeitpunkt bestand eine leichte alkoholische Beeinflussung. Wesentliche vorbestehende krankhafte Veränderungen, die unmittelbar mit dem Todeseintritt in Zusammenhang stehen könnten, fanden sich nicht. Die Einschussöffnung befindet sich im Mund (Gaumen), der Schusskanal verläuft schräg nach hinten oben bis in die Hinterhauptsregion. Aufgrund des Lokalbefundes am Einschuss ist von einem Nahschuss auszugehen. Untersuchungsmaterial zur Schussentfernungsbestimmung wurde bei der Sektion entnommen. Lokalisation und Verlauf der Schussverletzung sind mit der Annahme einer Selbstbeibringung vereinbar.

V. Nach den makroskopischen Organbefunden und dem Ergebnis der quantitativen chemischen Kohlenmonoxid-Bestimmung im Leichenblut an verschiedenen Entnahmeorten (gemessene Werte zwischen 7,5 und 11,0 % CO-Hb) ist die Brandeinwirkung bei dem Betroffenen nicht zu Lebzeiten erfolgt. Das Ergebnis weiterer chemisch-toxikologischer Analysen wird nachgereicht.

VI. Zu Identifizierungszwecken wurde ein Zahnstatus erhoben, der mit zahnärztlichen Unterlagen verglichen werden kann. Des Weiteren wurde Material zur genetischen Identifizierung (DNS-Analyse) entnommen. Die an der Leiche gesicherte Armbanduhr wurde der anwesenden Kriminalpolizei übergeben.

VII. Die Obduzenten behalten sich ein endgültiges Gutachten ausdrücklich vor.

VIII. Prof. Dr. med. Robert Schwarz, Assistenzarzt Horst Schubert

Dann wandte sich Schwarz dem Vertreter der Mordkommission zu. »Die Todesursache ist geklärt. Der Mann ist an einem Schuss in den Mund gestorben. Da das Projektil unter dem Okzipitalbein stecken geblieben ist, können wir es der Kriminaltechnik für eine spätere Identifizierung der Tatwaffe zur Verfügung stellen, sofern die sich finden sollte. Die Brandeinwirkung erfolgte erst postmortal. Wäre der Betroffene zu Lebzeiten in den Brand geraten, müssten seine Kohlenmonoxid-Werte viel höher sein. Die gemessenen Werte sind durch Diffusion der Rauchgase in den verkohlten Körper zu erklären. Außerdem finden wir auch bei Rauchern derartige Werte. Nun ist wohl der Fall doch für die Doktorarbeit von Herrn Schubert zu verwenden. Dabei ist nach den Leichenbefunden grundsätzlich ein Suizid möglich. Aber wo ist die Schusswaffe? Sie ist vermutlich eine Pistole. Und wie soll der tödlich Verletzte noch den Brand gelegt haben? Das sieht alles sehr nach einem Tötungsdelikt mit anschließender Brandstiftung aus. Diesen Tatbestand bezeichnen wir als Mordbrand. Der oder die Täter haben wohl gehofft, dass die versteckte Schusswunde nicht entdeckt wird.« Dabei lächelte Schwarz zufrieden. »Übrigens, haben die Brandexperten vor Ort schon etwas Richtungweisendes gefunden?«

»Von denen haben wir noch nichts gehört«, antwortete Granow. »Aber jetzt kommt ja kaum noch etwas anderes als Mord in Frage. Was sagt ihr denn zur Identität des Toten?«

»Nach dem Zustand des Gebisses und den Altersveränderungen an Skelett und inneren Organen zu urteilen, könnte es durchaus der Herr Apotheker sein. Aber der soll ja angeblich nicht zu Hause gewesen sein. Besorgt uns genetisches Vergleichsmaterial des Hausbesitzers oder seinen Zahnstatus, und wir können diese Frage mit Sicherheit klären.«

Granow fragte nachdenklich: »Die Todeszeit lässt sich wohl schwer bestimmen, oder?«

»Richtig«, antwortete Schwarz, »durch die starke Hitzeentwicklung am Fundort können wir alle Standardbefunde am

Leichnam wie Temperatur, Totenstarre, Totenflecke oder gar supravitale Reaktionen vergessen. Aber vielleicht hilft der Mageninhalt etwas weiter – als letzte Mahlzeit wurde ein Nudelgericht mit schwarzen Trüffeln eingenommen. Sieht eher nach einem festlichen Mahl als nach Imbissbude aus. Nach dem Verdauungszustand der Essensreste hat er diesen Genuss nicht mehr lange überlebt. Da könnten die Ermittlungen doch Hinweise auf den Zeitpunkt der Henkersmahlzeit geben. So viel für heute. Das schriftliche Gutachten senden wir in den nächsten Tagen zu, aber viel Neues wird nicht darin stehen. Sollten die toxikologischen Untersuchungen noch etwas von Bedeutung ergeben, rufen wir an. Bis zum nächsten Mal!«

Granow und Schwarz wollten sich gerade verabschieden, als Frau Marotzke in den Sektionssaal stürmte. »Es scheint doch den Apotheker Konschack erwischt zu haben. Sein Nachbar kannte nämlich dessen Uhr und konnte die gut beschreiben!«

»Was, der Roch soll ein Uhrenkenner sein?«, wunderte sich Granow.

»Nee, ick meine den Professor Sorbe. Der hat selbst eine teure Uhrensammlung«, erwiderte die Marotzke. »Und zusätzlich hab ich den behandelnden Zahnarzt ermittelt und telefonisch um Hilfe gebeten. Der will noch heute die Unterlagen an die Rechtsmedizin faxen«, fügte Theresa Marotzke nicht ohne Stolz hinzu.

Als Granow mit ihr zu seinem Dienstwagen lief, sagte er: »In dem Brandhaus muss intensiv nach der Schusswaffe gesucht werden.«

Und seine Kollegin erwiderte: »Ich fürchte, die werden wir dort nicht finden. Das heißt, vor allem müssen wir nach einem Täter suchen. Aber zuerst muss die Leiche eindeutig identifiziert werden. Es muss geklärt werden, ob es sich tatsächlich um Konschack handelt, der sollte doch eigentlich außer Haus sein.«

Die beiden Kommissare der Mordkommission hatten gerade ihre Dienststelle erreicht und noch nicht einmal ihre Mäntel aufgehängt, als die Sekretärin einen dringenden Anruf von Prof. Schwarz aus der Rechtsmedizin meldete.

Granow nahm den Hörer entgegen und nickte zufrieden. »Danke, Robert, für die schnelle und erfolgreiche Zuarbeit!« Und zu seiner Kollegin gewandt, sagte er: »Schwarz konnte schon die Unterlagen des Zahnarztes prüfen und ist sich ganz sicher: Es handelt sich um den Apotheker. Er hat mir etwas von nicht angelegten Zähnen und sehr charakteristischen Goldkronen erzählt. Jetzt besteht kein Zweifel mehr an der Identität unseres Opfers.«

***

Granow hatte noch einmal einen Trupp Kriminaltechniker zum Gockelweg geschickt, doch so intensiv die auch suchten, eine Waffe ließ sich im ausgebrannten Haus nicht finden.

»Wenn er sich nicht selbst getötet hat, muss es wohl ein anderer gewesen sein«, stellte Granow fest.

Theresa Marotzke verzog das Gesicht. »Wenn det eena von deinen Studenten jesagt hätte, wära wohl mit 'ner Fünf nach Hause jegangen.«

Granow widersprach ihr. »Es kommt immer darauf an, wer etwas sagt. Es gibt eine Reihe von Untersuchungen, bei denen zwei Männer Wort für Wort dieselbe Rede verlesen und die Versuchspersonen nichts anderes als den Inhalt bewerten sollen. Wird einer als Professor und Nobelpreisträger vorgestellt, dann wird der Text mit einer Eins bewertet. Wird aber jemand zum Beispiel als Hausmeister vorgestellt, gibt es von den Zuhörern bestenfalls eine Drei.«

»Gut, kriegste wenigstens 'ne Zwei.«

»Kommen wir zurück zum Mörder! Wen haben wir denn zur Auswahl? Den jugendlichen Pyromanen und ...«

»... den rachsüchtigen Nachbarn.«

Sie fingen mit Leon Liebenhagen an, der in der Juliusstraße in Britz wohnte und nicht sonderlich überrascht war, dass die

Kommissare bei ihm auftauchten. »Ich wusste doch, dass Sie mich für einen Pyromanen halten.«

Theresa Marotzke fixierte ihn. »Und – sind Sie einer?«

»Nein, ich bin lediglich Brandschutzbeauftragter im Sozialamt.«

»Nun«, Granow wollte ohne langes Vorspiel zur Sache kommen, »der Spermafleck auf Ihrer Hose, als sie das Feuer bei Konschack beobachtet haben, der lässt schon auf jene hohe sexuelle Erregung beim Anblick von Bränden schließen, für die Pyromanen bekannt sind.«

Liebenhagen senkte den Blick. »Das ist mir peinlich, aber ... eine Freundin von mir wohnt in der Kapaunenstraße ... Das ist die, die gegenüber vom Gockelweg in die Waßmannsdorfer Chaussee mündet ... Na ja, die habe ich in meinem Wagen nach Hause gebracht und wollte mit ihr noch ... Aber das war so aufregend, dass es bei mir schon vorher ... Peinlich!«

Granow lächelte. »Keine Angst, vorzeitiger Samenerguss ist behandelbar.«

Theresa Marotzke sah ihn derart provozierend an, das er wusste, was sie am liebsten eingeworfen hätte: Ob Granow da wohl aus eigener Erfahrung spräche?

Das nun wiederum war ihm so peinlich, dass er schnell nachfragte, wie die unbeglückt gebliebene Dame denn hieße.

Liebenhagen nannte den Namen, und nach einer halben Stunde war die Sache geklärt, denn die Freundin bestätigte die Angaben des Nicht-Pyromanen voll und ganz.

»Was nun?«, wollte Theresa Marotzke wissen.

»Was soll sein? Jetzt ist der Nachbar dran, Olav Roch.«

Sie kamen zum Gockelweg. Ein wenig Brandgeruch hing noch immer in der Luft.

Olav Roch war zu Hause und stritt nicht ab, mit Konschack in Dauerfehde gelegen zu haben. »Ja, ich habe auch schon mal Drohungen gegen ihn ausgestoßen – aber ihn gleich umbringen? Ich bin früher Pfarrer gewesen, wo denken Sie hin! Und Pistolen ...

Ich nehme meinen Enkeln sogar die Wasserspritzpistolen weg. Entsetzlich, dass Herr Konschack erschossen worden ist! Ich habe alles in der Zeitung gelesen. Und als es passiert ist, habe ich im Bett gelegen und tief geschlafen. Erst durch die Feuerwehr bin ich geweckt worden.«

Das mussten sie erst einmal so hinnehmen. Sie bedankten sich bei Olav Roch und fuhren in eine der Konschack'schen Apotheken, um dort etwas über seine privaten Angelegenheiten zu erfahren. Das Ergebnis ihrer Recherche las sich dann auf Granows Notizblock so:

Seine Freundin: Linda Scheduny, 27, Studienrätin für Biologie und Erdkunde, Schmargendorf, Friedrichshaller Straße.
Seine Noch-Ehefrau, getrennt von ihm lebend: Sandra Konschack, 44, ehemalige Polizistin, jetzt Betreiberin eines Fitness-Studios in der Westfälischen Straße. Soll sich ihm gegenüber sehr aggressiv geäußert und verhalten haben.

»Was wir bisher herausgefunden haben, hat auch schon bei Charly Packebusch in der Zeitung gestanden«, stellte Theresa Marotzke fest.

»Ja, aber da war bei den Damen nicht der volle Name zu lesen, liebe Theresa M.«

Von Linda Scheduny erfuhren sie nur, dass Konschack bei ihr Nudeln mit Pilzen gegessen hatte, was ein Beweis dafür war, dass Prof. Schwarz auch über ausgezeichnete gastronomische Kenntnisse verfügte. »Nach dem Essen aber wollte Markus gleich nach Hause fahren.«

Granow sah sie fragend an. »Markus?«

»Na, Herr Konschack.«

»Markus Konschack, klar. Aber wenn Sie die Frage gestatten: Warum ist er nicht geblieben? Ihn erwartete doch offensichtlich eine heiße Liebesnacht.«

»Er hatte ... Er konnte nicht ...«

Diesmal war es Granow, der nicht aussprach, was ihm auf der Zunge lag: Potenzstörungen. Aber das bei einem Apotheker, der die Schublade voller Viagra hatte?

Nun gut. Sie verabschiedeten sich von der ungeliebt gebliebenen Geliebten und machten sich auf den Weg zu Sandra Konschack. Die war so taff, dass Granow froh war, nicht unbewaffnet erschienen zu sein. Mit der Frau verheiratet zu sein wäre allemal ein Grund gewesen, sich zu erschießen – aber Selbstmord hatten sie ja bei Konschack von vornherein ausgeschlossen.

Sie wurden ins Hinterzimmer gebeten, wo es nicht ganz so stark nach allen Deos roch, die bei Schlecker oder Rossmann zu haben waren.

»Sie wissen sicherlich aus der Zeitung, dass Ihr Mann getötet worden ist – und zwar durch einen Schuss in den Mund«, begann Granow.

Sofort feuerte Sandra aus allen Rohren. »Und daraus schließen Sie messerscharf, dass ich es war! Weil er nie den Mund halten konnte. Und weil er diese ... diese Linda damit geküsst hat. Klar! Aber wenn, dann hätte ich eigentlich ganz woandershin zielen müssen!« Damit Granow und Theresa Marotzke auch wirklich begriffen, was sie meinte, zielte sie dabei mit einem Kugelschreiber dorthin, wo Kampfsportler ihr Suspensorium anlegten.

Bei Granow krampfte sich alles zusammen, so dass er keine Anschlussfrage formulieren konnte und Theresa Marotzke einspringen musste.

»Sie als ehemalige Kollegin, Sie haben ja das Schießen gelernt, Sie hätten sicherlich auch da getroffen. Aber fangen wir mal ganz von vorne an: Er war Ihre große Liebe?«

»Ja, und ich seine.«

»Und trotzdem hat er Sie verlassen, dieser Linda wegen?«

Sandra Konschack konnte und wollte sich nicht verstellen. »Ja, dieses Schwein! Und darum hasse ich ihn!«

Granow hatte seine Sprache wiedergefunden. »Sie wissen, dass Sie sich mit einer solchen Aussage belasten?«

»Na und!«, schrie sie. »Aber ich war es nicht, leider!«

»Dürfen wir uns nach Ihrem Alibi erkundigen?« Theresa Marotzke nannte die in Frage kommende Zeit.

»Da habe ich zu Hause im Bett gelegen.«

»Allein?«

»Ja, Gott sei Dank!«

Als sie sich von Sandra Konschack verabschiedet hatten und in Granows Wagen zurück in die Keithstraße fuhren, besprachen sie die Ergebnisse. Sie waren sich einig, dass sie mit dem, was sie über Leon Liebenhagen, Olav Roch und Sandra Konschack zusammengetragen hatten, keinen Untersuchungsrichter bewegen konnten, einen Haftbefehl auszustellen. Und außerdem würde sie Charly Packebusch bei aller Freundschaft in die Pfanne hauen, wenn sie nicht mehr Belastungsmaterial zu bieten hatten.

»Dann bleiben uns nur unsere Waffentechniker«, sagte Granow. »Das ist ja ein sehr schönes Projektil, das Schwarz bei Konschack aus der verkohlten Leiche …« Er brach ab, weil er kein passendes Verb finden konnte.

»… herausgefischt hat«, ergänzte Theresa Marotzke seinen Satz.

»Nicht gut«, befand Granow, »›herausgeklaubt‹ wäre besser.«

Es war wirklich die richtige Spur, denn man kam nach einigen Tagen auf die Waffe, aus der das fragliche Projektil abgefeuert worden war. Es war eine Česká, und die konnte einem gewissen Axel Klotz zugeordnet werden. Der war schon einige Male als Serieneinbrecher aktenkundig geworden, und so war die Arbeitshypothese schnell formuliert: Axel Klotz bricht in Konschacks Abwesenheit in dessen Haus am Gockelweg ein, wird aber von ihm überrascht, verliert die Nerven und schießt ihm in den Mund.

Axel Klotz wohnte in Schöneberg in der Eisenacher Straße und entsprach in seiner äußeren Erscheinung einem Mann, der schon einige Jahre in der JVA Tegel verbracht hatte. Er empfing entsprechend routiniert Granow und Theresa Marotzke und beantwortete ihre Fragen. Ob er vom Brandmord in Rudow gehört habe? »Jehört nich, aba jelesen.« Er grinste. »Ick war aba zur Tatzeit mit zwei Kumpeln untawegs.«

Theresa Marotzke nickte. »Klar.«

Was so ein Alibi wert war, wussten beide.

Granow zog die Hausdurchsuchungsanordnung aus der Tasche. »Wenn wir uns bei Ihnen mal umsehen dürften?«

»Ja, aber nur, wenn Se nachher allet wieder uffräum'n.«

Sie machten sich also auf die Suche nach der Mordwaffe, dies allerdings ohne große Hoffnung. Und in der Tat fanden sie keine. Sie wollten schon wieder gehen, als Granow, Liebhaber alter Fotos, in einem Album blätterte, das neben dem Fernseher lag. Plötzlich schrie er auf: »Mensch!«

Theresa Marotzke kam zu ihm geeilt. »Wat is denn?«

»Guck mal hier, ein Foto aus der neunten Klasse. Und wer ist das hier wohl neben Klotz?«

Theresa Marotzke musste zweimal hinsehen, um es glauben zu können, aber es stimmte ganz offensichtlich. »Der Konschack!«

»So ist es.«

Beide konnten sich nun lebhaft vorstellen, was am Gockelweg passiert war: Klotz war auf seiner Einbruchstour zum Haus von Konschack gekommen, und da am Zaun nur die Initialen *M. K.* standen, konnte er nicht ahnen, dass es sich beim Grundstückseigentümer um seinen ehemaligen Klassenkameraden Markus Konschack handelte. Als der ihn dann überraschte, war Klotz klar, was das für ihn bedeutete: viele Jahre Knast. Da war man bei einem Wiederholungstäter wie ihm nicht zimperlich. Kein Wunder, dass er da in Panik geraten war und abgedrückt hatte.

»Sie sind vorläufig festgenommen, Herr Klotz.«

Axel Klotz leugnete erst einmal nach Kräften, man fand dann aber zuerst DNS-Spuren, die eindeutig ihm zugerechnet werden konnten, am Gartentor von Konschack und danach auch bei einem Kumpel die Tatwaffe. Was blieb ihm anderes übrig, als ein umfassendes Geständnis abzulegen?

***

Als Kommissar Granow dem Rechtsmediziner Prof. Schwarz von den Ermittlungsergebnissen telefonisch berichtete, fragte Schwarz zurück: »Ist das nicht ein alter Bekannter von euch?«

Granow antwortete: »Den wirst du auch kennen. Der Klotz war vor etwa zwei Jahren bei euch im Institut zur Untersuchung, hatte sich damals an einer eingeschlagenen Fensterscheibe verletzt.«

Schwarz fragte zurück: »Ist das so ein grobschlächtiger Mensch, bei dem ich noch sagte, der hat aber den richtigen Familiennamen erwischt?«

»Richtig«, meinte Granow, »nun können wir dieses Dauerproblem für einige Jahre aus dem Verkehr ziehen. Was hältst du noch von einem Bier, ehe wir nach Hause fahren? Ich kenne da einen netten Österreicher in der Nähe vom Olivaer Platz, hat gutes Bier und Wiener Schnitzel!«

So trafen sich die beiden um zwanzig Uhr zu einem Bier und stießen auf den gemeinsamen Erfolg an.

»Wie viele Brandleichen hast du eigentlich schon untersucht?«, fragte Granow.

»Kann ich dir nicht sagen, aber mehr als genug. Den ersten unauslöschlichen Eindruck erhielt ich als junger Assistent bei einem Eisenbahnunglück vor über dreißig Jahren. Da waren ein Schnellzug und ein Tanklastzug auf einem beschrankten Bahnübergang kollidiert. In einem Flammenmeer waren über achtzig Menschen gestorben, und weitere Überlebende sollten noch sterben. Die meisten Opfer waren Kinder auf dem Weg in ein Ferienlager. Ich sehe noch heute die geschmolzenen Fensterscheiben und Waggonwände. Und in den Waggons die verkohlten Leichen, zum Teil lagen sie dicht gedrängt vor den blockierten Wagentüren. An der

Untersuchung waren mehrere gerichtsmedizinische Institute beteiligt, und die Zusammenarbeit mit Kripo und Feuerwehr steckte organisatorisch noch in den Kinderschuhen. Nach Beendigung der Untersuchungen kam ich sehr deprimiert nach Hause. Ich hatte das Dante'sche Inferno gesehen. Der Zug war bis zur Unglücksstelle nur wenige Minuten unterwegs gewesen, und die meisten Eltern der gerade erst verabschiedeten Kinder waren noch auf dem Nachhauseweg, als ihre Kinder schon tot waren. Ich erinnere mich, dass auch Geschwister unter den Toten waren. Zu Hause konnte ich vor Erschöpfung nicht einschlafen und habe das erste Mal wegen des Schicksals mir unbekannter Menschen geweint.«

Granow sah, dass diese Erlebnisse Schwarz noch heute nahegingen.

Wie um sich zu trösten, meinte dann Schwarz: »Bei allen Todesopfern von Bränden kann man nur hoffen, dass die entstehenden Rauchgase dem Opfer eine gnädige Bewusstlosigkeit bringen, bevor die enormen Schmerzen der Verbrennung eintreten. Denk doch nur an die vielen tausend Frauen, die im Mittelalter als Hexen verbrannt wurden, weil sie sozial auffällig oder besonders begehrenswert waren.«

Granow nickte ernst. »Aber was ich nicht verstehe: Wie konnte das an einem beschrankten Bahnübergang passieren?«

»Ach«, sagte Schwarz, »das war ein Lehrstück über menschliches Versagen. Die Schrankenbäume waren an neuverlegten Telefonleitungen hängengeblieben, übrigens nicht zum ersten Mal. Der Lkw-Fahrer des nahenden Tankwagens hatte das Anheben der Schranke zur Wiederholung des Schließungsversuchs als Öffnung missverstanden und den schon abgebremsten Lastzug wieder beschleunigt. Er hat seinen Irrtum mit dem Leben bezahlt. Der Schrankenwärter bekam wegen fahrlässiger Tötung eine Haftstrafe. Dabei war er damals nach meiner Einschätzung nicht der einzige Schuldige. Ich habe ihn Jahre später in einer Dokumentation im Fernsehen gesehen – diese Katastrophe hatte sein ganzes Leben überschattet.«

»Wie hast du das alles verkraftet?«, fragte Granow kopfschüttelnd.

Schwarz antwortete: »Das klappt nur mit privaten Rückzugsräumen – Familie, Garten, Musik. Aber auch ein gutes Arbeitsklima im Institut ist wichtig. Der geschilderte Eisenbahnunfall sollte noch übertroffen werden. Ich war an der Untersuchung von drei Flugunfällen beteiligt, bei denen es insgesamt mehr als 240 Tote gab. Unsere Hauptaufgabe bestand auch hier in der Identifizierung der überwiegend stark verkohlten Leichen. Daneben waren Untersuchungen zu den Todesursachen bedeutsam. Besonders interessant waren natürlich alle möglichen Hinweise zu Ursache und Ablauf des Unglücks, auch zum Gesundheitszustand und der Flugtauglichkeit der Flugzeugbesatzung. So konnten unsere Laboranalysen Gerüchte über Trunkenheit im Cockpit widerlegen. Auch in solchen Ergebnissen liegt ein wichtiger Aspekt unserer Arbeit. Ich steige übrigens heute noch äußerst ungern in ein Flugzeug. Daran ändern auch seriöse Statistiken nichts, wonach die Autofahrt zum Flughafen gefährlicher ist als der Flug selbst. Aber lass uns doch von etwas Angenehmeren sprechen!«

Granow legte Schwarz den Arm auf die Schulter und fragte: »Wie stehst du eigentlich zur Feuerbestattung?«

»Mann«, sagte Schwarz, »der Abend wird ja immer gemütlicher. Aber da wir nun einmal bei diesem Thema sind – ich kann mich mit dem Gedanken einer Kremation nicht anfreunden. Natürlich ist mir klar, dass diese Bestattungsart unter hygienischen und ökonomischen Gesichtspunkten optimal ist. Aber hier helfen keine rationalen Argumente. Ich kann mir einfach nicht vorstellen, wie mein Körper die Phasen der Kremation durchläuft. Nein, meine Entscheidung für das Erdgrab ist längst gefallen.«

Granow ließ nicht locker. »Sind dir denn die Vorstellungen von den Zersetzungsprozessen in der Erde angenehmer?«

»Du musst mir nichts über diese Prozesse erzählen«, meinte Schwarz. »Ich habe an genügend Exhumierungen mitgewirkt. Aber das belastet mich nicht so, ich empfinde es als natürlicher. So hat eben jeder seine Marotte – jedem Tierchen sein Pläsierchen«, fügte er lächelnd hinzu. »Sprechen wir doch über angenehmere Dinge!«

»Da fällt mir meine nette Kollegin Theresa ein«, ergriff Granow das Wort. »Die hat doch eine neue Freundin, und die hat sie vor einigen Tagen zu einem festlichen *Dinner for two* in ihre Wohnung eingeladen. Dort hat sie einen knusprigen, etwas dunkel geratenen Braten aufgefahren, worauf der Marotzke in Erinnerung an unseren letzten Tatort so schlecht wurde, dass sie den Rest des Abends mit Tee und Zwieback verbrachte statt mit Sekt und heißen Küssen.«

»Ach die Ärmste«, warf Schwarz ein. »Aber ich merke schon, du kommst heute von deinen brandheißen Themen nicht los. Lass uns lieber noch ein kühles Bier trinken!«

Ein seltener Fall
von Bolustod

Udo Dirtfeld, genannt Dirty, hatte sich schon am frühen Morgen volllaufen lassen und es irgendwie von der Sanderstraße bis in die Hasenheide geschafft. In der Nähe des Jahn-Denkmals fand sich dann auch eine freie Parkbank. Er legte sich hin, drehte sein Gesicht zur Rückenlehne und war Sekunden später eingeschlafen.

Und vielleicht wäre er nie wieder aufgewacht, wenn nicht zwei zivile Drogenfahnder, die als Jogger getarnt unterwegs waren, auf ihn gestoßen wären. Sie blieben stehen und sprachen Dirty an: »He, hallo, aufwachen!«

Keine Reaktion. Auch als sie Dirty mit der flachen Hand mehrfach auf die Wangen klatschten, wollte er die Augen nicht öffnen.

»Der ist tot.«

Nein, das war er nicht, denn als sie ihn ins Urban-Krankenhaus gebracht hatten, diagnostizierte man schnell eine Hypoglykämie, also eine Unterzuckerung. Mit einer Glucosespritze und einem Glas Apfelsaft war er schnell wieder zum Leben erweckt. Man behielt ihn aber noch bis zum nächsten Morgen zur Beobachtung im Krankenhaus.

Da wurde Dirty schon wieder unruhig. Er brauchte unbedingt »seine Vitamine«, wie er seinen Rotwein und die härteren Sachen gern bezeichnete.

Ein junger Arzt, der gerade eine Arbeit über die Alkoholkrankheit schrieb, nahm sich seiner an. »Wie fühlen Sie sich, Herr Dirtfeld?«

Dirty stöhnte auf. »Nicht gut, Sie wissen doch: Glück hat auf Dauer nur der Süchtige.«

»So viel Sarkasmus, ich weiß nicht. Sarg und Sarkasmus – hängt das irgendwie zusammen?«

»Interessiert mich nicht.« Dirty hatte Mühe zu verstehen, was der andere meinte. »Früher, da ... Früher war ich Spiegel-Leser, jetzt bin ich Spiegeltrinker.«

»Was sind Sie denn von Beruf?«

»Diplom-Ingenieur, für alles Elektronische.« Dirty hatte keine Lust, über sich und sein Leben zu reden. »Ich habe 'ne eigene kleine Werkstatt bei mir in der Wohnung.«

Der Arzt sah ihn prüfend an. »Ich hätte gern einmal einen kleinen Test mit Ihnen gemacht.«

»Bitte, wenn es Ihnen hilft.«

»Vier kleine Fragen nur.«

»Fangen wir an«, brummte Dirty.

»Haben Sie jemals daran gedacht, weniger zu trinken?«

Dirty überlegte einen Augenblick. »Nein, warum? Sie kennen doch den alten Scherz: ›Haben Sie Probleme mit dem Alkohol?‹ – ›Nein, nur ohne.‹«

»Haben andere Personen Sie auf Ihr Trinkverhalten angesprochen und Sie damit verärgert?«

»Ja, meine Frau.«

»Haben Sie sich schon einmal wegen Ihres Trinkens schuldig gefühlt?«

»Nein.«

»Haben Sie jemals schon gleich nach dem Aufstehen getrunken, um sich zu beruhigen oder einen Kater loszuwerden?«

Dirty lachte. »›Jemals‹ ist gut. Ich trinke morgens immer, um auf meine Betriebstemperatur zu kommen.«

Der Arzt drückte ihm eine Broschüre mit Adressen von Suchtberatungsstellen, Selbsthilfegruppen und Fachkliniken in die Hand.

Dirty bedankte sich, warf sie aber, als er das Krankenhaus

wieder verlassen hatte, in den erstbesten Müllbehälter. Alles Quatsch! Die benutzten Leute wie ihn doch nur, um sich ihren Arbeitsplatz zu sichern. Die sollten sich lieber um ihre eigenen Probleme kümmern, wahrscheinlich waren sie alle therapiebedürftig. Er schlenderte zum Kanal hinunter. So elend wie heute hatte er sich seit Ewigkeiten nicht gefühlt. Er brauchte jetzt unbedingt einen Flachmann. Wo war der nächste Kiosk oder ein Supermarkt? Wahrscheinlich erst an der Kottbusser Brücke. Scheiße! Na ja, so weit war es nun auch wieder nicht, das schaffte er schon.

Und wer kam ihm entgegen, als er gerade nachsehen wollte, ob die Leute bei der nächtlichen Party auf der Admiralsbrücke etwas Trinkbares zurückgelassen hatten? Sein Freund Freddie Jurok. Sie umarmten sich.

»Wat machst du'n hier?«

Dirty zeigte auf das graubraune Wasser des Landwehrkanals hinunter. »Ich suche meine Frau, um sie ins Wasser zu werfen.«

Jurok zeigte ihm einen Vogel. »Mensch, meinste denn, die Andrea, die jeht unta? Die jeht nich unta. Fett schwimmt o'm. Wo isse denn mit die Kinda hinjezog'n?«

»Keine Ahnung, die im Frauenhaus halten das ja geheim.«

»Na, sei froh, dette die Schlunze los bist. Haste Jeld? Ick hab Hunga – und Durscht erst recht.«

»Komm, ich lade dich ein.«

Finanziell ging es Dirty so schlecht nun auch wieder nicht, denn zu dem, was Hartz IV für ihn abwarf, verdiente er sich schwarz einiges dazu. Manches, was er da in seiner Werkstatt zauberte, war schon genial. Und illegal.

Andrea Dirtfeld stieg Schönleinstraße aus der U-Bahn. Vom Bahnhof bis zu ihrer alten Wohnung in der Sanderstraße waren es nur ein paar Meter. Sie hatte vergessen, ein paar wichtige Papiere einzustecken, als sie die Kinder genommen hatte und Hals über Kopf ausgezogen war. Bevor ihr Mann den nächsten Aggressionsschub bekam und sie nicht nur schlug, sondern auch noch erschlug. Da sie sich allein nicht nach oben traute, wartete sie Ecke Hobrechtstraße, ob nicht jemand vorbeikam, der sie begleiten konnte. Im Frauenhaus hatte sich keine Leidensgenossin finden lassen, die waren alle zu sehr traumatisiert.

Kaum eine Minute war vergangen, da kam ihr Alkan Günes entgegen, ihr früherer Nachbar. Sie hatten Tür an Tür gewohnt.

»Nanu, noch so dick angezogen, wir haben doch heute fast dreißig Grad?«, sprach sie ihn an.

Günes feixte. »Wozu bin ich Döner-Wirt? Müssen wir doch jetzt alle eine schusssichere Weste tragen.«

»Das werden wir bald alle müssen, wenn wir nach Neukölln einreisen«, sagte Andrea Dirtfeld in Anspielung auf die Feuergefechte und Mordanschläge, die es in diesen Berliner Breiten immer wieder gab.

»Da ist doch alles Quatsch, was die Zeitungen schreiben!«, empörte sich Günes. »Hier ist es absolut sicher. Ich liebe Neukölln! Und wissen Sie, Frau Dirtfeld, was das Schönste ist? Ich komme aus Istanbul und war nie richtig in der Türkei unterwegs, und hier lerne ich endlich einmal die kennen, die aus Anatolien kommen, vom Land.«

»Was hat denn mein Mann wieder angestellt?«, wollte Andrea Dirtfeld wissen.

»Nur gelärmt und vom Balkon aus Leute beschimpft.«

»Das geht ja noch.«

»Und einen Blumentopf hat er nach Frau Heibisch geworfen, weil ... die hat einen großen Hund, und da ist er in die Hundekacke getreten und ausgerutscht. War die Polizei da und hat alles aufgenommen. Die Frau Heibisch sagt, das war ein Mordversuch und dafür kommt er in den Knast.«

»Na, hoffentlich.«

Damit waren sie an jener Haustür angekommen, durch die sie viele Jahre gegangen war. Günes wollte ihr beim Treppensteigen den Vortritt lassen, doch da ihr Rock nicht allzu lang war, winkte sie ihn an sich vorbei. Es ging hinauf bis in die vierte Etage.

Günes schnaufte gewaltig. »Na, nicht mehr lange, dann haben wir genug Geld zusammen und ziehen nach Rudow in ein eigenes Haus.«

»Bad Rudow«, ergänzte sie.

»Deutsch-Rudow!« Günes setzte noch einen drauf. »Ich bekomme auch den Preis dafür, dass ich am vollsten integriert bin.«

»Bei mir wird das Geld gerade für eine Wohnung im Plattenbau reichen, irgendwo in Berlin-Swerdlowsk.«

»Was machen Sie denn jetzt?«

»Ich putze Klinken.«

»Ah, sind Sie Reinigungskraft. War meine Frau früher auch mal.«

»Nein, ich bin Pharmareferentin und muss am Tag zig Arztpraxen aufsuchen. Das nennt man dann Klinkenputzen.«

Sie hatte noch ihre Schlüssel behalten, trotzdem klingelte sie, als sie oben angekommen waren. Udo sollte nicht sofort wieder ausrasten. Drinnen in der Wohnung rührte sich nichts.

»Wird er wieder unterwegs sein zum Tanken«, sagte Günes.

»Oder er ist schon so besoffen, dass er nicht mehr aufmachen kann.«

»Dann schließen Sie doch auf.« Günes formte seine rechte Hand zu einer Pistole, um ihr anzuzeigen, dass er bereit war, ihr Feuerschutz zu geben.

»Na dann ...«

Sie drehte den Schlüssel des Stangenschlosses herum und öffnete mit Hilfe des Drückers die Tür.

»Hallo, Udo, bist du zu Hause?«

Keine Antwort. Dirty konnte auch gar nicht antworten, denn er lag tot in der Küche, im Mund noch ein Stück Kotelett.

»Daran ist er erstickt!«, rief Günes.

Gunnar Granow war schon zu lange verheiratet, um nicht gelegentlich seines Nächsten Weib zu begehren. Sein Pech war, dass sich seine durchaus begehrenswerte Kollegin Theresa Marotzke nichts aus Männern machte. Blieb ihm für seine Träume nur die Staatsanwältin Dr. Monique Müller-Linthe, die frisch geschieden war und neuerdings ganz in seiner Nähe wohnte, in Gatow. War sie möglicherweise nur deshalb dorthin gezogen, um ihm nahe zu sein? Er hoffte jeden Abend auf einen Anruf: »Herr Granow, Mord in der ... Dorotheenstraße 37. Bitte hinfahren, und nehmen Sie Frau Doktor Müller-Linthe gleich mit!«

Es kam tatsächlich ein Anruf. Allerdings sollte er nicht in die Dorotheenstraße fahren, sondern zum Urban-Krankenhaus.

»Wie?« Granow war ein wenig verwirrt. »Haben die Ärzte wieder einen umgebracht – oder war es diesmal die Oberschwester?«

»Hör auf, wir sind kein Comedy-Club«, entgegnete der Koordinator der Berliner Mordkommissionen.

»Schade ...«

»Mann! Ein Mann ist in der Sanderstraße in Neukölln leblos aufgefunden und ins Urban-Krankenhaus gebracht worden. Ein gewisser Udo Dirtfeld, Dirty genannt, Trinkermilieu, alles ein bisschen suspekt. Anscheinend Bolustod, aber ... Fahrt auf alle Fälle mal ins Urban und dann in die Sanderstraße, und seht euch dort um!«

Granow hatte Bonustod verstanden. »Was denn, einer von den Bankmanagern, der an den Millionen erstickt ist, die er an Boni abgesahnt hat?«

Der Koordinator der Berliner Mordkommissionen wollte ihm die Sache erklären. »Wenn sich etwas beim Essen unglücklich im Kehlkopf verklemmt, kann es im Nu aus sein. Darum nennt man den Bolustod auch Schluck- oder Minutentod.«

»Ah, ich erinnere mich: Siegfried Rockendorf!«, rief Granow. Er hatte es sich nie leisten können, in Waidmannslust beim West-Berliner Starkoch einzukehren, aber immerhin davon geträumt. »Und Sophokles, bei dem soll es an einer Weinbeere gelegen haben.«

»Dann iss mal heute nichts mehr«, riet ihm der Kollege.

»Nein, ich trinke nur noch was, es geht schließlich ins Trinkermilieu.«

»Und in Gatow kannst du ja unsere Staatsanwältin gleich einladen.«

»Liebend gerne!«, rief Granow und dachte im selben Augenblick: Man muss sich etwas nur fest genug wünschen!

Man verständigte sich per Handy, und als Frau Dr. Monique Müller-Linthe dann tatsächlich auf Höhe des Pfirsichwegs am Straßenrand auf ihn wartete, kam es ihm vor, als habe er eine private Verabredung mit ihr. Doch sie gab sich so unnahbar wie eine Diva.

Granow versuchte es trotzdem mit einer leichten Plauderei. »Kommt das Linthe hinter Ihrem Müller eigentlich von Ihrem Mann?«

»Warum wollen Sie das wissen?«

Da blieb ihr Granow erst einmal die Antwort schuldig. Fast hätte er gelacht und gesagt, dass eine zweite Theresa Marotzke für einen bekennenden Hetero wie ihn ja doch etwas zu viel des Guten wäre, aber diese Bemerkung konnte er gerade noch unterdrücken. »Weil ... weil ...« Nun geriet er auch noch ins Stottern. Professionell sah anders aus. Und ihm fiel auch nichts Geistreiches mehr ein. »Es interessiert mich eben.«

»Nein, das Linthe kommt nicht von meinem Mann, sondern von dem Ort, in dem ich geboren worden bin: Linthe im Landkreis Potsdam-Mittelmark, in der Nähe von Brück.«

»Da haben wir ja etwas gemeinsam, denn mein Name leitet sich auch von einer kleinen Ortschaft her: Granow in der Neumark, der Terra Transoderana. Der Ort war früher im Kreis Arnswalde und heißt jetzt Granowo und liegt in Polen.«

Das Thema schien sie nicht sonderlich zu interessieren, und Granow versuchte es, angeregt von einem schwarz-gelben Plakat an einer Litfaßsäule, mit einem Ausflug in die Hochkultur. »Waren Sie schon bei ›Beckmann spielt Cello‹?«

»Was denn, der vom Fernsehen, Reinhold Beckmann?«

Wenn ihm nicht an ihrer Gunst gelegen gewesen wäre, hätte Granow die Augen verdreht. »Nein, Thomas Beckmann, der Cellist, der gibt in ganz Deutschland Benefizkonzerte zugunsten armer und obdachloser Menschen. Ich war mit meiner Frau im Kammermusiksaal. Was er von Bach gespielt hat, war phantastisch.« Verdammt, jetzt hatte er seine Frau erwähnt!

»Sie sind also glücklich verheiratet?«, fragte Dr. Monique Müller-Linthe.

Granow versuchte, witzig zu sein. »Ist das ein amtliches Verhör, und kann jede Aussage später gegen mich verwendet werden?«

»Also sind Sie es nicht?«

Was blieb ihm da anderes übrig, als »Doch!« zu rufen, schließlich wollte er die Sozialisation seiner Kinder nicht gefährden.

Über die Heerstraße ging es zur Stadtautobahn, auf der sie bis zur Ausfahrt Tempelhofer Damm gut vorankamen. Rechts dehnte sich das weite Areal des stillgelegten Flughafens, und sie konnten sich nun über das Für und Wider der Randbebauung unterhalten.

»Ein Edelstein muss eingefasst werden, sonst wirkt er nicht«, war die Meinung der Staatsanwältin.

Da konnte Granow nicht anders, als ihr zu widersprechen. »Das Tempelhofer Flugfeld muss so bleiben, wie es ist.«

Sein Navi schlug vor, über die Gneisenau- und die Körtestraße zum Urban-Krankenhaus zu fahren, und er tat ihm den Gefallen, obwohl er die Route als nicht eben optimal ansah.

Der behandelnde Arzt war nicht im Hause, und die Oberschwester konnte ihnen auch nur das bestätigen, was sie schon wussten. Man würde die Obduktion abwarten müssen.

Sie fuhren weiter zur Sanderstraße. In der Wohnung von Udo Dirtfeld angekommen, fanden sie dort seine Ehefrau, den Nachbarn und etliche Kollegen von der Spurensicherung versammelt.

Ein Kriminaltechniker hielt Granow einen Plastikbeutel hin, in dem ein gebratenes Stück Kotelett steckte. »Davon hat er abgebissen und ist daran erstickt.«

»Der Professor Schwarz soll sich das mal ansehen«, sagte Frau Dr. Monique Müller-Linthe.

Granow staunte: »Wie, das Kotelett?«

»Nein, wie es im Rachenraum des Toten aussieht.«

»Okay.«

Granow machte sich daran, den beiden, die Udo Dirtfeld tot aufgefunden hatten, seiner Frau und dem Nachbarn, die notwendigen Fragen zu stellen. Nach zehn Minuten war er sich vollkommen sicher, dass dieser Dirty eines natürlichen Todes gestorben war, wenn man den Bolustod als natürlich bezeichnen wollte.

***

Prof. Schwarz saß gerade im genetischen Labor, als das Telefon klingelte. Seine Sekretärin verband ihn mit Kommissar Granow.

Der kam sofort zur Sache. »Hallo, Robert, einer von deinen Leuten müsste sich einen Toten im Urban-Krankenhaus ansehen. Es soll sich um einen Bolustod handeln. Ich war gerade am Fundort, das heißt in der Wohnung des Verstorbenen. Ich kann nichts Auffälliges finden. Aber unsere pingelige Staatsanwältin Frau Doktor Müller-Linthe besteht auf einer rechtsmedizinischen Untersuchung. Der Tote kam aus dem Trinkermilieu.«

»Gut«, erwiderte Schwarz, »ich beende hier gleich meine Auswertungen. Schließlich müssen noch ein paar Väter mittels DNS-Analyse gefunden werden. Ich bin in zirka einer Stunde vor Ort.«

Als Schwarz in sein Sekretariat kam, stand dort der Sektionsassistent Walter Mann.

»Das trifft sich gut«, sagte Schwarz. »Wer kann mich zum Urban-Krankenhaus fahren? Mein Wagen ist in der Werkstatt.«

»Kein Problem, Chef«, sagte Mann. »Am besten steigen Sie zu mir in den Leichenwagen, ich muss sowieso nach Tempelhof, da soll ein Rentner seit mehreren Jahren in seiner Wohnung liegen. Ich steige am Urban mit Ihnen aus, dann kann ich noch bei der Leichenschau assistieren.«

»Prima Idee«, meinte Schwarz. »Dann also los!«

Walter Mann lenkte den Leichenwagen mit bewundernswerter Ruhe durch den stockenden Verkehr, und nach vierzig Minuten erreichten sie die Pathologie des Krankenhauses.

Nachdem Mann geklingelt hatte, erschien der dortige Sektionsassistent und führte die beiden Gäste zu dem betreffenden Fall. »Das ist der Leichnam Dirtfeld, den Sie suchen«, wandte er sich an Prof. Schwarz.

Schwarz besichtigte zuerst die Kleidung, die bis auf eine leichte Verwahrlosung keine Auffälligkeiten bot. Dann wurde der Tote entkleidet. Die gründliche Untersuchung von Rumpf und Gliedmaßen erbrachte nichts Besonderes, so dass nun Kopf und Hals genau inspiziert werden konnten.

»Also, Würgemale oder Drosselmarken sehe ich nicht«, stellte Schwarz fest. »Die behaarte Kopfhaut ist auch unverletzt. Aber in der lividen Gesichtshaut, vor allem den Augenlidern sehe ich zahlreiche Petechien. Und hier in den Bindehäuten sind davon noch mehr davon zu sehen. Und schauen Sie hier«, sagte er zu Mann, »in der Schleimhaut von Ober- und Unterlippe sind grobfleckige Blutungen sowie mehrere Einrisse. Das ist wohl doch kein einfacher Bolustod. Ich telefoniere gleich mit Kommissar Granow. Und Sie nehmen am besten inzwischen eine Blutprobe zur Alkoholbestimmung!«

»Ein Röhrchen Blut aus der Femoralis?«, fragte Mann.

Schwarz nickte. »Alles Weitere wie Urinproben können wir später bei der Sektion entnehmen. Aber so haben wir schneller einen ersten Anhaltspunkt.«

Als Mann beim Einpacken war, klingelte das Handy von Schwarz. Der hörte nur kurz zu, nickte und legte auf. »Das war Kommissar Granow. Wir sollen den Leichnam mitnehmen und heute noch sezieren. Wir haben doch im Wagen noch Platz für einen weiteren Gast? Dann müssen Sie nicht nachher noch einmal hierher fahren.«

»In Ordnung«, antwortete Mann, »dann machen wir jetzt eine kleine Rundfahrt und laden noch den vereinsamten Rentner auf. Am Fundort kann mir einer der Polizisten beim Tragen helfen.«

Gesagt, getan. Im Institut für Rechtsmedizin angekommen, verabredete Schwarz das weitere Vorgehen und setzte seine Untersuchungen im Labor fort.

Kurz nach fünfzehn Uhr war alles im Sektionssaal vorbereitet, auch die Vertreter der Mordkommission waren mit der Staatsanwältin eingetroffen. Prof. Schwarz, der zweite Obduzent Dr. Krell und der Sektionsassistent Mann begannen mit der Obduktion, nachdem Schwarz verkündet hatte: »Vorgehen wie immer – Doktor Krell schneidet, Herr Mann assistiert, und ich diktiere.«

Schwarz diktierte den ersten Teil des Sektionsprotokolls als »Äußere Besichtigung« in sein Diktiergerät. Rumpf und Gliedmaßen waren ohne Verletzungen oder andere Auffälligkeiten, wenn man von dem Pflegezustand der Füße einmal absah. Über den Füßen seines Studienobjektes schlug Schwarz ein beißender Gestank entgegen, so dass dieser laut schimpfte: »Wie viele Wochen haben die kein Wasser und keine Seife gesehen?« Zu den Besuchern gewandt, sagte Schwarz: »Nun wird es interessant. Jetzt bergen wir vorsichtig den Bolus.« Er zog mit der Pinzette ein Stück Fleisch aus der Mund- und Rachenhöhle, das genau vermessen und gewogen wurde. »Das ist ein ganz schönes Stück Fleisch«, meinte Schwarz, »wahrscheinlich vom Schwein – Schnitzel oder Kotelett. Das reicht natürlich für einen sogenannten Bolustod.« Und er konnte der Versuchung nicht widerstehen, eine kurze Vorlesung einzubauen. »Das Wort Bolus kommt aus dem Griechischen und heißt eigentlich Klumpen, meint hier aber Bissen. Man könnte denken, es handelt sich um einen Erstickungstod. Ein solcher ist es aber im klassischen Fall nicht. Ein Mensch verschluckt sich, am häufigsten bei höheren Alkoholkonzentrationen, seltener auch bei neurologischen Erkrankungen. Durch verminderte Schluck- oder Hustenreflexe bleibt der Bolus im Kehlkopfeingang stecken. Hier liegt ein empfindliches Nervengeflecht, welches zum Kehlkopfnerv *Nervus laryngeus* gehört. Das wird gereizt und führt über den *Nervus vagus* zum Herzstillstand. Der klassische Bolustod ist also ein Reflextod. Bei ihm finden wir keine ausgeprägten Erstickungszeichen. Und genau hier liegt der Hase im Pfeffer. Die bläuliche Verfärbung des Gesichts mit den vielen Stauungsblutungen in Haut und Schleimhäuten und vor allem die Verletzungen der Lippen- und Mundschleimhaut passen nicht zu einem unfallbedingten Bolustod. Solch ein Riesenstück Fleisch kann man sich doch auch gar nicht in den Mund stecken, nicht mal im Suff. Etwas stimmt hier nicht.«

Dabei zeigte Schwarz der Staatsanwältin und den Polizisten Mund und Mundhöhle des Toten. »Was wir vorher noch nicht sehen konnten: Links unten ist der erste Schneidezahn frisch abgebrochen. Das passt gut zu den Verletzungen der Lippen. Ich denke bei diesen Befunden an gewaltsames Zuhalten des Mundes oder an Aufpressen einer weichen Bedeckung. Ansonsten ist das Gebiss in einem ruinösen Zustand – lückenhaft und seit Jahren nicht saniert.«

Die Staatsanwältin äußerte dazu in leicht triumphalen Tonfall: »Na, sag ich doch, in diesem Milieu muss man immer zweimal hinschauen!« Dann wollte die Staatsanwältin wissen, was man gegen den Bolustod machen könne.

Schwarz fragte zurück: »Meinen Sie präventiv oder wenn das Unglück schon passiert ist? Vorbeugen kann man ganz einfach: in Ruhe essen, kleine Bissen nehmen, gut kauen, dem Alkohol nur mäßig zusprechen. Bei schweren Erkrankungen – neben neurologischen Ausfällen kann das auch ein Herzinfarkt sein – ist das Vorbeugen natürlich kaum möglich.«

»Und gibt es eine Notbehandlung, wenn ein Bolus im Rachen steckt?«

»Da gibt es den Heimlich-Handgriff. Den würde ich gerne an Ihnen demonstrieren«, antwortete Schwarz schelmisch. »Der wurde nach einem amerikanischen Arzt benannt. Und heißt nicht etwa wegen heimlicher Ausführung so«, fügte er lachend hinzu.

»Den Griff würde ich auch nur unter Zeugen anwenden, denn das Ganze könnte sonst als sexuelle Belästigung fehlgedeutet werden. Man muss den stehenden Patienten von hinten fest umfassen, bei liegendem Patienten sich auf ihn setzen, und dann jeweils kräftigen Druck auf das Epigastrium ausüben.« Dabei zeigte er auf den Oberbauch. »Wenn man Glück hat, treibt man den Bolus damit wieder aus dem Mund. Wenn man Pech hat, hat man dem Patienten innere Verletzungen zugefügt.«

Dann ließ der Professor den Bolus sowie die Befunde am Mund und in der Mundhöhle ausgiebig fotografisch festhalten. Schließlich wandte sich Schwarz an Krell: »Wir können nun mit der Öffnung beginnen.« Er folgte den Schnitten seines Assistenten und diktierte alle inneren Befunde.

Mit einem Mal rief Dr. Krell: »Was haben wir denn hier? Professor, gucken Sie mal! Das ist doch der abgebrochene Schneidezahn, lag im Mageninhalt.«

Schwarz fragte zurück: »Enthält denn der Magen sonst irgendetwas, das zu einer Mahlzeit mit Fleisch, Beilage und Kartoffeln passen würde?«

Krell konnte nur erwidern: »Nichts davon. Ich sehe nur Wurstreste, am ehesten von einer Art Bockwurst, und einzelne angekaute Brotkrusten.«

Als sich die Sektion ihrem Ende näherte, setzte draußen die Abenddämmerung ein. Schwarz sprach die Staatsanwältin und die Kriminalpolizisten an: »Wie Sie mitbekommen haben, haben sich keine weiteren Gesichtspunkte ergeben. Ich diktiere jetzt das ›Vorläufige Gutachten‹.«

I. Sektionsergebnis
Leichnam eines bekannten, 52 Jahre alten, 176 cm großen und 88 kg schweren Mannes.
Bläuliche Verfärbung und leichte Dunsung der Gesichtshaut. Ausgeprägte punktförmige Stauungsblutungen in Haut und Schleimhäuten des Gesichts. Näher beschriebene Einrisse und Unterblutungen der Lippen- und

Mundschleimhaut. Frischer Abbruch des 1. linken Schneidezahns im Unterkiefer.

Bolus in der Mund- und Rachenhöhle: 15 × 9 × 2 cm messendes Fleischstück von 270 g Gewicht.

Schaumige, blutig gefärbte Flüssigkeit in der Luftröhre und ihren Ästen. Deutliche Lungenblähung und ausgeprägte kleinfleckige Unterblutungen des Lungenfells. Hirnschwellung.

Fortgeschrittene kleinknotige Leberzirrhose.

Deutlicher aromatisch-alkoholartiger Geruch über den inneren Organen.

Lückenhaftes, unsaniertes Gebiss.

Starke allgemeine Arteriosklerose mit stellenweise erheblich eingeengten Herzkranzschlagadern. Mehrere bis zu erbsgroße Herzmuskelschwielen.

II. Todesursache: wahrscheinlich Ersticken.

III. Die Alkoholbestimmung aus Schenkelblut und Urin ergab nach zwei Methoden mit 2,6 bzw. 2,9 mg /g Ethanol eine starke alkoholische Beeinflussung zum Todeszeitpunkt.

IV. Im vorliegenden Fall ist die Todesursache nicht eindeutig festzustellen. Am ehesten liegt ein Erstickungstod vor, hervorgerufen z. B. durch gewaltsames Zuhalten des Mundes oder Aufpressen eines weichen Gegenstandes auf die Atemöffnungen. Die Möglichkeit zur Gegenwehr wurde sehr wahrscheinlich durch die starke Alkoholisierung des Betroffenen eingeschränkt. Das als sogenannter Bolus im Mund bzw. Rachen vorgefundene Fleischstück ist so groß, dass eine Aufnahme bei einem normalen Essvorgang kaum vorstellbar ist, selbst wenn man die starke Alkoholisierung berücksichtigt.

V. Zur Frage weiterer toxischer Beeinflussung bleibt das Ergebnis quantitativer chemisch-toxikologischer Analysen abzuwarten.

VI. Die Obduzenten behalten sich ein endgültiges Gutachten ausdrücklich vor.

VII. Prof. Dr. med. Robert Schwarz, Dr. med. Hans Krell

Dann fügte Schwarz zu den Gästen gewandt hinzu: »Sie haben ja alles Wesentliche gehört. Ich bin etwas ratlos. Nach unserer Vermutung ist Dirtfeld gewaltsam erstickt worden. Anders sind die Verletzungen im Mundbereich nicht zu erklären. Auch nicht durch den Bolus. Dirtfeld war natürlich mit seinem Alkoholpegel ›leichte Beute‹, das heißt, seine Gegenwehr dürfte erheblich eingeschränkt gewesen sein. Wir haben auch keinerlei Abwehrverletzungen bei ihm gefunden. Und er war ein kranker Mann, denken Sie an die schwere Leberzirrhose und die chronisch-ischämische Herzerkrankung. Er hatte schließlich schon mehrere kleine Herzinfarkte. Mir ist nicht klar, welche Rolle der Bolus hier spielt. Dieses Riesenstück – wie kriegt man das in den Mund? In der Ausdehnung habe ich das noch nicht gesehen. Ich habe auch schon einiges an Manipulation nach einem Tötungsdelikt erlebt, um einen Unfall oder Selbstmord vorzutäuschen – aber mit einem Bolus? Sie müssen sich im Familien- und Freundeskreis des Toten umhören. Vielleicht stoßen Sie hierbei noch auf eine Überraschung. Es gibt ja nichts, was es nicht gibt.« Und direkt zu Granow sagte Schwarz: »Untersucht doch mal die Küche von Dirtfeld. Gibt es da Essensvorräte im Kühlschrank? Hatte er Fleisch eingekauft? Was liegt in der Tiefkühltruhe? Hat er regelmäßig oder gelegentlich zu Hause gekocht? Was mich aber sehr wundern würde.«

»Gut«, meinte Granow, »dann wissen wir, wonach wir suchen und wonach wir fragen müssen. In dem Milieu reicht ja manchmal schon eine Flasche Fusel, um sich den Schädel einzuschlagen. Aber ein Bolus als Waffe?«, brummte Granow kopfschüttelnd.

Die Staatsanwältin blickte zufrieden die beiden Ermittler an. »Habe ich es nicht gewusst? In den Kreisen passieren die dollsten Dinge. Ich bin gespannt auf Ihre Ergebnisse.«

Dann blickte sie zu Schwarz und rief ihm kokett zu: »Vielen Dank für heute. Das mit dem Heimlich-Handgriff können Sie mir vielleicht beim nächsten Juristen-Ball zeigen, aber nur wenn mein Freund dabei ist!«

***

»Mal sehen, was uns die Otto-Sander-Straße heute an Überraschungen bietet«, sagte Granow, als sie sich auf den Weg machen wollten.

»Otto Sander?« Theresa Marotzke schüttelte den Kopf. »Det kann nich sein, denn der lebt doch noch, der Schauspieler, und du musst mindestens fünf Jahre tot sein, bevor sie eine Straße nach dir benennen.«

»Nach mir wird bestimmt keiner eine Straße benennen«, wandte Granow ein.

»Weeß man's?«

»Nicht mal eine Ernst-Gennat-Straße gibt es ja«, argumentierte Granow. »Und das war Berlins größter Kommissar aller Zeiten.« Da ihm das Thema keine Ruhe ließ, recherchierte er und fand heraus, dass man mit der erwähnten Straße den Rixdorfer Kommunalpolitiker Hermann Sander geehrt hatte.

Theresa Marotzke hatte inzwischen noch einmal im Protokoll der Tatortbeschreibung geblättert. »Hab ich mich doch richtig dran erinnert: Der Kühlschrank war leer.«

»Woher soll Dirtfeld auch das Geld gehabt haben, sich ein Stück Schweinefleisch zu kaufen?«

»Also ist hundertprozentig davon auszugehen, dass das jemand mitgebracht hat.«

Granow nickte. »Du sagst es. Obwohl ein Verteidiger natürlich auch einwenden könnte, dass der Kühlschrank nur deswegen leer war, weil Dirtfeld das Fleisch vorher aufgegessen hat.«

Auf dem Weg von der Keithstraße nach Neukölln sprachen sie über die optimale Vorgehensweise.

»Leute wie dieser Dirtfeld werden ja meistens auf einer Parkbank ermordet«, sagte Granow. »Von zufällig vorbeikommenden angetrunkenen Jugendlichen. Aber wenn einer in der eigenen Wohnung ermordet wird, dann ...«

»... können wir von einer Beziehungstat ausgehen«, ergänzte Theresa Marotzke. »Also fangen wir mal bei den lieben Nachbarn an.«

Als sie das Mietshaus erreicht hatten, in dem Udo Dirtfeld ermordet worden war, studierten sie zunächst die Namen auf dem Klingelklavier.

»Zwei deutsche Namen sind darunter«, erkannte Theresa Marotzke. »Dirtfeld und Heibisch.«

Eine ältere Dame tauchte in diesem Moment hinter ihnen auf, zerrte einen widerspenstigen Dobermann hinter sich her und machte große Ohren. »Hab ick da eben meinen Namen jehört? Zeujen Jehovas wieda! Nich bei mir, Sie!«

»Entschuldigung, wir sind von der Kripo.« Theresa Marotzke zückte ihre Marke und stellte sich und Granow vor. »Und Sie sind Frau Heibisch?«

»Ja, angenehm, Sieglinde Heibisch. Und Sie sind wegen dem Dirtfeld da?«

Granow bestätigte das. »Was können Sie uns denn über ihn verraten?«

Sieglinde Heinisch zögerte. »Tote soll man ja nüscht Schlechtet nachsaren, aba der! Mir hatta versucht umzubringen.« Und sie erzählte die Geschichte von dem Blumentopf, den er nach ihr geworfen hatte, als er in einen Hundehaufen getreten und ausgerutscht war. »Dabei war die Kacke jar nich von meine Dolores.«

Dass Dirtfeld Sieglinde Heibisch in seine Wohnung gelassen hatte, so verfeindet, wie sie waren, konnte mit hoher Wahrscheinlichkeit ausgeschlossen werden, also schied sie als Täterin aus. Aber vielleicht konnte sie ihnen noch einen Hinweis geben, der sie weiterbrachte.

»Wer käme denn Ihrer Meinung nach als Täter in Frage?«

Sieglinde Heibisch sah sich um, ob sie auch von niemandem beobachtet wurde, und senkte dann ihre Stimme. »Hier im türkischen Sektor, da muss man uffpassen wie'n Schießhund. Aba wenn Se mich fragen, der Nachbar von Dirty, det is 'n janz Jerissena, der Günes. Der will seine janze Sippe nach Deutschland holen und is schon lange hinta die Wohnung von dem Dirtfeld her. Und Krieg zwischen die beeden hat et andauernd jejehm, eenmal issa sojar mit 'nem Messa uff den Dirtfeld losjejangen. Dem müssen Se mal uff'n Zahn fühl'n!« Sie nannte ihnen auch das Restaurant am Kottbusser Damm, das Alkan Günes gehörte. »Hier, jleich umme Ecke.«

Sie bedankten sich und machten sich auf den Weg. Als sie Alkan Günes am Dönerspieß stehen sahen, wie er da mit einem langen Messer mundgerechte Portionen heruntersäbelte, war eine ganz bestimmte Gedankenverbindung nicht zu unterdrücken: Der hat ja jede Menge Fleischbrocken zur Auswahl! Sie traten ein und nickten ihm zu. Günes winkte einen Gehilfen herbei und setzte sich mit ihnen an einen leeren Tisch ganz hinten in der Ecke seiner besseren Imbissstube. Granow unterrichtete ihn über den Obduktionsbefund.

Günes hüstelte und hätte sich fast an seiner Spucke verschluckt. »Einen Fleischbrocken in den Hals gesteckt?«

»Ja, um einen Bolustod vorzutäuschen, wie gesagt. Raffiniert. Nun ziehen wir umher und möchten gern wissen, wer das gewesen sein könnte ...«

»Ich nicht!«, rief Günes.

»Aber sie beide waren wie Hund und Katze.«

»Ja, er hat auf alles Türkische geschimpft und hätte mich am liebsten in den Kanal geworfen.«

Theresa Marotzke fixierte ihn. »Aber Sie haben sich nicht provozieren lassen?«

»Ach, wissen Sie, wir bekommen vieles zu hören. Nein, ich lasse mich nicht provozieren. Und seine Frau war sehr nett.«

Nun war Granow wieder an der Reihe. »Aber Sie haben gehofft, dass er sich bald zu Tode ... saufen würde?«

»Wieso?«

»Na, damit seine Wohnung frei wird und Ihre Verwandten einziehen können.«

Günes lachte. »Die werden bei mir wohnen. Wenn wir erst unser eigenes Haus in Rudow haben.« Und jetzt fiel ihm auch ein, wie er sich entlasten konnte. »Was war das für Fleisch, das Herr Dirtfeld verschluckt hat?«

»Schweinefleisch.«

Jetzt konnte Günes triumphieren. »Gibt es bei mir nicht!«

Granow musste zugeben, dass dies ein Trumpf war, der wirklich stach. Günes konnte er von der Liste der Tatverdächtigen streichen. Also weiter im Text. »Sie haben nicht zufällig gesehen, wer Dirtfeld in der fraglichen Zeit besucht hat?«

»Nein, ich war ja hier im Restaurant und habe gearbeitet. Und nach Hause gekommen bin ich mit Frau Dirtfeld zusammen.«

»Die noch ihre Wohnungsschlüssel hatte.« Granow sah in seinen Notizblock. »Wen von seinen Freunden aus der Trinkerszene hat denn Herr Dirtfeld mit in die Wohnung genommen?«

Günes musste einen Augenblick nachdenken. »Eigentlich nur den Freddie Jurok. Der kommt manchmal zu mir, einen Flachmann kaufen. Der sucht immer Männer ... zum ... zum ...« Wozu, brachte er nicht über die Lippen.

»Der ist also homosexuell?«, wollte sich Granow vergewissern.

»Nein, schwul.«

So hatten sie, als sie sich von Günes verabschiedeten, die nächste Hypothese: Dirtfeld und Jurok haben Sex miteinander, und Dirty kommt dabei irgendwie zu Tode, betrunken wie er ist. Danach schiebt ihm Jurok den Fleischbrocken in den Hals, um einen Erstickungstod vorzutäuschen. Oder hatte er ihn vielleicht sogar vorsätzlich getötet, weil ihm das einen sexuellen Kick verpasste?

Es war eine schöne Hypothese. Und dass Jurok eine ganze Latte einschlägiger Vorstrafen aufzuweisen hatte, schien sie zu erhärten. Doch was dann folgte, war eine klassische Bauchlandung.

Jurok grinste, als sie ihn fragten, wo er sich zu dem Zeitpunkt aufgehalten hatte, in dem Dirtfeld ermordet worden war. »Det wird mir keena jlooben ...«

»Na?«

»Bei Ihre Kollejen inna Rollbergstraße, uff die Wache da.«

Die Nachfrage ergab, dass Jurok die Wahrheit sagte. Man hatte ihn bei einem Ladendiebstahl in der Karl-Marx-Straße erwischt.

»Ick hab aba 'n todsicheren Tipp für Sie: Nehm Se mal dem

Dirty seine Frau unta de Lupe.« Die habe ihn gehasst bis zum Gehtnichtmehr und ihn beschuldigt, ihr Leben und das ihrer Kinder ruiniert zu haben.

Sie bedankten sich und formulierten die nächste Hypothese: Andrea Dirtfeld, die ja noch die Schlüssel der gemeinsamen Wohnung hat, schließt auf, sieht ihren Noch-Ehemann betrunken im Flur liegen, kann ihren aggressiven Impulsen nicht widerstehen, erstickt ihn mit einem Kissen und täuscht dann den Bolustod vor.

»Wenn wir sie jetzt in die Mangel nehmen, wird sie natürlich alles abstreiten«, befürchtete Theresa Marotzke.

Granow stimmte ihr zu. »Sicher, sollte sie es aber wirklich gewesen sein, dann begeht sie vielleicht einen Fehler, wenn wir sie unter Druck setzen, und verrät sich dadurch.«

Aber Andrea Dirtfeld schien viel zu clever zu sein, um auf ihre Tricks hereinzufallen. »Natürlich habe ich Udo nicht geliebt, sein Spitzname sagt ja schon alles: Dirty. Schmutzig. Innen wie außen. Es waren schreckliche Monate, bevor ich mit den Kindern ins Frauenhaus gegangen bin. Aber damit war ja mein Problem gelöst – was sollte ich da noch für einen Grund gehabt haben, ihn umzubringen?«

Theresa Marotzke wusste einen. »Vielleicht, weil er Ihr Leben kaputtgemacht hat.«

»Das ist nicht kaputt, ich habe inzwischen einen anderen Mann kennengelernt, den Bernd.«

Unverrichteter Dinge mussten sie in die Keithstraße zurückkehren. Dort setzten sie sich an den Schreibtisch, um alles Wissenswerte über Andrea Dirtfeld zusammenzutragen.

»So, so«, sagte Granow, als sie einiges beieinander hatten, »Krankenschwester ist sie gewesen, bevor sie einen Job als Pharmareferentin angenommen hat. Und bei Krankenschwester fällt mir Sterbehilfe ein. Man tötet jemand aus Mitleid, um ihm ein qualvolles Siechtum zu ersparen. Oder man tötet aus Mordlust und anderen niederen Beweggründen und gibt nur vor, aus Barmherzigkeit gehandelt zu haben.«

»Du meinst also, Andrea Dirtfeld könnte ihren Mann ...«

»Ja, genau das meine ich.«

»Und wie könnten wir ihr das nachweisen?«

»Sie muss schon kurz vorher einmal in der Wohnung gewesen sein ... also bevor sie mit Günes nach oben gegangen ist. Und da muss sie Dirtfeld betrunken vorgefunden haben. Sie kann sein Elend nicht mehr mitansehen und erstickt ihn in einem – sagen wir – Anfall von Mitleid. Sie will ihn jedenfalls erlösen. Um es als Unfall aussehen zu lassen, steckt sie ihm den Fleischbrocken in den Hals.«

»Aber woher hatte sie den in aller Eile?«, wandte Theresa Marotzke ein.

»Sie muss vorher einkaufen gewesen sein ... Und zwar muss sie irgendwo in einem Imbiss, einem deutschen, ein bereits gebratenes Kotelett gekauft haben. Da werden wir eine Menge Arbeit haben, mit einem Foto von ihr alle Fleischereien und Imbissbuden abzuklappern.«

Theresa Marotzke feixte. »Das brauchen wir gar nicht.«

Nun war es an Granow zu staunen. »Wieso?«

»Na Mensch, weil Dirtfeld, als er schon tot war, doch gar nicht selber von dem Kotelett abbeißen konnte – das muss doch vorher sie getan haben. Und wenn sie es getan hat, dann muss an dem Stück Fleisch, das Dirtfeld im Mund gesteckt hat, auch ihr Speichel zu finden sein.«

»Du, das ist genial!« Granow umarmte Theresa Marotzke.

Und richtig, die DNS-Analyse bewies es: Andrea Dirtfeld hatte von dem Stück Fleisch, das im Rachen des Toten steckte, abgebissen. Bei dieser Beweislage blieb ihr nichts übrig, als ein umfassendes Geständnis abzulegen.

***

Nach einem erholsamen freien Tag stand Prof. Schwarz am Samstagabend im Kreise seiner Familie im Foyer der Philharmonie. Seit Monaten hatte er sich auf den Klavierabend mit dem Starpianisten Lang Lang gefreut. Wie schön, dass Tochter und Schwiegersohn vor fast einem Jahr die Eintrittskarten ergattert hatten! Die waren am Heiligabend als Geschenk bei den Eltern gut angekommen.

Seine Frau Inge sagte gerade vorwurfsvoll zu ihm: »Robert, bitte schalt endlich dein Handy aus. Du hast heute keinen Dienst!«

Wie auf Bestellung klingelte prompt sein Telefon. Es meldete sich Kommissar Granow von der Mordkommission. »Entschuldige bitte, Robert! Hast du an deinem freien Wochenende ein paar Minuten für mich?«

Schwarz antwortete: »Bitte maximal fünf Minuten. In einer Viertelstunde greift nämlich Lang Lang in die Tasten – wir sind in der Philharmonie.«

»In Ordnung«, erwiderte Granow, »aber ich dachte, die Lösung unseres Bolusfalles würde dich interessieren. Seine Ex-Frau war es. Sie hat das Fleisch mitgebracht. Hatte vorher selbst davon abgebissen und ihre Speichelspuren hinterlassen.«

»Ein Hoch auf die DNS-Analyse!«, rief Schwarz so laut in sein Mobiltelefon, dass einige Konzertbesucher missbilligend herüberschauten. »Das war doch wieder einmal eine konzertierte Aktion von Kripo, Postmortalen und Labor. Jetzt kann ich das Klavierkonzert noch mehr genießen!«

Kaum war das Gespräch beendet, ertönte das letzte Pausenzeichen. Die Gruppe erreichte ihre Plätze, Schwarz lehnte sich entspannt zurück und wartete auf den Kunstgenuss. Heute wird nicht mehr an die Arbeit gedacht, beschloss er, und schon erklang das Allegro von Chopins 1. Klavierkonzert.

Je mehr sich Schwarz der wunderbaren Musik hingab, umso drängender schob sich aber wieder der Bolusfall vor sein inneres Auge. Was bist Du doch für ein Kunstbanause!

Ihm fiel ein, dass er gerne in seinen Vorlesungen aus deutschen Märchen und Sagen zitierte. Dieser vor allem bei Kindern beliebte Lesestoff enthielt alle Arten von nicht natürlichem Tod, von Folter, Mord und Totschlag. *Schneewittchen* von den Brüdern Grimm bot zum Beispiel gleich mehrere Tötungsarten. Da reichte die Königin dem Mädchen einen vergifteten Apfel. *Kaum aber hatte es einen Bissen von der giftigen Hälfte im Mund, so fiel es tot zur Erde nieder.* Das muss aber ein schnell wirkendes Gift sein!, dachte Schwarz.

Naheliegender war doch die Hypothese vom Bolustod. Sie wurde auch durch den weiteren Verlauf untermauert. Die Zwerge fanden das liebe Kind tot und legten es in einen gläsernen Sarg. Dann erschien der Königssohn, der den Sarg von seinen Dienern forttragen ließ. *Dabei geschah es, dass sie stolperten, und von dem Schüttern fuhr Schneewittchen der giftige Apfelgrütz aus dem Hals, und es öffnete die Augen und richtete sich auf. »Ach Gott«, rief es, »wo bin ich?«* Natürlich endete das Märchen mit der glanzvollen Hochzeit von Schneewittchen und Prinz. Naturwissenschaftlich war die Geschichte am ehesten durch ein schnell wirkendes Beruhigungs- oder Schlafmittel mit kurzer Wirkungsdauer zu erklären, das in Kombination mit dem Bolus zu dem todesähnlichen Zustand geführt hatte.

Gab es nicht etwas Ähnliches bei Wilhelm Busch, dem großen Humoristen mit seinen meisterlichen Zeichnungen und Texten?

In seiner Bildergeschichte *Die fromme Helene* erwischte es den dickleibigen Herrn Schmöck, der gerade Vater geworden war, beim Festschmaus:

Bald drauf um zwölf kommt Schmöck herunter,
so recht vergnügt und frisch und munter.
Und emsig setzt er sich zu Tische,
denn heute gibt's Salat und Fische.
Autsch! – Eine Gräte kommt verquer,
und Schmöck wird blau und hustet sehr.
Und hustet, bis ihm der Salat
aus beiden Ohren fliegen tat.

Bums! Da! Er schließt den Lebenslauf.
Der Jean fängt schnell die Flasche auf.
»Oh!« – sprach der Jean – »es ist ein Graus!
Wie schnell ist doch das Leben aus!«

Vielleicht doch ein Erstickungstod, dachte Schwarz, da Schmöck blau angelaufen war und stark gehustet hatte. Aber das waren doch bedeutungslose theoretische Überlegungen.

Auf dem Heimweg vom Konzert dachte Schwarz im Taxi über seine realen Fälle nach. In Berlin hatte er am häufigsten ein Stück Bockwurst als tödlichen Fremdkörper im Rachen gefunden, meist bei stark alkoholisierten Personen. Das hatte im Kollegenkreis zu der bissigen Bemerkung vom »Berliner Bockwursttod« geführt. Andere Fleisch- oder Fischstücke kamen aber natürlich auch vor.

Schwarz hatte als Kind selbst eine schlimme Erfahrung gemacht. In der Nachkriegszeit war ihm, damals immer hungrig, ein gierig geschluckter unzerteilter Rollmops beinahe zum Verhängnis geworden. Das Fischröllchen steckte in seiner Mund- und Rachenhöhle fest, und er war kollabiert. Nur mit Mühe konnte er den Fisch noch herauswürgen und war gerettet.

Bei Gewaltverbrechen passierten Bolus-Todesfälle mitunter unbeabsichtigt: wenn ein Knebel mit Gewalt zu tief in den Mund gepresst wurde, ein Opfer gewaltsam gefüttert wurde oder ein überraschender Angriff das Opfer beim Essen erwischte.

Schwarz kannte auch Fälle aus Alten- und Pflegeheimen. Schwere Erkrankungen, oft kombiniert mit Demenz und schlechtem Zustand des natürlichen oder künstlichen Gebisses, führten durch gieriges Essen und Schluckstörungen zu tragischen Unglücksfällen beim Essen. Andere Fälle ereigneten sich mit nicht essbaren Gegenständen, sogar Zahnprothesenteile hatte er schon als Bolus gefunden.

Ach ja, dachte Schwarz, das Leben ist voller Gefahren. Er hatte schon so manches in seinem Berufsleben gesehen. Ein Kotelett als Tatwaffe – das allerdings war neu.

Im Gleisbett

Keine Kultur kam ohne Rituale aus, denn Rituale strukturierten das Leben, gaben Sicherheit im Hinblick auf richtiges Verhalten und vermittelten das Gefühl, in eine Gesellschaft integriert zu sein. In deutschen Firmen und Ämtern war es von alters her Brauch, in fröhlicher Runde zur betrieblichen Weihnachtsfeier zusammenzukommen. War man auch das ganze Jahr aneinandergeraten, so war jetzt Friede, Freude, Eierkuchen angesagt, und manche Kolleginnen und Kollegen gerieten sogar ineinander.

Bei der EUROMAG hatte man angenommen, dass in diesem Jahr alles ins Wasser fallen würde, da die Firma im August von einer indischen Firma übernommen worden war. Doch auch dem neuen Chef, der aus Mumbai kam, war das Althergebrachte heilig, und so lud er alle Mitarbeiterinnen und Mitarbeiter der Berliner Filiale in seine Lichtenrader Villa ein.

»Warum wohnt Herr Vadavali eigentlich hier in Lichtenrade und nicht in einer etwas feudaleren Gegend?«, fragte Thomas Holtzey seinen direkten Vorgesetzten, der auch aus Indien kam, als sie bei Kaffee und Weihnachtsstollen beieinandersaßen.

Mahesh Kishangarh lächelte. »Das Grundstück ist lang gestreckt und hat vorher einem Engländer gehört, der hier einen kleinen Cricketplatz angelegt hat.«

Thomas Holtzey nickte und heuchelte Begeisterung. »Cricket, ja!« Dabei bot dieser Sport, gemessen an Fußball oder Eishockey, nur Langeweile hoch drei. Dass ein Spiel bis zu mehreren Tagen dauern konnte, fand er mehr als absurd. Aber das hätte er nie offen zu sagen gewagt.

Anders Mona LeMonnier, die Chefsekretärin. Die war einmal mit Mahesh Kishangarh liiert gewesen und ließ keine Gelegenheit aus, ihn zu attackieren. »Das ist doch der reine Wahnsinn! Stellen wir uns mal vor, ein Spiel zwischen Hertha BSC und Bayern München würde von Sonnabendnachmittag bis Dienstagmorgen dauern.«

»Das kann ich mir gut vorstellen«, erwiderte Mahesh Kishangarh. »Da würden die Bayern dann sechzig zu null führen und überlegen, ob man aus Mitleid nicht ein Eigentor schießen sollte.«

»Und warum ist Cricket eigentlich Sportart Nummer eins bei Ihnen?«, wollte Thomas Holtzey wissen.

Wieder schmunzelte Mahesh Kishangarh. »Um das Glück zu genießen, Gegner, gegen die wir in den Kriegen nicht gewinnen konnten, endlich einmal zu besiegen – England oder Pakistan zum Beispiel.«

»Cricket ist wie Baseball«, sagte Mona LeMonnier. »Nur noch öder.«

Herr Vadavali klatschte nun in die Hände und kündigte, bevor man zum gemütlichen Teil übergehen wolle, noch ein etwas längeres Referat des Chefs der Firma Mindset India an. »Das Thema geht alle an, die sich heute hier versammelt haben: die interkulturelle Kompetenz.« Der junge Mann sei studierter Indologe und habe Indien mehrfach besucht. Los ging es.

»Bei meinen Seminaren äußern die Teilnehmer am Anfang nicht selten die Befürchtung, sie selber müssten ein bisschen wie ein Inder werden, um besser mit den Indern kommunizieren zu können. Doch interkulturelle Kompetenz ist mehr mit dem Erlernen einer Fremdsprache zu vergleichen und verlangt dem Kulturträger keine Anpassung seiner Identität ab. Niemand, der im Englischunterricht sitzt, wird ernsthaft davon ausgehen, durch die neue Sprache seine Identität zu verlieren. Sein Repertoire an Kommunikationsformen muss er allerdings schon erweitern, um erfolgreich interkulturell mit einem anderen Kulturträger zu kommunizieren.«

Nun folgten einige Beispiele, und alle hatten so viel Spaß an der Belehrung, dass der nachfolgende gemütliche Teil nichts zu wünschen übrigließ. Die indischen Weine aus Sula fanden reichlich Zuspruch, und als dann Herr Vadavali gegen Mitternacht durchblicken ließ, dass es nun Zeit sei, Good bye zu sagen, verließ man fröhlich singend seine Villa. Auf der Straße löste sich der Schwarm bald auf. Die einen wagten es noch, sich ins Auto zu setzen, und nahmen andere mit. Einige weigerten sich aber auch einzusteigen und telefonierten lieber nach einer Taxe.

Thomas Holtzey wollte zum S-Bahnhof Lichtenrade laufen. »Der letzte Zug Richtung Innenstadt geht um 0.28 Uhr. Kommt jemand mit?«

Außer Mahesh Kishangarh wollte keiner.

»Sie?« Thomas Holtzey staunte. »Sie wohnen doch hier in Lichtenrade.«

»Ja, aber jenseits der S-Bahn. Deshalb komme ich erst einmal mit in Ihre Richtung.«

»Gut.« Thomas Holtzey sah noch, wie Mona LeMonnier ihnen ein Stückchen folgte, dann aber stehen blieb. »Kommst du doch mit zum Bahnhof?«

»Nein, ich warte hier an der Ecke auf meine Taxe.«

Jens Ehrenzinsky gehörte zu den glücklichen Menschen, die in ihrem Traumberuf eine Stelle gefunden hatten. Er war S-Bahn-Fahrer geworden. Und das, obwohl ganz Berlin ununterbrochen auf seine »Chaos-S-Bahn« schimpfte und manche sogar Wetten abschlossen, weshalb ihr Zug wohl diesmal wieder ausfallen würde. In Frage kamen: Signalstörung, Weichenstörung, Stromausfall, Schadzug, Person im Gleis, zu hoher Krankenstand bei den Triebwagenführern und Sonstiges. Ehrenzinsky litt darunter, aber seiner Liebe zur S-Bahn tat dies keinerlei Abbruch. Er wusste, dass sich seine Frau immer wieder bei ihren drei besten Freundinnen über ihn beklagte: »Der ist mit seiner S-Bahn verheiratet und nicht mit mir.«

Seine Lieblingsstrecke war die S 2. Startete er oben in Bernau, war er noch ganz im Märkischen. *Der Bernau'sche heiße Brei macht die Mark hussitenfrei!*, hatte er schon in der Schule gelernt. Zuerst ging es über flaches Land, aber immer wieder gab es ein paar Ortschaften, an denen zu halten war, Zepernick und Röntgental zum Beispiel, dann kam Buch mit den vielen Kliniken. Zwischen Buch und Karow ging es über die Autobahn hinweg, den Berliner Ring. Lauben und immer neue Siedlungen mit Eigenheimen, mal selbst gebaut, mal Fertigbauhäuser. Erst hinter Pankow-Heinersdorf begann Berlin so richtig. Er freute sich auf die großen Umsteigebahnhöfe Bornholmer Straße und Gesundbrunnen. Hinter Humboldthain ging es in den Nord-Süd-Tunnel. Jetzt wurde es in seinem Zug rappelvoll. Die Millionen von Touristen wollten alle S-Bahn fahren. In den Stationen Friedrichstraße, Brandenburger Tor (für ihn immer noch Unter den Linden), Potsdamer Platz und Anhalter Bahnhof war es am schlimmsten. Hinter dem Südkreuz tauchten schon die südlichen Vorstädte auf: Mariendorf, Marienfelde, Lichtenrade. Er war bald an der Stadtgrenze und fuhr abermals durch Brandenburg, das Bruder-Bundesland, hielt in Mahlow und erreichte schließlich mit Blankenfelde (Kreis Teltow-Fläming) den südlichen Endpunkt der S 2.

Jeden Tag war das Licht ein wenig anders, jeden Tag entdeckte er Neues an seiner Strecke. Er war ein Flaneur auf Gleisen. Fahrten bei Nacht waren ein besonderes Erlebnis. Das Rot und das Grün der Signale waren viel intensiver als bei Sonnenschein. Die Siedlungen mit ihren Abertausenden von Glühlampen lagen so weit auseinander, dass er öfter minutenlang durch die Dunkelheit zu fahren hatte, was bei ihm das Gefühl auslöste, in einem Raumschiff zu sitzen und von Stern zu Stern zu gleiten.

Heute saß er im Führerstand der letzten S-Bahn, die in dieser Nacht auf der Strecke der S 2 nordwärts fuhr. Ab Blankenfelde 00.28 Uhr, an Gesundbrunnen 01.07 Uhr. Weiter ging es nicht, und danach hatte er Feierabend.

Sein Signal stand auf Grün, alles war eingestiegen. Er schloss seine Tür, setzte sich, löste die Bremse und drückte den Hebel, der den Zug automatisch in Bewegung setzte, nach vorn. Sie fuhren langsam an, gewannen aber augenblicklich an Geschwindigkeit. Neben dem Zug waren rechts und links Regionalbahngleise, und er rauschte dann auch noch, als sie Blankenfelde hinter sich gelassen hatten, über den Berliner Außenring hinweg. Schon war Mahlow erreicht. Nur wenige Fahrgäste waren noch unterwegs. Meistens waren es männliche Jugendliche mit Bierbüchsen in der Hand. Wohl war ihm nicht, wenn er sie sah, obwohl er im Führerstand eigentlich sicher war. Aber die anderen Reisenden ... Hinter Mahlow ging es dann über freies Feld. Der Zug hatte zwar drei Spitzenlichter, aber das waren keine Scheinwerfer, sie waren nur dazu da, dass andere ihn sehen konnten.

Nun hüllte ihn Weltraumstille ein. Nur ab und an piepte es, damit er nicht vergaß, die Bereitschaftstaste zu drücken. Die Technik sollte verhindern, dass er oder einer seiner Kollegen einmal einschlief. Am nächsten Signal mit Fahrsperre wäre er zwar automatisch gestoppt worden, aber bei Grün einmal ohne Halt durch einen Bahnhof hindurchzufahren wäre doch arg peinlich gewesen.

Lichtenrade tauchte vor ihm auf, begann abrupt da, wo früher Grenzzaun und Mauer gestanden hatten. An der Wolziger Zeile gab es eine Schranke – das zu wissen gehörte zur nötigen Streckenkenntnis. Dann kam der Übergang an der Bahnhofstraße und schließlich der Bahnhof Lichtenrade.

Etwa zweihundert Meter hinter der Schranke Wolziger Zeile geschah es dann: Da lag ein Mensch auf den Gleisen. Mein Gott! Sein Albtraum! Notbremsung!

Es kam zwar selten vor, aber heute kurz vor Mitternacht war es wieder einmal so weit: Seiner Frau gelüstete es nach Sex. Granow hätte lieber seinen Roman zu Ende gelesen, denn dessen Ende kannte er noch nicht. »Du, Schatz, ich habe Bereitschaftsdienst.«

Verena kicherte. »Das ist es genau, was ich von dir erwarte: dass du bereit bist.«

»Cupido«, murmelte er.

»Spielt der bei Real Madrid oder bei Barcelona?«, fragte sie.

Granow schielte auf sein Handy. Jetzt könnte doch der Anruf kommen, dass es einen Doppelmord in Charlottenburg gegeben habe. Doch man tat ihm den Gefallen nicht. Das Gerät dudelte erst, als er gerade eben schwitzend und mehr als erschöpft von Verena abgelassen hatte.

»In Lichtenrade ist ein Mann von der S-Bahn überrollt worden.«

O Gott, auch das noch! Normale Leichen waren schon entsetzlich, aber geradezu ein schöner Anblick verglichen mit dem, was ihn jetzt erwartete. »Und wo genau?«

»Hilbertstraße, die verläuft parallel zur Bahnstrecke. Ecke Hohenzollernstraße.«

»Danke.«

Er duschte in aller Eile, zog sich an, küsste seine Frau noch einmal und lief zur Garage. Nahm man die Luftlinie zwischen Kladow und Lichtenrade, wäre die Fahrt ein Klacks gewesen, aber da die Berliner Geographie gegen ihn war, das heißt die breite Havel ihm den Weg versperrte, und man ihm keinen Polizeihubschrauber spendierte, hatte er einen riesigen Umweg zu fahren. Zuerst ging es wie üblich zur Heerstraße hinauf, dann auf der A 100 bis zur Ausfahrt Tempelhofer Damm und weiter auf der B 96 in den tiefen Süden hinunter.

Als gesetzestreuer Beamter hatte er natürlich eine portable Kfz-Freisprechanlage an Bord, und über die versuchte nun Theresa Marotzke Kontakt mit ihm aufzunehmen.

»Ick soll ooch nach Lichtenrade kommen, und bin schon fast auf der Autobahn. Treffen wa uns Ausfahrt Tempelhofer Damm?«

»Ja, aber ob wir uns noch wiedererkennen werden, wo wir uns seit gestern Nachmittag nicht mehr gesehen haben ... Du wolltest schließlich zum Friseur gehen ...«

Sie teilte ihm sicherheitshalber den Typ ihres Wagens und ihr Kennzeichen mit, alles neu. So klappte dann auch ihr Treffen, und sie stieg in sein Auto. »Ich habe gestern Abend jede Menge Hackepeter gegessen«, klagte sie. »Und nun das mit 'ner derart schlimm zugerichteten Leiche.«

»Man sollte Vegetarier werden.«

»Und dann ooch noch Lichtenrade – am Arsch der Welt.«

»Sag das nicht zu einem, der in Kladow wohnt.«

Als sie ihr Ziel erreicht hatten, gab es für sie nicht viel zu tun. Ein Kollege vom Ersten Angriff teilte ihnen mit, dass man beim Toten einen Reisepass gefunden habe. »Ein Inder: Mahesh Kishangarh.«

»Wie gerät ein Inder hier draußen unter einen S-Bahn-Zug?«

Das fragten sich nicht nur die herbeigeeilten Polizeireporter mit Charly Packebusch an der Spitze, sondern auch Gunnar Granow und Theresa Marotzke. Augenzeugen gab es keine, und der S-Bahn-Fahrer war mit einem Schock ins Krankenhaus gebracht worden.

»Ich bin mir hundertprozentig sicher, dass wir es hier mit einem Selbstmord, einem Mord oder einem Unfall zu tun haben«, erklärte Granow den Journalisten. »Aber warten wir erst einmal ab, was Professor Schwarz uns zu sagen hat.«

***

Schwarz befand sich offenbar gerade in einer Tiefschlafphase, denn seine Frau musste ihn lange rütteln, ehe er reagierte.

»Robert«, sprach sie eindringlich auf ihn ein, »du wirst von eurer hübschen Assistentin zu einem nächtlichen Rendezvous gebeten.«

»Ach wie schön«, brummte Schwarz, »ich habe ja Hintergrunddienst. Dabei habe ich gerade so angenehm geträumt.« Er meldete sich am Telefon: »Hallo, Frau Schöneberg, was gibt es denn?«

»Herr Professor, kommen Sie bitte nach Lichtenrade! Hier

gibt es einen tödlichen S-Bahn-Unfall. Die Sache eilt, weil die S-Bahn-Strecke S 2 nach Blankenfelde bis zur Freigabe des Fundortes gesperrt bleibt.«

»Aber Sie sind doch schon vor Ort. Können Sie das nicht erledigen?«

»Ich möchte nichts falsch machen«, erwiderte Dr. Schöneberg. »Der Hintergrund ist völlig unklar. Und es handelt sich um einen Inder. Außerdem möchte die Mordkommission Sie hier haben.«

»Gut, ich mache mich fertig. Wie finde ich denn dahin?«, fragte Schwarz.

»Chef, Sie haben doch ein Navi im Auto. Und da suchen Sie die Hilbertstrasse, Ecke Hohenzollernstrasse in Lichtenrade – ist doch ganz einfach.«

»In Ordnung«, erwiderte Schwarz, »das schaffe ich noch.« Bei den jungen Leuten ist immer alles ganz einfach, vor allem wenn sie mit einem elektronischen Gerät spielen können, dachte er, griff sich seinen Tatortkoffer und rief seiner Frau zu: »Das kann dauern. Ich werde kaum vor dem Frühstück wieder zurück sein.«

Da stand seine Tochter schlaftrunken vor ihm. »Papa, hast du wieder Einsatz? Fangt ihr einen Mörder?«

Schwarz drückte sie liebevoll an sich und brachte sie ins Bett zurück. »Wenn es einen Mörder gibt, dann fangen wir den. Schlaf noch schön!« Und er dachte bei sich: S-Bahn! Das wird keine angenehme Nacht!

Am Ziel angekommen, bahnte sich Schwarz seinen Weg durch die Absperrung, bis er an dem hell erleuchteten Gleisabschnitt stand. Dort begrüßte er die Kriminalpolizisten Granow und Marotzke von der Mordkommission und seine eigene Kollegin. Die Fundstelle wurde durch Scheinwerfer angestrahlt und durch ein provisorisches Zelt gesichert.

Kommissar Granow nahm den Rechtsmediziner beiseite. »Schön, dass du kommen konntest«, sagte Granow. »Wir haben die Lage der Leiche noch nicht verändert. Haben nur die Papiere des Toten aus der Jackentasche genommen. Es ist ein Inder namens Mahesh Kishangarh, der in Berlin arbeiten soll.«

Schwarz beugte sich über den Toten und inspizierte ihn bedächtig. Der Leichnam lag in Bauchlage im Gleis, den Hals und beide Unterarme auf einer Schiene, den Körper seitlich davon. Beide Unterarme waren unterhalb der Ellenbogengelenke durchtrennt, und der Kopf hing nur noch an einem plattgewalzten Hautschlauch am Rumpf.

»Habt ihr in der näheren Umgebung etwas Auffälliges gefunden?«, fragte Schwarz.

»Nein, nichts. Allerdings ist bei dem Licht und den verschmutzten Gleisanlagen auch nicht viel zu erkennen«, antwortete Granow. »Wir finden keine Kampfspuren, auch kein Werkzeug. Und seine Kleidung sieht relativ geordnet aus. Die Auffindungssituation mit dem Kopf und beiden Armen auf den Schienen sieht doch sehr nach Selbsttötung aus«, meinte Granow.

Aber Schwarz schüttelte leicht den Kopf und sagte zweifelnd: »Der kann auch so hingelegt worden sein. Meiner Meinung nach würde es besser zu einem Selbstmord passen, wenn er die Hände unter dem Körper zu liegen hätte. So ein Tod im Gleisbett ist eine gute Möglichkeit, Spuren einer vorausgegangenen Tat zu verwischen. Der Tote zeigt allerdings eindeutig die Zeichen einer Überrollung durch ein Schienenfahrzeug. Hier werden wir nicht weiterkommen. Wir brauchen bessere Bedingungen, um den Toten in aller Ruhe untersuchen zu können – vor allem mehr Licht. Also ab ins Institut! Ich mache hier nur noch einige Fotos und notiere mir das Wichtigste.«

»Jetzt verlangst du auch schon mehr Licht – waren das nicht Goethes letzte Worte?«, versuchte Granow die düstere Stimmung etwas zu entspannen.

»Darüber streiten noch die Gelehrten«, nahm Schwarz die nicht ernstgemeinte Bemerkung auf. »Es könnte nämlich auch auf Sächsisch ›Mer liecht hier so schlecht‹ geheißen haben.«

»Unsere übergenaue Staatsanwältin Frau Doktor Müller-

Linthe habe ich schon informiert. Dann bis später im Institut!«
Granow wandte sich wieder seiner Kollegin zu, die mit einer
Gruppe von Uniformierten sprach.

Schwarz rief seiner Assistentin zu: »Frau Schöneberg, kommen Sie mit mir ins Institut, oder sind Sie selbst motorisiert?«

Die kam rasch angelaufen. »Ich würde gerne auf Ihr An-
gebot eingehen, Chef. War nämlich mit meinem Mann bei einer
Geburtstagsfeier, der hat mich hier nur abgesetzt und ist mit
unserem Auto wieder verschwunden. Dafür spendiere ich vor der
Sofortobduktion noch einen starken Kaffee.«

Als die Morgendämmerung einsetzte, waren dann alle erfor-
derlichen Teilnehmer im Institut für Rechtsmedizin eingetroffen:
die Kommissare der Mordkommission, die Staatsanwältin und
natürlich der Tote.

Prof. Schwarz, Frau Dr. Schöneberg und der Sektionsassistent Walter Mann machten sich an ihre Arbeit. Nach Übersichts-
aufnahmen wurde der Leichnam in voller Bekleidung gründlich
inspiziert, wobei Schwarz alle Details in sein Diktaphon sprach
und Frau Schöneberg alle Besonderheiten anzeigte. So wurde
nach und nach der erste Teil des Sektionsprotokolls als »Äußere
Besichtigung« abdiktiert.

Schwarz kommentierte die schwärzlich öligen Verschmutzungen der ansonsten gepflegten und feinen Kleidung mit den
Worten: »Typisch Schienenfahrzeug, da gibt es an allen Kontaktstellen ölige Verschmutzungen. Die breitstreifigen und gepressten
Stoffpartien sind die Überrollungsstellen – diese sehen Sie hier
an den Ärmeln und dem Kragen des Mantels. Am Kragen ist die
Blutanhaftung für die Überrollung des Halses eher gering. Aber
warum ist die linke Brustseite des Mantels so blutverkrustet?«

Beide Rechtsmediziner spannten den Mantelstoff in diesem
Bereich und sahen im hellen Strahl der Lampe eine drei Zentimeter lange, glattrandige und senkrecht gestellte Stoffdurchtren-
nung. Sie betrachteten nun die Kleidung schichtweise und sahen
im Sakko, im Ober- sowie im Unterhemd an korrespondierender

Stelle einen gleichartigen Textildefekt, der jeweils kräftig blut-durchtränkt war.

Schwarz winkte die Gäste näher heran und sagte mit einiger Genugtuung in der Stimme: »Dieser nächtliche Einsatz war nicht vergeblich. Hier finden wir in der Thoraxwand eine Stichwunde – sehen Sie da! Der Stich hat wahrscheinlich das Herz getroffen. Die Hautwunde misst zweieinhalb Zentimeter und spricht für ein einschneidiges Werkzeug – sicher ein großes Messer. Deshalb zeigt die Halsverletzung nur so geringe Blutaustritte. Vielleicht war der Mann schon tot, als die Bahn ihn überrollte. Aber warten wir die innere Besichtigung ab!«

Die Staatsanwältin zeigte auf die Brustwunde und fragte: »Was war denn das für ein merkwürdiges Messer, das solche zipf-ligen Wundwinkel verursacht?«

»Sehen Sie«, sagte Schwarz, »fußwärts ist der scharf enden-de Wundwinkel V-förmig gegabelt. Wir sprechen vom großen Schwalbenschwanz. Der entsteht, wenn der Austrittsweg des Mes-sers mit einer scharfen Schneide nicht exakt seinem Eintrittsweg entspricht, das heißt wenn das Messer etwas verdreht wird oder das Opfer sich beim Stich bewegt. Und die kleinen Ausziehun-gen an dem kopfseitigen Wundwinkel nennen wir den kleinen Schwalbenschwanz. Der entsteht durch einen scharfkantigen Messerrücken. Wir haben es offensichtlich mit einem einschnei-digen Messer zu tun.«

»Was für feinsinnige, romantische Bezeichnungen doch die Rechtsmediziner für ihre schrecklichen Befunde haben«, dachte die Staatsanwältin laut.

»Das ist bei allen Medizinern so«, entgegnete Schwarz. »Auch bei Klinikern und Pathologen werden fürchterliche Haut-oder Organbefunde mit blumigen Namen aus Flora und Fauna belegt, mitunter auch mit Namen aus der griechischen Mytho-logie. Es wäre wirklich interessant, sich damit einmal näher zu beschäftigen. Aber das muss ich mir wohl für den Ruhestand aufheben.«

Danach wurden alle Kleidungsstücke einzeln beschrieben und fotografiert, insbesondere die Durchtrennung über der Brustwand, jeweils mit angelegtem Maßstab. Schließlich nahm sich Schwarz noch die luxuriösen Halbschuhe des Mannes vor. An beiden Fersen und Absätzen fielen grobe Abschürfungen auf. An die Kriminalisten gewandt, sagte er: »Erst bei ausreichender Beleuchtung kann man diese Schürfspuren an den Schuhen erkennen. Ich halte sie für recht frisch entstanden. Bei Todesfällen im Gleisbett kann es ja eine Vielzahl grober Beschädigungen geben, aber das hier würde gut als Schleifspur zu erklären sein. Vielleicht hat man den Wehrlosen oder Toten zu der S-Bahn-Strecke geschleppt?«

Erst nach drei Stunden wurde mit der Leichenöffnung begonnen. »Sie sehen«, sagte Schwarz seinen Gästen, »in unserem Fach dauert die äußere Besichtigung einschließlich Untersuchung der Kleidung mitunter länger als die ganze Obduktion. Und das entspricht meist auch der Bedeutung der Befunde für die Einschätzung des Falles.« Zu seinen Mitarbeitern sagte Schwarz: »Beginnen wir also mit der Öffnung.« Er diktierte nun Abschnitt für Abschnitt die inneren Befunde.

Nach zwei Stunden konnte Schwarz zum Diktat des »Vorläufigen Gutachtens« übergehen. Die Staatsanwältin und die Kriminalpolizisten hörten gespannt zu, wie die Zusammenfassung der heutigen Sektion auf das Band gesprochen wurde.

I. Sektionsergebnis
Leichnam eines bekannten, 41 Jahren alten, 173 cm großen und 71 kg schweren Mannes von asiatischem Aussehen.
Näher beschriebene Stichverletzung der linken Brustwand bei Durchstechung der bedeckenden Bekleidung. Nach hinten leicht ansteigender Stichkanal mit Eröffnung der linken Herzkammer, Anstich des linken oberen Lungenlappens und Anstich der Wirbelsäule in Höhe des 3. Brustwirbelkörpers. Blut-Luftbrust linksseitig (Hämato-Pneumothorax). Schaumigblutige Flüssigkeit in den Luftröhrenästen. Bluteinatmungsherde beider

Lungen. Blässe und Blutarmut der inneren Organe. Feinfleckige Unter-
blutungen der Herzinnenhaut.

Zeichen der Überrollung von Hals und Armen durch ein Schienenfahr-
zeug: Schwerste Zerstörung der Halswirbelsäule und Halsorgane bei weit-
gehend erhaltenem Hautschlauch. Abtrennung beider Unterarme.

Deutlicher aromatisch-alkoholartiger Geruch über den inneren Organen.

Zahlreiche bis erbsgroße Gallensteine in der Gallenblase.

Verkalkter Narbenherd in der Spitze des rechten oberen Lungenlappens.

II. Todesursache: Stichverletzung des Brustkorbs mit Herzverletzung.

III. Die quantitative Alkoholbestimmung ergab nach zwei Methoden im
Schenkelblut 1,2 mg/g Ethanol und im Urin 1,5 mg/g Ethanol. Damit lag
eine deutliche alkoholische Beeinflussung zum Todeszeitpunkt vor.

IV. Nach dem Ergebnis der Leichenöffnung ist die Todesursache eindeutig
in der Herzstichverletzung zu sehen. Sie führte zu einer tödlichen Aus-
blutung und Bluteinatmung. Die Überrollung durch das Schienenfahrzeug
erfolgte nach dem Tode. Damit muss die Möglichkeit einer Tötung durch
fremde Hand in Betracht gezogen werden.

Allerdings ist zum gegenwärtigen Zeitpunkt eine Selbsttötung nicht ein-
deutig auszuschließen, da nach der Stichbeibringung noch kurzfristig eine
Handlungsfähigkeit bestanden haben kann. Auch könnte sich der Betrof-
fene die Stichverletzung bereits im Gleis stehend oder kniend beigebracht
haben, was jedoch das Vorhandensein des Stichwerkzeugs in der Nähe des
Opfers bedingen würde.

V. Zur Frage einer eventuellen toxischen Beeinflussung wurde entsprechen-
des Organmaterial einer chemisch-toxikologischen Analyse zugeleitet.

VI. Die Obduzenten behalten sich ein endgültiges Gutachten ausdrücklich
vor.

VII. Prof. Dr. med. Robert Schwarz, Dr. med. Lisa Schöneberg

»So«, wandte sich Schwarz mit fragendem Blick an seine Assistentin, »haben wir etwas vergessen?«

Aber die schüttelte nur mit dem Kopf. »Wir haben alles Wesentliche, und die entscheidenden Befunde sind fotografiert – die
Stichverletzungen mehrfach und mit Maßstab.«

»Gut«, sagte Schwarz und ging zu den in der Ecke stehenden Gästen. »Die Stichwunde in der Brustwand kann sich der Mann auch selbst beigebracht haben. Aber wo ist das Messer? Auch die Durchstechung aller Kleidungsschichten spricht gegen eine Selbsttötung. Und dann müsste er sich den Stich direkt am Gleisbett stehend oder kniend gesetzt haben, denn eine längere Wegstrecke kann man mit dieser Herzverletzung nicht mehr zurücklegen. Die Schleifspuren an seinen Schuhen und seine Position auf dem Schienenstrang sprechen vielmehr für die Einwirkung von fremder Hand. Auch der lange und ansteigende Stichkanal bis in die Wirbelsäule passt besser zur Beibringung von fremder Hand. Der Täter hat wohl gehofft, dass die Stichverletzung nach der Überrollung nicht mehr zu erkennen ist. Das wäre auch schwierig geworden, wenn die Überrollung im Thoraxbereich erfolgt wäre.«

»Wir haben verstanden«, sagte Granow nickend. »Der Fundort muss noch einmal gründlich nach einem Messer abgesucht werden. Da Kishangarh alle Papiere, Geld und Wertsachen noch bei sich hatte, können wir wohl einen Raubmord ausschließen. Warum sollte sich auch ein Räuber die Mühe mit der zusätzlichen S-Bahn-Überrollung machen? Inzwischen haben unsere Kollegen vor Ort schon etwas mehr herausgefunden. Beim Chef von Kishangarh soll eine große Weihnachtsfeier stattgefunden haben, also werden wir uns als Nächstes die Teilnehmer der Betriebsfeier vornehmen. Nicht alle, die gemeinsam feiern, müssen sich auch gern haben.«

»Das wäre nicht das erste Drama nach einer Betriebsfeier«, schaltete sich Schwarz noch einmal ein. »Unter Alkohol brechen oft schwelende Konflikte auf – warum nicht auch bei der EUROMAG? Liebe, Eifersucht, Neid oder Hass – das soll ja in den besten Familien, sprich Betrieben, vorkommen.«

Die Staatsanwältin besprach nun das weitere Vorgehen mit den Ermittlern. Dann verabschiedete sie sich von Marotzke und Granow und kam zu den Rechtsmedizinern. »Vielen Dank, Frau

Doktor, vielen Dank, Herr Professor! Diese Nachtschicht war wieder einmal wichtig. Insbesondere kann nun ohne Zeitverzug gezielt weiterermittelt werden. Jetzt werden wir erst ausschlafen. Hoffentlich bekomme ich die schrecklichen Bilder dieser Nacht aus meinem Kopf!«

»Danke, gleichfalls«, erwiderte Schwarz. »Ich muss jetzt in den Hörsaal, um neun beginnt mein Kolleg. Da werden einige meiner Studenten schlafen können, während ich damit noch bis heute Abend warten muss. Bis zum nächsten Mal!«

***

Sobald es am nächsten Morgen ausreichend hell geworden war, machte sich ein Trupp tatendurstiger Polizisten auf die Suche nach dem möglicherweise weggeworfenen Tatwerkzeug, doch was man in Lichtenrade fand, war nur ein kleines Taschenmesser, das irgendein Schulkind verloren haben musste.

»Merde!«, war Granows Kommentar, als er davon erfuhr. Um die Erziehung der Kinder nicht zu gefährden, war er von seiner Frau gebeten worden, das Wort mit »Sch...« zu vermeiden und nur noch in einer den lieben Kleinen nicht geläufigen Fremdsprache zu fluchen.

»Wo fangen wir an?«, fragte Theresa Marotzke, als sie in der Keithstraße das Gutachten von Prof. Schwarz eingehend studiert hatten.

Granow gähnte. »Lassen wir alle Besitzer langer Messer vorläufig festnehmen!«

»Nicht alle von ihnen werden ein Interesse daran gehabt haben, diesen Mahesh Kishangarh aus der Welt zu schaffen.«

»Na, einer ganz sicher: Jürgen Rüttgers.« Das war eine Anspielung darauf, dass der CDU-Mann aus Nordrhein-Westfalen beim Wahlkampf im Jahr 2000 mit dem Schlagwort »Kinder statt Inder« Aufsehen erregt hatte.

»Is ja jut!« Theresa Marotzke plädierte für eine Versachlichung der Arbeit. »Sprechen wir zuerst mit dem Chef vons Janze

144

und dann mit allen, die bei der Weihnachtsfeier dabei waren und etwa zur selben Zeit wie Mahesh Kishangarh nach Hause gegangen sind.«

»Klar, aber zuerst kümmern wir uns um den S-Bahn-Fahrer. Diesen ...« Er hatte den Namen des Mannes vergessen und musste erst auf seinen Notizblock gucken. »... Jens Ehrenzinsky.«

Ein Anruf bei der S-Bahn Berlin GmbH am Nordbahnhof ergab, dass der Mann zwar schon aus dem Krankenhaus entlassen worden war, aber seinen Dienst noch nicht wieder versehen konnte. Granow ließ sich seine Adresse geben. Er wohnte in der Körtestraße.

»Nicht schlecht«, fand Theresa Marotzke. »Dann gehen wir erst in der Nacht zu ihm, damit wir auch was von der Fete auf der Admiralsbrücke haben.«

Granow tippte sich an die Stirn. »Ja, jetzt kurz vor Weihnachten und bei Nachtfrost!«

Da weder Granows Auto noch ein Dienstwagen zur Verfügung standen, mussten sie die U-Bahn nehmen. Vom Wittenbergplatz bis zum Südstern dauerte es nur rund eine Viertelstunde, das Umsteigen Hallesches Tor miteingerechnet.

Aber der Ausflug war ein Flop, denn Ehrenzinsky konnte ihnen beim besten Willen keine zweckdienlichen Hinweise geben. »Ich habe nur den leblosen Körper auf den Gleisen gesehen, nichts weiter.«

»Klar«, sagte Granow, als sie wieder unten auf der Straße standen, »derjenige, der den Inder dort platziert hat, wird ja auch nicht winkend neben den Schienen gestanden haben.«

Da alles dafür sprach, dass es sich um eine Beziehungstat unter Kollegen handelte, schlug Granow vor, sich nun Informationen über das soziale Gefüge der Abteilung zu verschaffen, die Mahesh Kishangarh geleitet hatte. »Mal sehen, ob wir ein Soziogramm erstellen können«, sagte Granow.

»Ein was?«

Granow stöhnte auf. »Mensch, du hättest im Fach Sozialpsychologie besser aufpassen sollen! Ein Soziogramm ist die graphische Darstellung der Beziehungen in einer Gruppe: Wer ist mit wem befreundet, wer mit wem verfeindet?«

Die Berliner Hauptverwaltung der EUROMAG befand sich am Ernst-Reuter-Platz. Granow rief per Handy in der Personalabteilung an und bat, alle Betriebsangehörigen aufzulisten, die sich zur Weihnachtsfeier in Lichtenrade eingefunden hatten, insbesondere aber die Kolleginnen und Kollegen, die etwas mit Mahesh Kishangarh zu tun gehabt hatten.

»Ja, machen wir, Herr Kommissar«, versprach ihm eine Sachbearbeiterin mit Namen Julia Erblich.

Als sie am Ernst-Reuter-Platz aus der U-Bahn stiegen, war Granow froh. »Wieder einmal eine Fahrt glücklich überstanden, ganz ohne Tunnelbrand!«

»Vor allem uff der Hochbahnstrecke hätt ick fest damit jerechnet«, bekannte Theresa Marotzke.

»Ich musste nur gerade daran denken, dass es in der nächsten Station – Deutsche Oper – im Juli 2000 bei der Loveparade ein hübsches Feuerchen gegeben hat.«

»Können wir nicht von was Erfreulicherem reden?«

Nein, konnte er nicht, denn immer wieder ärgerte er sich darüber, wie der völlig zerbombte Platz, der damals den Namen Knie getragen hatte, nach dem Krieg wiederaufgebaut worden war. »Diese Ansammlung architektonischer Entgleisungen ist doch kein Platz! Ernst Reuter hätte was Besseres verdient als diese städtebauliche Scheußlichkeit.«

»Worüber du dich so alles aufregen kannst«, staunte Theresa Marotzke.

»Ich bin schließlich geborener Berliner.«

»Ich auch!«, rief Theresa Marotzke.

»Aber du kommst aus der Hauptstadt der DDR und ich aus West-Berlin.«

Jetzt reichte es Theresa Marotzke. »Wenn wir uns nicht richtig aufgeregt hätten, wäre Berlin immer noch geteilt.«

Granow umarmte sie, von einer gewissen Rührung übermannt. »Und ich hätte dich niemals kennengelernt.«

Derart positiv gestimmt, betraten sie das Hochhaus der EUROMAG und wandten sich zur Pförtnerloge, um zu Julia Erblich vorgelassen zu werden. Sie wurde per Telefon herbeigerufen, und beiden, Granow wie Theresa Marotzke, blieb kurz die Luft weg, denn die Dame war so reizvoll, dass sich alle ihre erotischen Phantasien sofort an ihr entzündeten. Eine Modelfigur, Pumps, ein enges Kostüm – unglaublich, dass es so eine Frau nicht nur im Fernsehen gab, sondern auch in natura!

»Sie kommen wegen dem Mord?«

»Ja, wegen des Mordes.« Granow war sehr korrekt, was den Genitiv betraf.

Julia Erblich führte sie in ein Büro, von dem sie als Landesbeamte nicht glauben konnten, dass es real war und nicht nur eine Filmkulisse. Jedes Stück vom Designer. Dagegen stammte bei ihnen alles von der Firma Billig & Ätzend oder gehörte ins Deutsche Büromuseum. Kaum waren sie an der Sitzecke für Besucher angekommen, brachte eine Praktikantin Kekse und Kaffee. Granow und Theresa Marotzke fiel es schwer sich zu konzentrieren, weil sie die Knie der Sachbearbeiterin an nichts anderes denken ließen als an das eine.

»Na, dann wollen wir mal zur Sache kommen«, begann Granow. Verdammt, dieser Satz klang zweideutig! »Ich meine, zum Mordfall Mahesh Kishangarh. Sie wollten uns ja verraten, wer in seiner Nähe ...«

»Bitte, hier.«

Julia Erblich reichte ihm einen Zettel mit vielleicht einem Dutzend Namen herüber, und nachdem sie alle durchgegangen waren und die wichtigsten Informationen eingeholt hatten, schälten sich zwei Mitarbeiter heraus, die ein Motiv gehabt hätten, Mahesh Kishangarh zu eliminieren: Thomas Holtzey, weil er mit geradezu therapiebedürftigem Eifer danach strebte, die Stelle des Inders zu bekommen, und Mona LeMonnier, weil sie einmal die

Geliebte Kishangarhs gewesen war und er sie auf unschöne Art hatte fallenlassen.

»Aber ich würde meine Hand dafür ins Feuer legen, dass der Mörder nicht aus unserem Hause kommt, sondern von außerhalb«, versicherte ihnen der Leiter der Personalabteilung, der sich inzwischen zu ihnen gesellt hatte.

»Ich will das für Sie und die EUROMAG hoffen«, sagte Granow. Vielleicht lud man ihn zum Essen ein, wenn er einen Betriebsfremden überführt hatte. In ein Sterne-Restaurant natürlich. Wäre es schon Vorteilsnahme im Dienst, wenn er diese Einladung annähme?

Zuerst knöpften sie sich Thomas Holtzey vor. Der gab auch unumwunden zu, den Inder nicht sonderlich gemocht zu haben. »Ich sollte den Posten des Vertriebsleiters bekommen, alles war schon abgesprochen, da ist die EUROMAG von den Indern gekauft worden, und die haben alle wichtigen Positionen mit ihren Leuten besetzt.«

Granow nickte verständnisvoll. »Klar, dass Sie da nicht in Jubel ausgebrochen sind.«

»Aber menschlich bin ich gut mit Mahesh ausgekommen«, fügte Thomas Holtzey hinzu.

»Und Sie sind sogar nach der Weihnachtsfeier mit ihm zusammen zur S-Bahn gegangen?«, fragte Granow scheinbar arglos.

Doch Thomas Holtzey witterte die Falle. »Ja, wir sind ein Stück zusammen die Straße entlanggegangen, die parallel zur S-Bahn verläuft – ich glaube, sie heißt Hilbertstraße. Dann aber ist er stehen geblieben, um sich von mir zu verabschieden. Ich war erstaunt. ›Warum denn das?‹ Er hat gelacht. ›Na, ich wohne doch auf der anderen Seite der S-Bahn in der Briesingstraße, und wenn ich über das Baugrundstück hier laufe, ist das eine gewaltige Abkürzung.‹ Da ist er dann los, und ich bin weiter zum Bahnhof, um noch den letzten Zug zu erwischen.«

Granow nickte und schrieb auf, was Thomas Holtzey gesagt hatte. Mehr war im Augenblick nicht zu machen, und auch

Theresa Marotzke fiel nichts ein, was sie weitergebracht hätte. So blieb ihnen nichts anderes übrig, als sich Mona LeMonnier zuzuwenden.

Aber das Gespräch mit ihr war ebenso frustrierend wie das mit ihrem Kollegen. Sie gab ohne weiteres zu, mit Mahesh Kishangarh liiert gewesen zu sein. »Ja, es war eine herrliche Zeit.«

Theresa Marotzke fixierte sie mit ihrem »Geständnisherbeiführungsblick«, wie Granow ihn nannte. »Aber dann hat er Sie so eiskalt abserviert, dass Sie geschworen haben, ihn eines Tages umzubringen?«

»Ja.«

»Und Sie als Volleyballspielerin haben ja auch Kraft genug, jemanden mit einem Messer zu erstechen«, hakte Granow nach.

»Wie?« Mona LeMonnier begriff jetzt, in welche Falle sie getappt war, sprang auf und schrie, dass sie es nicht gewesen sei. »Wie denn auch? Mahesh ist mit Thomas Holtzey zur S-Bahn gegangen – und ich bin an der Ecke stehen geblieben, um auf meine Taxe zu warten.«

»Und die ist dann auch gleich gekommen?«

»Ja.«

»Es wäre schön, wenn Sie da noch die Quittung hätten«, sagte Granow.

»Ich habe mir gar keine geben lassen. Warum denn auch? Eine Heimfahrt kann ich nicht von der Steuer absetzen.«

Theresa Marotzke nahm den Faden wieder auf. »Den Taxifahrer, der Sie nach Hause gebracht hat, den finden wir sicher, oder Sie erinnern sich noch an die Nummer, über die Sie die Taxe gerufen haben. Falls das aber nicht der Fall ist: Hat Sie denn jemand gesehen, als Sie auf die Taxe gewartet haben?«

»Das dauert doch in den Außenbezirken immer eine Weile, bis da eine kommt«, fügte Granow hinzu, der das von Kladow her gut kannte.

Mona LeMonnier überlegte eine Weile. »Ja, da kam so 'n junger Mann, der ein bisschen unheimlich aussah. Ich dachte schon, der ... Nein, aber für mich hat er sich gar nicht interessiert, sondern ist hinter Mahesh und Thomas her, also in deren Richtung gegangen.«

Granow horchte auf. »Was ist Ihnen an ihm aufgefallen, was hat er angehabt?«

»Es war ja Nacht, und ich sah ihn nur im Licht der Laterne ...«

»Wirkte er ganz normal, also so bürgerlich wie einer aus Lichtenrade? Oder eher wie ein Linker aus Kreuzberg oder wie ein Rechtsradikaler vom Bahnhof Lichtenberg?«

Mona LeMonnier zögerte mit einer Antwort. »Das kann ich nicht sagen«, sagte sie dann. »Er hatte schwarze Sachen an, Turnschuhe, Jeans und so eine Jacke aus glänzendem Stoff.«

»Mit irgendwelchen Zeichen und Figuren drauf?«

»Ja, da waren zwei gelbe Buchstaben vorn auf der Brust ... Jetzt sehe ich's wieder vor mir. Ein A und ein H.«

»Wie Adolf Hitler!«, rief Theresa Marotzke.

»Dann hätte er eher eine 88 auf der Brust gehabt.« Granow musste es Mona LeMonnier erklären, die ihn fragend ansah. »Der achte Buchstabe im Alphabet ist das H, 88 steht für Heil Hitler.«

»Ich werde nie wieder mit der 88 von Friedrichshagen nach Rüdersdorf fahren!«, schwor sich Theresa Marotzke.

Als sie das EUROMAG-Gebäude wieder verließen, rief Granow: »Wieder mal *Faust*!«

»Wat is?«

»*Da steh ich nun, ich armer Tor! / und bin so klug als wie zuvor.*«

Theresa Marotzke lachte. »Da bin ich wesentlich besser dran als du, denn ich rufe gleich einmal den Verfassungsschutz in Berlin und Brandenburg an und frage nach, ob die einen jungen Mann mit den Initialen A. H. gespeichert haben.«

»Aha«, brummte Granow, »dann mach mal! Viele werden da nicht zusammenkommen, denn wer wagt es schon, sein Kind Adolf zu nennen.«

»Na, es gibt ja noch einige andere Vornamen mit A – Alexander, André, Andreas, Armin, Arne, Axel ...«

»August nicht zu vergessen. Der dumme August. Würde ja gut in die rechte Szene passen.«

Nach einiger Zeit bekam Theresa Marotzke wirklich eine Liste mit fünf mehr oder minder jungen Männern mit den Initialen A. H. »Nehmen wir uns die nun alle vor?«, fragte sie, als sie Granow die Namensliste zeigte.

Granow hatte eine Idee. »Nein, nur die, deren Handy zur Tatzeit um den Bahnhof Lichtenrade herum geortet worden ist. Es lebe die Vorratsdatenspeicherung! Dann mach dich mal ans Werk.«

Bald konnte Theresa Marotzke dann »Bingo!« rufen, denn ein gewisser Achim Hamann hatte sich zur Tatzeit in der Hilbertstraße aufgehalten. Und nicht nur das: Sie berichtete Granow, dass dieser Mann auch Führer der Brigade AH war. »Das Kürzel soll nicht für Achim Hamann stehen, sondern für Ausländerhass.«

Nun war es an Granow, die ganze Maschinerie in Gang zu setzen. Die Staatsanwältin Dr. Monique Müller-Linthe war zu informieren, beim Haftrichter das Nötige zu beantragen und ein Trupp von SEK-Männern anzufordern, denn so ganz ohne Feuerschutz bei AH vorzusprechen erschien ihm doch zu leichtsinnig, zumal der als Adresse ein abgelegenes Haus draußen in Wendenschloss angegeben hatte.

Man konnte Achim Hamann abfangen, als er von einem Spaziergang aus den Müggelbergen zurückkam. Er war so überrascht, dass er nicht einmal seinen Pitbull von der Leine ließ. In Bezug auf den Hund stimmte das Klischee, ansonsten hätte man ihn für einen Sozialarbeiter halten können, der sich bei den Hertha-Fans einbrachte, um sie davon abzuhalten, Hooligans zu werden.

Natürlich stritt er alles ab. Doch als sich später auch noch seine DNS-Spuren an der Kleidung des Inders fanden, blieb ihm

151

nichts anderes übrig, als ein umfassendes Geständnis abzulegen. »Ja, ich habe ihn erstochen und auf die Gleise gelegt, damit es nach einem Unfall aussah.«

»Und warum gerade einen Inder?«

»Ich habe ihn für einen Zigeuner gehalten ...«

***

Als Prof. Schwarz durch Kommissar Granow über die Aufklärung des Falles Kishangarh informiert wurde, war er entsetzt. Es war also kein Raubmord und keine Beziehungstat, sondern ein rassistisch bedingter Mord! Weil der Täter dachte, sein Opfer würde der Gruppe der Sinti und Roma angehören!

Schwarz hatte so viele schreckliche Fälle in seinem Berufsleben gesehen, dass sein Harmoniebedürfnis immer größer wurde. Auch seine Ansichten zum Wert von Leben und Gesundheit hatten sich immer markanter entwickelt. Zwar konnte er eine gewisse Toleranz für eine selbstbestimmte und wohlbegründete Beendigung des Lebens von eigener Hand aufbringen. Aber das einmalige, unwiederbringliche Leben eines anderen wegen ideologischer oder religiöser Differenzen auslöschen? Wieso fand extremistisches Gedankengut in hochentwickelten Gesellschaften so leicht Nährboden?

Schwarz hatte in den vergangenen Jahren zunehmend Gewaltopfer zu Gesicht bekommen, die aus unterschiedlichsten Motiven schwer verletzt oder getötet wurden. Für ihn machte es keinen Unterschied, welcher politischen Richtung die Täter angehörten. Jede Art von Gewaltanwendung war ihm zuwider und musste ohne Nachsicht geahndet, möglichst aber verhindert werden. Die Vermeidung weiterer Taten begann mit der Aufklärung. Deshalb war seine Berufswahl nur auf den ersten Blick überraschend. Aber ihm war schon klar, dass die Ahndung von Verbrechen nur der chirurgischen Therapie einer bösartigen Geschwulst glich. Wirksamer war die Prophylaxe, und die sah Schwarz vor allem in der Bildung und Ausbildung junger Menschen, die dadurch Erfolgserlebnisse im Berufsleben haben und gesellschaftliche Wertschätzung erfahren konnten.

Dann dachte der Rechtsmediziner wieder an seinen letzten Fall: Wenn der Täter seinen Verschleierungsversuch geschickter angestellt hätte, wäre er damit vielleicht sogar durchgekommen. Hätte der Mörder zum Beispiel anstelle der Stichwaffe »nur« stumpfe Gewalt angewendet, wäre die Abgrenzung von den Folgen der Bahnüberfahrung schwieriger geworden. Die gründliche Untersuchung der Kleidung des Opfers hatte immerhin die Schleifspuren an den Schuhen offenbart und damit einen Hinweis auf ein Verbrechen erbracht.

Von Schienenfahrzeugen Überfahrene boten nicht nur fürchterliche Verletzungen durch die Radeinwirkung, sondern wiesen zusätzlich durch Wälzen oder Schürfen auf den scharfkantigen Schottersteinen vielfältige Schäden auf. In Kombination mit den massiven Verschmutzungen ergaben sich daraus diagnostische Probleme für die Untersucher. Es gab zwar Erfahrungswissen der Rechtsmedizin, wonach bestimmte Positionen im Gleisbett eher auf Unfall, Freitod oder Fremdeinwirkung schließen ließen, aber absolut verlässlich waren diese Erkenntnisse nicht. Selbst die Klärung der Frage, ob einem Opfer Verletzungen vital, also zu Lebzeiten, oder nach dem Tode beigebracht worden waren, konnte in solchen Fällen problematisch sein. Schwarz hatte zu diesen Fragen des Öfteren den umfangreichen *Atlas der gerichtlichen Medizin* von Prof. Dr. Otto Prokop und Dr. Waldemar Weimann mit zahlreichen Fotos und Fallbeschreibungen studiert.

Seitdem die erste deutsche Eisenbahnlinie 1835 von Nürnberg nach Fürth in Betrieb genommen wurde, hatte sich die Technik von der niedlichen Dampflokomotive namens Adler bis zum eleganten und elektrisch betriebenen Hochgeschwindigkeitszug wie dem Intercity-Express enorm entwickelt. Das älteste Massenverkehrsmittel auf Rädern war immer schneller und effektiver geworden.

So konnten Unfälle mit gravierenden Folgen nicht ausbleiben. Bereits 1883 ereignete sich bei Berlin ein schweres Eisenbahnunglück. Am 2. September warteten auf dem Bahnhof Steglitz zahlreiche Ausflügler, die den Sedantag gefeiert hatten und nun mit dem Zug nach Hause fahren wollten. Auf dem völlig überfüllten Bahnhof sammelten sich die Menschen auch auf dem gegenüberliegenden Bahnsteig, um über die Gleise von der Gegenseite in ihren Zug zu klettern. Als der Gegenzug kam, konnten sich viele Personen nicht retten. Es gab zahlreiche Tote und Verletzte. 34 von ihnen finden sich im Archivbuch des Berliner Leichenschauhauses.

Im innerstädtischen Schienenverkehr Berlins gab es erstmals am 26. September 1908 einen schweren Unfall: 21 Fahrgäste kamen ums Leben, als zwei U-Bahnen auf der Hochbahntrasse am Gleisdreieck zusammenstießen und einer der Wagen in die Tiefe stürzte. Auch sie wurden im Leichenschauhaus in der Hannoverschen Straße untersucht.

Schwarz hatte in jungen Jahren die Folgen eines Zusammenstoßes von Personenzug und Güterzug als Rechtsmediziner miterleben müssen. Bei Lebus nahe der deutsch-polnischen Grenze war am 27. Juni 1977 ein D-Zug durch eine unterlassene Weichenstellung auf eine Nebenstrecke geraten und befuhr die falsche Strecke mit hoher Geschwindigkeit. Als der Lokführer den entgegenkommenden Güterzug bemerkte und die Notbremsung einleitete, war es schon zu spät. Die Loks prallten mit einem ungeheuren Knall aufeinander und türmten sich hoch. Die vorderen Wagen schoben sich zu einem großen Schrotthaufen zusammen. Aus den ersten drei Wagen des D-Zugs konnten 29 Menschen nur noch tot geborgen werden. Als im Institut für Rechtsmedizin die erste Alarmierung einging, hatte man 60 bis 80 Tote befürchtet, darunter viele Ferienkinder. Erst später klärte sich, dass ein vorderer Wagen leer geblieben war, weil in Görlitz eine Schulklasse den Zug verpasst hatte. Ihre Lehrerin habe verschlafen, wie man später munkelte. Schwarz konnte sich noch gut seiner damaligen Gedanken entsinnen: Man weiß nie, wozu etwas gut ist. Hier war das Glück auf der Seite der Unpünktlichen. Die gerichtliche Obduktion der Getöteten erfolgte vor Ort in einer provisorisch hergerichteten Lagerhalle – noch heute erinnerte sich Schwarz an die schreckliche Situation. Von den acht Gerichtsmedizinern und drei Zahnärzten der Charité waren, wie immer in diesen Fällen, bei den Opfern vor allem die Identität und die Todesursache zu klären.

Das schwerste Zugunglück in Deutschland ereignete sich am 22. Dezember 1939, als bei Genthin zwei Personenzüge kollidierten. Es gab 278 Tote und mehrere Hundert Verletzte. Durch die Ereignisse des Zweiten Weltkrieges wurde das Unglück relativ schnell aus dem Bewusstsein der Menschen verdrängt.

Der schwerste Bahnunfall in der Nachkriegszeit in Deutschland fand am 3. Juni 1998 im niedersächsischen Eschede statt. Bei einem ICE, der mit zweihundert Stundenkilometern die Strecke Hannover–Hamburg befuhr, brach ein Radreifen. Eine verhängnisvolle Kettenreaktion führte schließlich zur Katastrophe: Einige Wagen entgleisten und prallten gegen einen Brückenpfeiler, andere stürzten eine Böschung hinab. Zusätzlich fielen Teile der beschädigten Brücke auf den Zug herab. Die Bilanz des Unfalls waren 101 Todesopfer und 88 Schwerverletzte. Für die Identifizierung der verstümmelten Opfer konnte im Jahr 1998 die moderne Labormethode der DNS-Typisierung erfolgreich eingesetzt werden.

Die Schwere der Verletzungen bei Bahnleichen ergibt sich aus der Masse und der Geschwindigkeit des verursachenden Fahrzeugs. Physikalisch betrachtet, ist das einfaches Schulwissen: Man zieht die Formel von der kinetischen Energie ($E = m/2 \cdot v^2$) und den Energieerhaltungssatz heran. Die Energie eines bewegten Fahrzeugs – die Translationsbewegung – hängt von seiner Masse m und seiner Geschwindigkeit v im Quadrat ab, die sich bei einem Aufprall weitgehend in Zerstörung – Verformungsarbeit – umwandelt. Durch die zunehmende Erhöhung der Geschwindigkeit des Bahnverkehrs in den letzten Jahrzehnten traten immer

schwerere Verletzungsbilder auf, sogenannte Hochrasanztrau-
mata. Auch die Zahl der Opfer stieg entsprechend an. Aber wer
will schon auf den Komfort kurzer Reisezeiten verzichten! Zeit ist
schließlich Geld.

Wenn Prof. Schwarz in seinen Kollegs über Verkehrsunfälle
nach der Formel für die kinetische Energie fragte, fiel der Kenntnisstand der Studierenden nicht immer zu seiner Zufriedenheit
aus. Aber wer das Verhalten vieler im Straßenverkehr betrachtet,
weiß ja, dass diese Formel weithin unbekannt ist.

Neben den erwähnten Massenunfällen ereignen sich häufig
Unfälle im Bahngleis, die auf Leichtsinn oder Trunkenheit beru-
hen und zum Beispiel durch unbefugtes Betreten von Gleisanlagen verursacht werden. Hier erleiden die Opfer charakteristische
Anfahrverletzungen am Rumpf und Kopf, wenn sie in aufrechter
Haltung erfasst werden. Bei Suiziden gibt es diese Verletzungen
seltener, da Menschen, die ihrem eigenen Leben ein Ende bereiten
wollen, sich meist auf die Gleise legen, mitunter auch setzen.

Leider hatte Schwarz als Rechtsmediziner in den vergangenen Jahren auch einzelne tödliche Berufsunfälle bei Beschäftigten
der Bahn zu untersuchen. Bei Wartungs- oder Rangierarbeiten
waren Bahnarbeiter überfahren oder eingequetscht worden. Bei
Einquetschung einer stehenden Person können schwere Puffer-
verletzungen des Rumpfes auftreten, wobei die Puffer an Kleidung
und Haut oft charakteristische Abdrücke hinterlassen. Weiterhin
wird die sogenannte Perthes'sche Druckstauung beobachtet, bei
der die Opfer ersticken und oberhalb der Kompressionsstelle massive Stauungsblutungen zeigen.

Und Schwarz fielen alte Fälle ein, bei denen er tüchtig ins
Schwitzen gekommen war. Dazu gehörte ein Bahnopfer an einer
freien Strecke im Norden Brandenburgs. Die Körperteile, Kleidungsstücke und Schuhe des männlichen Opfers lagen derart
verstreut an der Bahnstrecke, dass Kriminalisten und Rechtsmediziner die Fahrtrichtung des verursachenden Zuges auf der
eingleisigen Strecke nicht rekonstruieren konnten. Schwarz hatte

als junger Assistent erstaunt beobachtet, wie sich damals der erfahrene Oberarzt erbost zu dem Ausruf hinreißen ließ: »Nie wieder fahre ich zu einer Eisenbahnüberfahrung außerhalb Berlins.« Und er hatte Wort gehalten!

Schwarz erinnerte sich an eine charakteristische Schädelverletzung in einem anderen Fall aus seinem Institut, die richtungweisend für die Aufklärung des Falles werden sollte. Eine junge Frau wurde mit schweren Sturzverletzungen neben den Bahngleisen gefunden. Die Ermittler vermuteten einen tödlichen Sturz aus dem fahrenden Zug, so dass am ehesten ein Unfall oder ein Suizid in Frage kam. Bei der Obduktion fanden sich eine frühe Schwangerschaft sowie eine gradlinige und scharfkantige Verletzung des Schädeldachs, die nicht ohne weiteres zu erklären war. Nach Vergleich der Knochenverletzung mit möglichen Kontaktstellen an Lokomotiv- oder Waggonteilen erkannte man, dass der vor dem ersten Rad der Lokomotive befindliche Schienenräumer zu der Verletzung passte. Wie konnte die Frau nach dem Sturz aus einem Zug vor den Schienenräumer geraten sein? Mit den Ergebnissen konfrontiert, gestand der Freund der Frau, diese wegen der unerwünschten Schwangerschaft getötet zu haben. Er hatte seine Freundin aus dem Zug gestoßen. Dann war er von der nächsten Station zu dem leblosen Opfer zurückgelaufen und hatte es mit dem Kopf auf die Schiene gelegt. Er wollte eben ganz sicher gehen!

Für Schwarz war klar: Tote im Gleisbett mussten immer gründlich untersucht werden. Diese Fälle waren meist nur in Kooperation von kriminalistischen, rechtsmedizinischen und technischen Experten zu klären. Und die allgemein vorgeschriebene ärztliche Leichenschau war hier nicht ausreichend, vielmehr war immer eine gerichtliche Obduktion erforderlich.

Ohne Krimi geht die Kimmi
nie ins Bad

Kim Gießmann liebte Lesungen. Wenn sie still dasitzen konnte und ihr jemand etwas vorlas, dann glitt sie zurück in selige Kinderzeiten und war wieder die kleine Kimmi. Bevor sie sich als Unternehmerin in der Altenpflege selbständig gemacht hatte, war sie jahrelang zur Alice-Salomon-Hochschule nach Hellersdorf gefahren, um dort Sozialarbeit zu studieren, und dabei hatte sie genug an Psychologie mitbekommen, um zu wissen, dass man an ihrer Persönlichkeit hin und wieder eine Rückkehr zu einer früheren Entwicklungsstufe feststellen konnte. Klar, sie hätte selbst Bücher und auch Werke der Hochliteratur lesen können – aber nein, sie mied jede Qual und genoss es, sich Unterhaltsames vorlesen zu lassen, vor allem Kriminalromane. Und da hatte sie in letzter Zeit großen Gefallen an den Romanen aus der Reihe *Es geschah in Berlin* gefunden, in denen, beginnend mit dem Jahr 1910, der Kommissar Hermann Kappe seine Fälle löste. Das Besondere an dieser Reihe war, dass nicht eine Person alle Bände schrieb, sondern mehrere Autoren und Autorinnen am Werke waren und so immer wieder neue Farben ins Spiel kamen. In jedem Frühjahr erschienen drei neue Romane, und diesmal waren Jan Eik mit *Polnischer Tango* (1940), Petra Gabriel mit *Beutezug* (1942) und -ky mit *Unterm Fallbeil* (1944) mit von der Partie.

Kim Gießmann kam spät in die kleine Buchhandlung im Südwesten Berlins, und gerade hängte man das Schild *Wegen Überfüllung geschlossen* an die Ladentür. Auch sie wäre wieder nach Hause geschickt worden, wenn ihr Andrea keinen Stuhl freigehalten hätte. Beide waren seit Jahren befreundet, und Andrea Diebel, der vor kurzem bei Schlecker gekündigt worden war, half ihr in ihrer Firma und im Haushalt. Kim Gießmanns Klappstuhl stand an der linken Seite des schmalen Raums, ganz dicht an den Regalen mit den druckfrischen Büchern. Das erinnerte sie an die Bibliothek ihres verstorbenen Vaters. Es war so schön kuschelig hier. Sie schloss die Augen und versank in einen wohligen Minutenschlaf. Als Andrea Diebel sie anstieß, schreckte sie hoch. Sie hatte für einen Moment die Orientierung verloren und fürchtete schon, während der Lesung eingeschlafen zu sein. Peinlich! Nein, noch las keiner.

Der Verleger sprach noch ein paar einleitende Worte und entschuldigte dabei die Abwesenheit einer seiner beiden männlichen Protagonisten. »-ky hat sich leider Gottes entschlossen, wieder einmal mit einer Lungenentzündung im Krankenhaus zu liegen. Wir wünschen ihm gute Besserung.«

Sie bedauerte das nicht sonderlich, denn sie hatte diesen Autor nie gemocht. Er hatte seit Jahren keinen wirklich starken Plot mehr zu bieten, verlor sich immer in Details, zitierte seitenlang fremde Gedichte und ließ Kappe pausenlos mit der S-, U- und Straßenbahn durch Berlin fahren, wobei er auch noch jede Linie und jede Haltestelle einzeln aufzählte. Sie wartete schon auf den Tag, da der sogenannte Altmeister im Rollstuhl zu ihr ins Pflegeheim »Hoffnungsschimmer« geschoben beziehungsweise abgeschoben wurde.

Bei Jan Eik ging es um eine in Berlin versteckte Jüdin, die in der S-Bahn tot aufgefunden wird, und bei Petra Gabriel um einen verschwundenen Lehrling und dunkle Machenschaften hoher NS-Leute. Kim Gießmann fand beide Romane bemerkenswert und kaufte sie, um sie an den nächsten Abenden bei sich zu Hause in der Badewanne zu verschlingen. Natürlich ließ sie sich beide Bücher noch signieren.

Andrea Diebel tat der arme -ky leid, und sie legte, obwohl sie es wirklich nicht so dicke hatte, das Geld für das Buch auf den Ladentisch.

»Kommt nicht in Frage!«, rief Kim Gießmann, steckte der Freundin das Geld wieder ins Portemonnaie, bezahlte *Unterm Fallbeil* selbst und legte den Roman auf die anderen beiden Taschenbücher.

»Gehen wir noch etwas trinken?«, fragte Andrea Diebel.

Kim überlegte einen Augenblick. Einerseits war sie zu müde, andererseits hatte sie Angst vor den einsamen Stunden vor Mitternacht – allein in ihrer großen, leeren Wohnung. Seit einiger Zeit war sie Single. Die Männer waren nur scharf auf ihr Geld. »Gut, fahren wir in die Fasanenstraße! Das Café im Literaturhaus hat bis 24 Uhr geöffnet.«

So vergingen noch einmal anderthalb Stunden. Andrea Diebel erzählte viel von ihrer früheren Tätigkeit in der Drogerie, von ihrem verstorbenen Mann und ihrem tüchtigen Sohn, Kim Gießmann von ihrer Firma und ihrem Ex, der immer mehr zum Alkoholiker wurde und von dem vermutet wurde, dass er Leberkrebs hatte.

»Rosige Zeiten sehen anders aus«, stellte Andrea Diebel fest.

Kim Gießmann sah auf die Uhr. »Komm, ich fahr dich noch nach Hause.«

Da die Freundin in Moabit in der Pritzwalker Straße wohnte und sie selbst in Friedenau in der Stubenrauchstraße, dauerte die Fahrt eine Weile. Immerhin fand sie dann vor ihrer Haustür schnell einen Parkplatz, was am Städtischen Friedhof, den die Fehler- und die Stubenrauchstraße umschlossen, kurz vor Mitternacht kein Kunststück war. Natürlich glaubte sie nicht an den Unfug von Geistern, die aus den Gräbern stiegen, trotzdem gruselte sie sich ein wenig. Aber Angstlust war ihre größte Lust geworden, was ihre Liebe zum Kriminalroman bewies.

Als sie gerade dabei war, die Haustür aufzuschließen, löste sich hinten von der grauen Friedhofsmauer ein Schatten und kam auf sie zu. Sie erschrak im ersten Augenblick, dann erkannte sie, dass es nur ihr Hausmeister war, Stefan Schiffke.

»Hallo, Ihr Bodyguard ist zur Stelle!«, rief er ihr zu.

Andrea Diebel stieg an der Hanauer Straße aus dem 101er Bus. Es dauerte eine Weile, bis sie die vielbefahrene Laubacher Straße überquert hatte. Ihr schräg gegenüber lag der Komplex der Ruppin-Grundschule mit seinen braunroten Backsteinbauten und dem Pausenhof davor, den grüner Kunstrasen bedeckte, da er abends und am Wochenende unterklassigen Fußballvereinen als Spielstätte diente. Es gelang ihr, über den Fahrdamm zu huschen, ohne von heranrasenden Autoraketen abgeschossen zu werden. Nachdem sie die Fehlerstraße ein paar hundert Meter Richtung Südwestkorso gegangen war, kam sie an eines der beiden Friedhofstore. Immer wenn sie freitags zu Kimmi fuhr, um deren Wohnung in Ordnung zu bringen, nahm sie den Weg über den Friedhof. Nicht nur, weil das eine Abkürzung war, sondern auch, um vor dem Grab Marlene Dietrichs stehen zu bleiben. Die verehrte sie wie keine andere Schauspielerin. *Hier steh ich an den Marken meiner Tage – Marlene – 1901–1992.* Alles ganz schlicht. Sie sah die Dietrich vor sich, wie sie im *Blauen Engel* den Professor Unrat becircte. Wunderbar!

Nach dieser Gedenkminute schritt sie nun über den Friedhof, ohne auf die anderen Gräber zu achten, und verließ ihn durch das Hauptportal an der Stubenrauchstraße. Bis zum Haus von Kimmi waren es nur noch ein paar Meter. Sie wohnte in der dritten Etage, und Kimmi spottete immer, stünde dieses Haus an der See, müsste draußen *Villa Friedhofsblick* dran stehen. Als Andrea Diebel oben angekommen war, klingelte sie sicherheitshalber, denn sollte die Freundin doch noch zu Hause sein, dann sollte sie keinen Schreck bekommen und nicht denken, Einbrecher seien am Werke. »Ich bin's!«

Keine Reaktion. Kimmi war also schon ab ins Büro. Klar, pünktlich wie immer. Obwohl es ja nach der langen Lesenacht gestern auch hätte sein können, dass sie eine Stunde später ins Büro gefahren wäre. Schade.

Andrea Diebel ging zuerst in die Küche, um sich eine Kanne Kaffee zu kochen. Ohne den kam sie nicht in Schwung. Wo sollte sie anfangen? Sie war keine gelernte Putzfrau und hatte in diesem Job noch keine Routine entwickelt. Also brachte sie erst einmal den Müll hinunter. Schiffke stand unten am Container und war dabei, den schon hineingeworfenen Unrat mit einem Spaten zu verdichten. Auch das noch! Der Hausmeister machte alles an, was halbwegs weiblich war, und nicht mal Rentnerinnen waren vor ihm sicher. An der Tür zu seiner Werkstatt hing ein Zettel mit den Ziffern seines Telefonanschlusses und der Aufschrift *Die schnelle Nummer*. Passend dazu verriet er einer jeden seinen Geburtsort: Quickborn. Andrea Diebel war auch heute wieder auf eine zumindest verbale Attacke gefasst, doch Schiffke nahm kaum Notiz von ihr, sondern murmelte nur etwas von Ratten, die er am Müllcontainer gesehen habe.

Sie lachte. »Na, solange es keine Frettchen sind ... Wo Sie doch so weite Hosenbeine haben ...«

Schiffke sah da keinen Zusammenhang. »Wieso'n das?«

»Waren Sie schon mal in Yorkshire?«

»Nee, mir reicht die Yorckstraße.«

Andrea Diebel berichtete von ihrem letzten Englandaufenthalt. »Da gibt es Wettkämpfe, wo sich die Männer unten ein oder zwei Frettchen in die Hose stecken, die Hosenbeine dann zubinden – und warten, wer es länger aushält.«

Schiffke schüttelte sich. »Mann, die lieben Tierchen ham doch so scharfe Zähne wie Piranhas ...«

»Wer's am längsten aushält, hat gewonnen. Der Weltrekord soll bei über fünf Stunden liegen.«

»Aber der Siega, der is dann ooch keen Mann mehr«, sagte Schiffke mit Fistelstimme. »Da behalt ick doch lieba allet, wat ick so habe.«

Bevor er zu exhibitionistischen Aktionen ansetzte, warf Andrea Diebel ihre beiden Müllsäcke in den Container und machte sich aus dem Staub. Wieder oben angekommen, ging sie erst einmal ins Bad, um sich die Hände zu waschen.

Eine Sekunde später stieß sie einen solchen Schrei aus, dass die Leute in den Wohnungen ringsum dachten, sie hätte gleich eine ganze Kollektion von Schuhen bekommen. Doch das war es nicht: Kimmi Gießmann lag in der Badewanne – so tot, wie ein Mensch nur sein konnte. Und auf dem grünlich gefärbten Wasser schwamm der neueste Roman von -ky.

Gunnar Granow hatte Besuch bekommen. Nicht zu Hause bei sich in Kladow, denn so weit ging die Freundschaft nun auch wieder nicht, sondern im Büro. Seit man ihn in Pension geschickt hatte, tauchte der Erste Kriminalhauptkommissar a. D. Hans-Jürgen Mannhardt immer mal wieder in der Keithstraße auf, um mit den jüngeren Kollegen zu plaudern und »neues Wissen zu tanken«, wie er das ausdrückte, denn er hatte noch immer Lehraufträge an der Hochschule für Wirtschaft und Recht, wo auch die Kommissare des gehobenen Dienstes herangebildet wurden.

»Wie bist du denn eigentlich zur Kripo gekommen?«, wollte Granow wissen.

Mannhardt musste nicht lange nachdenken. »Ich hatte einen Onkel in Eichwalde wohnen, in der Kurfürstenstraße 6, die heißt heute Puschkinallee. Da hat es im Nebenhaus einen dreifachen Mord gegeben. 1938 schon, aber die Erwachsenen haben noch ewig davon geredet, und mich als Kind hat das gewaltig aufgeregt. Karl Schulz hieß der Täter, das weiß ich noch heute. Der hatte aus der Wohnung seines Nachbarn ein Jagdwehr entwendet und dann nacheinander seine kleine Tochter, seine Frau und die Großmutter seiner Frau erschossen.«

»Und wie issit rausjekommen, det er et war?«, fragte Theresa Marotzke.

»Der ist sofort von Gendarmen, die in der Nähe waren, überwältigt worden.«

»Also ohne dass unsere Kollegen lange ermitteln mussten?«

»Ja.«

Granow lachte. »Und wieso bist du dadurch zur Kripo ge-

163

kommen, wo die doch in Eichwalde gar keine Rolle gespielt hat?«

Mannhardt musste ihm recht geben. »Stimmt – aber was wäre als Beruf denn logischer gewesen?«

»Psychologe vielleicht«, fand Granow, »oder Psychiater.«

»Das gab's in meiner Jugend noch nicht so richtig.«

»Dann eben Rechtsmediziner.« Granow verwies auf Dr. Waldemar Weimann, der in den Fällen des Berliner S-Bahn-Mörders Paul Ogorzow und der mordenden Krankenschwester Elisabeth Kusian, eine entscheidende Rolle gespielt hatte. »Da wären Sie heute eine stadtbekannte Größe.«

Ehe sie auf die beiden großen Berliner Kriminalfälle genauer zu sprechen kamen, klingelte das Telefon, und Granow und Theresa Marotzke wurden nach Friedenau in die Stubenrauchstraße gerufen. Eine tote Frau in der Badewanne. Sie verabschiedeten sich von Mannhardt, der sich noch weiter im Dienstgebäude umsehen wollte, und liefen zu Granows Wagen.

»Tote Frauen in der Badewanne«, sinnierte Granow, als sie einstiegen. »Dazu bin ich in der mündlichen Prüfung befragt worden. Zu Mister Smith.«

»Erzähl mal!«

»Der Mann hieß George Joseph Smith, ist so um 1870 in London zur Welt gekommen, war erfolgreicher Kleinkrimineller und Bigamist. Zwischen 1908 und 1914 schließt er insgesamt sieben bigamistische Ehen, und zumeist begnügt er sich damit, vor seinem Verschwinden das Eigentum seiner Frauen zu plündern. Drei hat er aber umgebracht, und zwar hat er sie, als sie in der Badewanne lagen, an den Beinen gepackt und unter Wasser gezogen. Die Ärzte haben immer an eine natürliche Todesursache gedacht, epileptische Anfälle oder so.«

»Ich weiß schon, warum wir zu Hause nur 'ne Dusche haben«, sagte Theresa Marotzke.

»Und ich, warum meine Frau immer abschließen will, wenn sie in der Badewanne liegt ...«

164

»Jedenfalls wird unser lieber Professor nicht viel Arbeit haben.«

Prof. Schwarz war ein paar Sekunden vor ihnen in der Stubenrauchstraße eingetroffen und wartete schon auf sie.

***

»Na, da seid ihr ja endlich«, rief Prof. Schwarz den Kriminalisten zu, die das Treppenhaus hinaufgestiegen kamen. »Ich habe meine Vorlesung einige Minuten verkürzt und bin gleich hierher gerast – soweit das bei dem Verkehr auf der Großbaustelle Berlin überhaupt noch möglich ist. Da ihr es von der Keithstraße nur halb so weit habt wie ich von der Charité in Mitte, habt ihr euch ganz schön Zeit gelassen. Was habe ich in meinem Leben schon auf Kripo oder Staatsanwaltschaft gewartet! Jetzt habe ich mich erst einmal auf den Korridor verzogen«, sagte Schwarz. »Da drin riecht es ja schlimmer als bei mir im Sektionssaal. Grüße Sie, Frau Marotzke, grüß dich, Gunnar. Das wird heute kein schöner Anblick. Kommt mal mit ins Badezimmer!«

»Übrigens, ich soll dich schön grüßen«, fiel dem Kommissar Granow noch ein. »Von unserem alten Chef Hans-Jürgen Mannhardt.«

»Danke, grüße bitte zurück. Mit dem habe ich so manchen kniffligen Fall bearbeitet. Da warst du noch im Streifendienst«, stichelte Schwarz. »Ich hoffe, dem alten Knaben geht es gut. In seinem Alter stellen sich mit hoher statistischer Wahrscheinlichkeit gewisse Zipperlein ein. Aber nun zu unserem Fall! Hier im Badezimmer fällt euch sicher auch dieser penetrante Geruch nach gekochtem Fleisch auf. In der Badewanne liegt eine tote Frau, offenbar die Wohnungsinhaberin. Sie ist unbekleidet und liegt in dieser braungrünen Brühe, die Atemöffnungen befinden sich unter der Wasseroberfläche. Gottlob hat noch niemand das Wasser abgelassen. So können wir noch den Pegelstand, die Temperatur und die Zusammensetzung der Flüssigkeit beurteilen. Ich nehme jetzt sicherheitshalber eine Probe von dem Wasser zur chemisch-toxikologischen Analyse – man kann nie wissen. Wir können auch von Glück reden, dass Kripo und Rechtsmedizin alarmiert wurden. Bisher sind nämlich keine Verletzungen an der Toten aufgefallen. Nur weil die Bewohnerin mit ihren 48 Jahren nie krank gewesen sein soll, hat der Leichenschauarzt die Polizei verständigt. Wir wissen natürlich, dass ein Todesfall in der Badewanne immer problematisch ist, auch wenn es sich meist um Unfälle handelt – zum Beispiel nach reichlichem Genuss von Alkohol und/oder Tabletten.«

»Warum riecht das hier nur so ›gekocht‹?«, fragte Granow.

Und Theresa Marotzke dachte laut: »Kann das schon die Leichenfäulnis sein?«

Aber Granow schüttelte den Kopf. »Wenn es sich um Frau Gießmann handelt, so müsste die gestern Abend allein nach Hause gekommen sein. So sagt es jedenfalls der Hausmeister. Sie kann also kaum länger als zwölf Stunden in der Wanne liegen. Da gibt es doch noch keine Fäulniserscheinungen – oder?«, wandte er sich fragend an Schwarz.

»Das hängt natürlich entscheidend von der Wassertemperatur ab«, erwiderte der Rechtsmediziner. »Die Temperatur des Wassers liegt jetzt mit 28 Grad Celsius etwas über der Raumtemperatur, sie könnte natürlich zurückliegend erheblich höher gewesen sein. Das wird kaum noch zu ermitteln sein und erschwert leider die Todeszeitbestimmung. Ich bin dafür, erst einmal das Wasser abzulassen.«

Gespannt beobachteten die drei das Absinken des Wasserpegels, wodurch nun mehr und mehr der Blick auf den Körper freigegeben wurde. Die Leiche lag in Rückenlage, den Kopf leicht zur linken Seite geneigt, die Arme leicht angewinkelt mit den Händen auf dem Unterbauch. Prof. Schwarz beugte sich über die Tote, inspizierte alle Körperregionen, besonders gründlich untersuchte er die Augen, Mund- und Nasenöffnungen. Die schaumige rötliche Flüssigkeit in den Nasenöffnungen demonstrierte er den Kriminalisten als sogenannten angedeuteten Schaumpilz. »Der

166

spricht für Ertrinken«, stellte Schwarz fest. »Aber das sagt noch gar nichts über die Ursache des Ertrinkens.«

Nach fotografischen Übersichts- und Detailaufnahmen wendete Schwarz die Leiche, um deren Rückseite zu untersuchen. Gleichzeitig prüfte er die Totenstarre, die in allen Gelenken kräftig ausgeprägt war. Schließlich sagte er: »Die Frau ist mindestens sechs bis acht Stunden tot, wie aus der Totenstarre zu schließen ist. Dazu passt auch die sogenannte Waschhautbildung an Händen und Füßen, was bedeutet, dass sie die gesamte Zeit im Wasser lag. Die auffallenden Hautrötungen und -blasenbildungen sind am ehesten Hitzefolgen, als ob das Wasser zu heiß war.« Mit einem Mal wurde Prof. Schwarz unruhig. »Da seht mal!«, rief er. »Unterhalb der Schulterblätter liegt eine kräftige Hautrötung mit einem auffälligen Muster. Die Haut ist hier auch verhärtet. Ich halte das für eine Strommarke. Wir müssen allerdings auch eine Hitzemarke in Betracht ziehen. Nun scheint mir ein Unfall in der Badewanne ausgeschlossen. Wo soll denn dieser Befund herkommen? Und wenn ein elektrisches Gerät in die Wanne gefallen ist – welche Geisterhand hat dieses danach wieder entfernt? Gunnar, ihr bekommt Arbeit!« Damit richtete sich Schwarz wieder auf und streifte die Handschuhe ab. Er hielt die wichtigsten Befunde in seinem Diktiergerät fest und sagte dann: »Hier hat ein Gerät eingewirkt. Wir machen gleich maßstabsgerechte Fotos, die können wir mit fraglichen Tatwerkzeugen vergleichen.«

Granow griff zu seinem Handy, und mit einem Nicken zu Schwarz sagte er: »Ich rufe jetzt die Staatsanwältin an. Wir brauchen eine Anordnung zur gerichtlichen Obduktion. Ihr könnt das doch heute noch übernehmen – und wann kann es losgehen?«

Schwarz schaute auf seine Uhr, dachte kurz nach und schlug dann als Zeitpunkt sechzehn Uhr vor. Granow beriet sich dann mit seiner Kollegin. »Die Spurensicherung muss her. Sie sollen nach Fingerabdrücken suchen, vor allem im Badezimmer. Und dann zeig denen gleich ein Foto von der Hautverletzung! Sie sollen alle elektrischen Geräte in der Wohnung prüfen. Wenn nichts Passendes zu finden ist, müssen sie die Suche auf handelsübliche Geräte ausdehnen.«

»Na, gute Nacht, Marie«, stöhnte Theresa Marotzke. »Kann man das nicht auf bestimmte Gerätetypen einengen?«

»Sicher«, meinte Schwarz und strahlte sie an, »wahrscheinlich kreisrund und mit zirka acht Zentimeter Durchmesser.« Er versuchte, die Situation zu entschärfen. »Aber jetzt im Ernst: Mein Favorit wäre ein Föhn, was sowohl die Form als auch die elektrische Leistung betrifft. Damit kennt sich doch die Damenwelt bestens aus – ich brauche so ein Gerät nie.«

»Ich kann ja schlecht mit so einer Bürste rumlaufen wie Sie«, erwiderte die Marotzke schnippisch.

Und Schwarz lachte. »Das steht wirklich nicht jedem. Aber Sie würden eine Menge Zeit und Geld beim Friseur sparen!«

Die Marotzke griff die Alberei auf und meinte nachdenklich: »In der gesparten Zeit haben Sie bestimmt Ihre wissenschaftliche Karriere vorangetrieben.«

Worauf Schwarz konterte: »Dann werden Sie mit Ihrer Haarpracht nie akademische Ehren erlangen – wie schade.«

»Genug geschäkert«, schritt Granow ein. »Wir haben noch viel zu tun. Also bis um vier im Leichenschauhaus! Wir werden inzwischen die Identität der Toten sichern. Das Gesicht ist so gut erhalten, dass wir die Hausbewohner mit einem Foto befragen können.«

»Bevor ich gehe, noch etwas«, warf Schwarz ein. »Ich will ja nicht vorsagen, aber es erscheint mir wichtig. Lasst auf jeden Fall die Elektroanlage von einem Fachmann prüfen, speziell den Sicherungskasten. Ich habe es früher einmal erlebt, dass ein Föhn stundenlang unter Wasser lief und das Badewasser fast zum Kochen brachte. Da gab es eine alte, nicht funktionierende Sicherungsanlage. Ich hätte das nie für möglich gehalten – aber die Elektrotechnik ist ein kompliziertes Fachgebiet!«

Im Sekretariats des Instituts erkundigte sich Schwarz nach

dem Dienstplan der Ärzte, denn für die Obduktion brauchte er einen zweiten Arzt, das war in der Strafprozessordnung so vorgeschrieben.

Die Sekretärin machte ein bekümmertes Gesicht. »Doktor Krell ist noch bei Gericht, Frau Doktor Schöneberg ist zu einer Untersuchung der Verhandlungsfähigkeit ausgerückt, und Doktor Spohr ist gerade mit einer Altersschätzung beschäftigt.«

»Also ist unser guter Spohr als einziger im Institut greifbar«, konstatierte Schwarz. »Ich schaue mal, wie weit er ist.«

Tatsächlich traf er den Assistenten im Untersuchungszimmer an. Er bat ihn um einen kurzen Bericht. Danach handelte es sich bei dem Untersuchten um einen jungen Mann ohne Personalpapiere, angeblich aus dem Libanon stammend, der bei einem Raubüberfall festgenommen worden war. Dr. Spohr berichtete weiter: »Der junge Mann gibt an, dreizehn Jahre alt zu sein. Aber die körperliche Entwicklung spricht eher für ein Alter von zirka achtzehn Jahren. Ich erwarte jede Minute die Zahnärztin aus der Uni-Zahnklinik, Frau Doktor Carina. Sowie sie den Fall übernimmt, komme ich in den Sektionssaal.«

»Das ist doch die hübsche Blonde?«, flüsterte Schwarz seinem Assistenten zu. »Da wären Sie sicher lieber dabei geblieben – tut mir leid.«

Spohr überhörte diese Bemerkung und fuhr fort: »Dann kommt noch die radiologische Untersuchung, die ist für morgen neun Uhr mit Professor Weiniger verabredet.«

»Ich gehe davon aus, dass die Röntgenuntersuchung richterlich angeordnet ist«, sagte Schwarz.

Dr. Spohr nickte. »Natürlich, Sie wissen doch, dass wir uns auf diesem sensiblen Gebiet exakt an die Vorschriften halten.«

Mit den Worten »Ich erwarte Sie dann im Saal« eilte Schwarz davon. Jetzt war es schon zehn Minuten nach vier, wo er doch so viel Wert auf Pünktlichkeit legte!

Als Prof. Schwarz in den Sektionssaal kam, warteten dort schon die Staatsanwältin Hagenau und die Kriminalisten Granow und Marotzke, die im Halbkreis um den belegten Sektionstisch standen.

»Ich bitte um Nachsicht für die äußerst seltene Verspätung«, eröffnete Schwarz die Begrüßung der Besucher. »Wie überall: Keine Leute, keine Leute! Unser Doktor Spohr ist noch mit einer Altersbestimmung beschäftigt, wird aber auch gleich erscheinen. Ich fange schon mal mit der ›Äußeren Besichtigung‹ an!«

Dann begann Schwarz mit dem Diktat des ersten Teils des Sektionsprotokolls. Der Sektionsassistent Walter Mann ging ihm zur Hand. Dabei wurden immer wieder fotografische Aufnahmen gemacht. Besonders gründlich wurde die Marke am Rücken untersucht, sie wurde beschrieben, mit dem Operationsmikroskop betrachtet, vermessen und fotografiert.

Inzwischen war auch Dr. Spohr erschienen. Nun konnte mit der Leichenöffnung begonnen werden.

Schwarz diktierte die inneren Befunde für den Teil B des Sektionsprotokolls. Das Sektionsteam nahm zwischendurch Proben innerer Organe und Körperflüssigkeiten für toxikologische und mikroskopische Untersuchungen ab. »Wir dürfen nicht vergessen, zum Schluss mehrere Hautstellen und Teile der Hautmarke am Rücken für die Mikroskopie zu entnehmen«, erinnerte Schwarz.

Schließlich besprach Prof. Schwarz noch einige Probleme mit Dr. Spohr, um dann das »Vorläufige Gutachten« des Sektionsprotokolls von Kim Gießmann zu diktieren. Das Ermittlerteam hörte aufmerksam zu.

I. Sektionsergebnis
Leichnam einer bekannten, 48 Jahre alten, 169 cm großen und 71 kg schweren Frau.
Deutliche Waschhautbildung an Händen (gesamte Hohlhand) und Fußsohlen.
Starke Überblähung der Lungen. Schaumige Flüssigkeit in den Luftröhrenästen, der Luftröhre sowie Mund- und Nasenhöhlen. Flüssigkeit in

Warzenfortsätzen und Keilbeinhöhle. Verwässerter schaumiger Magen-
inhalt (Wydler'sches Zeichen).
Akute Blutfülle der inneren Organe. Flüssiges, dunkelrotes Blut.
Näher beschriebene Hautmarke von 8 cm Durchmesser an der Rücken-
haut. Ausgedehnte Rötungen und Blasenbildungen der Haut sowie Blässe
und Verfestigung des Unterhautfettgewebes.
Geringe allgemeine Arteriosklerose.
Einzelner Gallenblasenstein.
II. Todesursache: wahrscheinlich Ertrinken nach Stromschlag.
III. Die quantitative chemische Alkoholbestimmung ergab nach zwei Me-
thoden sowohl im Leichenblut als im Urin keine alkoholische Beeinflussung
zum Todeszeitpunkt.
IV. Die Betroffene zeigt eindeutige Ertrinkungszeichen. Die auffällige
Marke an der Rückenhaut ist am ehesten als Strommarke zu deuten. Zu
dieser Frage werden noch spezielle mikroskopische Untersuchungen durch-
geführt. Die Beibringung eines Stromschlages in der Badewanne würde
den Ertrinkungstod erklären. Gleichzeitig könnte es durch ein elektrisches
Gerät zu Erhitzung des Badewassers gekommen sein, was die Veränderun-
gen von Haut und Unterhaut erklären würde. Nachfolgende histologische
Untersuchungen sollen die Frage klären, ob die Hautverbrühungen vital
oder postmortal entstanden sind. Aufgrund der Hautveränderungen und
weiterer Leichenerscheinungen ist davon auszugehen, dass die Betroffene
mehrere Stunden nach dem Tod im Wasser gelegen hat.
V. Die Befunde von Leichenschau und Leichenöffnung sprechen für eine
Tötung von fremder Hand.
VI. Das Ergebnis der toxikologischen und histologischen Untersuchungen
wird nachgereicht.
VII. Die Obduzenten behalten sich ein endgültiges Gutachten ausdrücklich
vor.
VIII. Prof. Dr. med. Robert Schwarz, Dr. med. Albert Spohr

Prof. Schwarz entledigte sich seiner Handschuhe und der Sek-
tionsschürze, ehe er zu den Besuchern trat. »Sehr geehrte Frau
Hagenau, liebe Mordermittler. Ich lade Sie noch auf eine Tasse

Kaffee ein, die haben wir uns verdient. Außerdem ist einiges zu besprechen. Ich rufe noch eben meine Sekretärin an, richte mich kurz her, und dann sind Doktor Spohr und ich bei Ihnen.«

In seinem Dienstzimmer blickte Schwarz in die Kaffee trinkende Runde. »Was haben wir an gesicherten Ergebnissen? Die Frau ist eindeutig ertrunken, und wir haben die auffällige Hautmarke am Rücken. Ich habe kaum Zweifel, dass es sich hierbei um eine Strommarke handelt. In der Wohnung oder bei dem Täter müsste sich also ein passendes Elektrogerät finden. Ich vermute, es handelt sich um einen Föhn. Der hat wahrscheinlich nach dem Verbringen in das Badewasser noch einige Zeit geheizt, denn Haut und Unterhautfettgewebe der Toten wirken wie gekocht, und die Wassertemperatur lag bei unserer Untersuchung über der Raumtemperatur. Deshalb ist die Überprüfung der Elektroanlage so wichtig, denn nach meiner Kenntnis müsste bei einem derartigen Stromfluss die Sicherung reagieren. Aber vielleicht war die manipuliert. Das spricht für einen Täter mit gewissen Kenntnissen auf diesem Gebiet – wenn schon nicht mit einschlägigem Beruf, dann vielleicht als Bastler.«

Granow nickte und ergriff das Wort. »Wir wissen jetzt, worum es geht und was wir suchen müssen. Könnt ihr die Todeszeit noch weiter einengen?«

Schwarz und Spohr sahen sich an. »Wie sehen Sie die Sache?«, fragte Schwarz seinen Kollegen.

»Unsere beste Methode, die Messung der Leichentemperatur an verschiedenen Stellen des Körpers, versagt hier. Schließlich lag die Frau mit Sicherheit mehrere Stunden im Wasser, dessen Temperaturverlauf wir nicht genau kennen. Und das bei bekanntlich hoher Wärmeleitfähigkeit von Wasser. Sicher ist jedoch, dass das Wasser erhitzt worden sein muss. Das beeinflusst wiederum den zeitlichen Ablauf der Leichenerscheinungen. Trotzdem würde ich unter Zugrundelegung von Totenstarre und Waschhautbildung mit einer Todeszeit von acht bis zehn Stunden vor dem Leichenschautermin rechnen. Der Eintritt des Todes liegt also zirka neun Stunden vor Ihrer ersten Untersuchung, Herr Professor.«

Schwarz nickte zufrieden. »Bravo, Doktor Spohr, ich hätte es nicht besser zusammenfassen können. Mehr ist hier nicht drin. Wir werden dann bei nächster Gelegenheit noch die angekündigten Zusatzuntersuchungen durchführen. Aber ich erwarte davon keine Überraschungen. Also machen wir uns an die Arbeit!«

Danach verabschiedeten sich die Staatsanwältin und die Ermittler von den Rechtsmedizinern mit dem üblichen »Bis zum nächsten Mal!«. Denn ein nächstes Mal würde es leider immer wieder geben.

***

»Das sollte nicht Gut-, sondern Schlechtachten heißen«, murmelte Granow, als sie die Erkenntnisse ihres Rechtsmediziners noch einmal durchgegangen waren.

»Wieso'n das?«, wollte Theresa Marotzke wissen.

»Weil ich bei einem natürlichen Ableben der Kim Gießmann schon Feierabend hätte, jetzt aber ...«

Theresa Marotzke stand auf, um anzuzeigen, dass sie vor Tatendrang nur so sprühte. »Wo fangen wa denn an?«

»Mein Großvater hat immer gesagt: Am Ende, dann ist man am schnellsten fertig.«

Sie überlegte. »Okay, det Ende is ja bei uns imma det Jeständnis des Täters – oda wenigstens seine Festnahme. Uff wen stürzen wa uns also?«

»Keine Ahnung, eins zu null für dich.« Granow legte eine kleine Denkpause ein. »Ich denke, wir machen uns erst einmal kundig, was diese Kim Gießmann so für ein Mensch war.«

»Det heißt, wir fahr'n zu ihrer Freundin Andrea.«

»Erraten! Aber wenn du schon richtig berlinern willst, dann musst du schon sagen: Wir fahr'n bei ihre Freundin.« Nun erhob sich auch Granow, und um sich selbst zu motivieren, begann er, einen Schlager zu singen, den seine Mutter liebte: »*Ich hab die ganze Nacht von dir geträumt, Andrea ...*«

»Von wem issen dit?«

»Keene Ahnung, da tu ick aba ma meine Mutta fraren.«

Sie sah in böse an. »Willste ma vascheißan?«

»Nee, aba du hast mich anjesteckt.«

»Na, wenns nur damit is.«

Mit einem Anruf beim Einwohnermeldeamt bekamen sie heraus, dass Andrea Diebel in der Pritzwalker Straße wohnte.

»Das ist ja direkt am Kriminalgericht«, stellte Granow fest. »Wie praktisch.«

»Meinst du, dass sie's selba war?«

»Weil sie das Opfer gefunden hat? Nein, aber als Zeugin wird sie ja später bestimmt gebraucht werden.«

Da schönes Wetter war, beschlossen sie, eine kleine Sightseeingtour zu unternehmen und mit dem Bus 187 von der Haltestelle Schillstraße nach Moabit zu fahren.

Andrea Diebel war zu Hause und gern bereit, das Leben ihrer Freundin vor ihnen auszubreiten, denn es lag ihr sehr am Herzen, dass der Täter bald gefasst wurde. »Ja, wo soll ich anfangen? Kim war ein wunderbarer Mensch, immer fröhlich. Das lag wohl auch daran, dass sie eine schöne Kindheit hatte – und immer viel Geld. Ihr Vater hat mit Immobilien gehandelt und sich damit vor und nach der Wende eine goldene Nase verdient. Dann kam Martin. Schauspieler, Kino und Fernsehen. Was soll ich sagen? Es war die große Liebe. Sie haben schnell geheiratet, zu schnell. Als er keine Rollen mehr bekommen hat, ist er krank geworden. Wie heißt das, wovon sie jetzt alle reden?« Sie musste einen Augenblick überlegen. »Burn-out-Syndrom, nein, Verbitterungsstörungen. Und da hat sie es nicht mehr ausgehalten und ihn vor die Tür gesetzt. Ja, und jetzt geht es ihm dreckig, Krebs ...« Sie brach ab, denn es klingelte jemand an der Wohnungstür. »Entschuldigung!« Sie stand auf und ließ einen jungen Mann eintreten, den sie den Kommissaren als ihren Sohn Moritz vorstellte. »Er ist von Beruf Elektriker und hier, weil mein Durchlauferhitzer wieder mal spinnt. Kimmi war übrigens seine Patentante.« Zu Granow gewandt fügte sie noch hinzu, dass sie ihren Sohn schon per Handy über das tragische Geschehen in der Stubenrauchstraße informiert hatte.

Man schüttelte sich die Hände, und beim Stichwort Elektriker fiel Granow ein, dass er Moritz Diebel ja mal das fragen konnte, was ihm noch schleierhaft war. »Sagen Sie, das mit dem Föhn in der Badewanne, ist das nicht längst out?«

Der Elektriker lächelte. »Nein, die meisten tödlichen Stromunfälle ereignen sich noch immer im Haushalt – und meistens im Badezimmer. Fällt ein eingeschalteter Haartrockner in die Badewanne, dann läuft er weiter, aber das Wasser steht unter Strom, weil die Heizspirale ja nicht abgedeckt ist. Man hat dann eine Stromstärke von einhundert Milliampere, und das reicht, den umzubringen, der in der Badewanne liegt.«

Granow nickte zwar, verstand aber immer noch nicht alles. »Ich denke, es gibt jetzt Schalter, die das verhindern?«

»Ja, schon«, erklärte ihm Moritz Diebel, »die sogenannten FI-Schalter, Fehlerstromschutzschalter. Sind die eingebaut, dann wird der Stromfluss sofort unterbrochen, wenn einem der Föhn ins Badewasser fällt.«

»Und warum ist dann Frau Gießmann dennoch gestorben?«

»Weil noch nicht in allen Altbauwohnungen solche FI-Schalter eingebaut sind.«

Nachdem das geklärt war, kamen sie auf mögliche Täter zu sprechen, und da waren sich Mutter und Sohn einig, dass sich die Kripo zuerst einmal den Hausmeister in der Stubenrauchstraße vorknöpfen sollte. »Der Schiffke, das ist ein Triebtäter, wie er im Buche steht, und die Leute erzählen sich, dass er schon einmal wegen Vergewaltigung und ähnlicher Verbrechen im Knast gewesen ist. Und Kimmi hat er immer mal wieder belästigt.«

Dass er solche Vorstrafen hatte, stimmte, wie Granow und Marotzke bald herausfanden, und sie machten sich auch sofort auf nach Friedenau, obwohl sie eine Vergewaltigung ausschlossen, denn Prof. Schwarz hatte ja bei der Gießmann keine Verletzungen im Genitalbereich festgestellt.

Als Granow Stefan Schiffke sah, hätte er Theresa Marotzke fast ins Ohr geflüstert, dass er sich bei solchen Männern immer vorstellen könne, als Frau lesbisch zu werden. Vierschrötig, ein grober Klotz, dummdreist, nach Schweiß müffelnd, aber mit einer Körpersprache, als wäre er Arnold Schwarzenegger und Wladimir Klitschko in einer Person – das war Granows erster Eindruck. Vorsicht!, mahnte ihn seine innere Stimme. Was ihn noch mehr verwirrte, war die Tatsache, dass Theresa Marotzke diesen Schiffke offenbar unheimlich sympathisch fand. Wer sollte das verstehen?

»Klar, det Se mich unta Tatverdacht ham!«, lachte Schiffke, kaum dass sie ihre kleine Unterhaltung begonnen hatten. »Wo ick doch dauernd hinta ihr her war, scharf wie Nachbars Lumpi. Aba ick steh nich uff Leichen, ick komm imma erst in Fahrt, wenn 'n Frau unta mir so richtig lebendich is und stöhnt und so.«

Granow glaubte ihm das, obwohl Fälle von Nekrophilie immer mal wieder publik wurden. »Und wer käme denn Ihrer Einschätzung nach als Täter in Frage?«

»Oda als Täterin?«, ergänzte Schiffke.

»Spielen Sie da auf Kimmis Freundin Andrea an?«, fragte Theresa Marotzke, an dieser Stelle einmal in lupenreinem Hochdeutsch, um sich von Schiffke etwas abzuheben.

»Nee, ick will nüscht jesacht ham, ich meine nur so jenerell. Und wenn der Frau Gießmann eena die Pest an'n Hals jewünscht hat, dann war det ihr Mann, der Martin. Ick hab oft mit ihm jesprochen und sage nur: Drogen und Alkohol. Det sie ihn rausjeschmissen hat, det hat ihm den Rest jejehm, und Krebs hatta wohl ooch.«

Sie bedankten sich und traten wieder auf die Stubenrauchstraße hinaus. Granow machte den Vorschlag, bei einem kleinen Bummel über den Friedhof die nächsten Schritte zu beraten und den Gräbern von Marlene Dietrich und Helmut Newton einen kleinen Besuch abzustatten.

»Det die Dietrich hier liegt, det weeß ick. Aber wie kommt denn der mit der Gravitation hierher?«

Granow machte ihr den Unterschied zwischen Isaac und Helmut Newton klar. »Helmut Newton ist ein weltberühmter Fotograf, seine Spezialität sind Aktfotos.«

Theresa Marotzke strahlte. »Mensch, denn weeß ick ja jleich, wat ick meiner Liebsten zum Jeburtstag schenken kann!«

»So hat jeder Mord sein Gutes«, murmelte Granow. »Aber zurück zu userm Mordfall ...« Sein Handy unterbrach ihn. Er lauschte gebannt und erstattete Theresa Marotzke nach Ende des Gesprächs umfassend Bericht. »Einer von unseren Kriminaltechnikern ... Sie haben sich den Sicherungskasten in der Wohnung der Kim Gießmann noch einmal genau angesehen – da gibt es sehr wohl einen FI-Schalter.«

»Mensch«, rief Theresa Marotzke, »dann hätte die Gießmann doch in ihrer Badewanne gar keinen tödlichen Stromschlag kriegen können! Hat sie aber ...«

»Ja, weil jemand den FI-Schalter vor der Tat aus- und nach der Tat wieder eingebaut hat. Das kann als gesichert gelten. Unser Techniker meint, das könne nur einer gemacht haben, der davon ein bisschen was versteht.«

»Bingo! Unsa Elektriker, der Moritz, der Sohn von der Andrea Diebel.«

»Du, ich habe da auch schon eine ganz bestimmte Hypothese: Moritz Diebel ist das Patenkind von Kim Gießmann, die ja eine reiche Frau war. Sie wird ihn sicher in ihrem Testament bedacht haben.«

Sie setzten nun alles daran, diese Hypothese zu verifizieren. Und richtig, im Testament stand, dass der junge Mann Kim Gießmanns Grundstück in Rahnsdorf erben sollte, das grob geschätzt 150 000 Euro wert war. Dazu kam, dass Moritz Diebel mit seinem Elektrofachgeschäft gerade Insolvenz angemeldet hatte. Sie jubelten schon, doch dann stellte sich heraus, dass der mutmaßliche Badewannenmörder zur Tatzeit in einem ICE gesessen hatte, der wegen eines Schadens an der Oberleitung stundenlang zwischen Bielefeld und Hannover festgesteckt hatte.

»Er sollte der Bundesbahn was von seiner Erbschaft spenden, anstatt eine Entschädigung für die stundenlange Verspätung zu verlangen«, merkte Granow an.

»Wen haben wir denn noch auf unserer Liste?«, fragte Theresa Marotzke.

»Na, nur noch ihren Mann.«

»Aber der ist doch Schauspieler und kein Elektriker«, wandte Theresa Marotzke ein.

»Vielleicht hat er mal in einem Film mitgespielt, wo einer den FI-Schalter ausbaut, um seine Frau in der Badewanne mit Hilfe ihres Föhns umzubringen.«

Sie begannen zu recherchieren. Es gab eine Menge Material zum Fall von Helmut Kronsbein, genannt Fiffi, dem man Mord vorgeworfen hatte, der aber freigesprochen worden war, weil sich nach Erkenntnis des Gerichts seine Frau mit einem Föhn in der Badewanne selbst getötet hatte. Von einem Kino- oder Fernsehfilm mit dieser Mordmethode war aber nichts zu finden. Sicherheitshalber riefen sie aber noch ein paar befreundete Journalisten und einige Berliner Produktionsfirmen an. Bei der CMO-Film hatten sie dann ihr Erfolgserlebnis. Als sie dort nach einem solchen Film fragten, sagte man ihnen: »Nein, realisiert haben wir so einen Stoff nicht, aber wir haben einmal kurz davor gestanden. Da sollte genau das passieren, was Sie eben geschildert haben: Einer ersetzt den FI-Schalter durch eine alte Sicherung, damit die Frau in der Badewanne auch wirklich stirbt.«

»Und haben Sie damals auch schon an der Besetzungsliste gearbeitet?«, hakte Granow nach.

»Ja, teilweise jedenfalls.«

»Dann lesen Sie doch bitte einmal vor, wer da so alles draufsteht.«

Der fünfte Name, den Granow zu hören bekam, lautete Martin Gießmann.

Sie fanden ihn im Sankt-Gertrauden-Krankenhaus in Wilmersdorf, wo man ihn mit Bauchspeicheldrüsenkrebs eingeliefert hatte.

»Ah, Sie!« Gießmann konnte nicht anders, als seine letzte große Rolle noch einmal so richtig zu genießen. »Ich rede nur, wenn Sie Charly Packebusch holen, der kann aus meiner Geschichte am ehesten was machen.«

Als der Polizeireporter eingetroffen war, begann Gießmann zu erzählen. Nach einer halben Stunde verließen ihn die Kräfte, und er musste sich beeilen, noch zum Schluss zu kommen. »Kim war mein Untergang. Statt mich zu trösten, als ich keine Rollen mehr bekommen habe, hat sie mich noch ausgelacht. Wie man in Berlin sagt: Immer druff uff det Schlimme! Kurzum, sie hat mich zum Trinker gemacht, sie hat mich schließlich auf die Straße gesetzt. Jetzt habe ich das mit der Bauchspeicheldrüse, und die Ärzte haben mir keine vier Wochen mehr gegeben. Da habe ich dann ...« Er brach in Tränen aus, er konnte nicht mehr. »Ja, ich war es!«

✳✳✳

Kommissar Granow stand im Sektionssaal neben Prof. Schwarz, als die Leiche eines Erhängten untersucht wurde. Gerade begann der Fotograf seine Arbeit, da nahm Granow den Rechtsmediziner beiseite. »Robert, ich möchte die kleine Pause nutzen, um dir von der Aufklärung unseres letzten Badewannenfalles zu berichten. Kim Gießmann hieß die Ärmste, bei der ihr die Strommarken gefunden habt – du erinnerst dich. Ihr Ex-Mann war es. Er hat sie aus Verbitterung getötet, er hat den FI-Schalter ausgebaut und dann die Nummer mit dem Föhn abgezogen.«

»Ja«, sagte Schwarz nickend, »der Fall war nicht ohne. Eben ein ›Tod in der Badewanne‹. Du weißt, die Fälle sind oft problematisch: Vom natürlichen Tod über Unfall und Selbstmord bis

179

zum Tötungsdelikt ist vieles möglich und manches schwer zu klären. Die berühmtesten Todesfälle in der Badewanne ›verdanken‹ wir dem Engländer George Joseph Smith, der zwischen 1912 und 1914 drei Ehefrauen raffiniert tötete – gewissermaßen ohne Spuren von Gewalteinwirkung.«

»Das war unter anderem Thema in meiner Examensprüfung«, bestätigte Granow. »Ich habe kürzlich mit Theresa darüber gesprochen – sie kannte den Fall nicht.«

Schwarz fügte hinzu: »Sollte sie aber. Auch die Aufdeckung ist interessant. Ohne die Presseberichte, die dem Bruder eines Opfers auffielen, wären die Fälle nie zur Anzeige gekommen.«

»Und ohne den findigen Londoner Gerichtsmediziner Bernard Spilsbury wäre Smith nie überführt worden«, ergänzte Granow.

»Richtig, aber der Spilsbury war auch außerordentlich tüchtig. Er hat doch tatsächlich die Badewannen der drei Opfer beschlagnahmt und mit ihnen wochenlang experimentiert. Und dazu gehörte auch Mut. Heute wäre es doch undenkbar, mit einer Versuchsperson lebensgefährliche Experimente anzustellen. Damals hat der leitende Ermittler, ein Detektiv-Inspektor namens Arthur Fowler Neil, eine ihm bekannte Sportlerin überredet, sich für die Demonstration des vermuteten Tathergangs im Gerichtssaal zur Verfügung zu stellen. Nach den damaligen Berichten wurde die Versuchsperson bei der Vorführung durch das ruckartige Hochziehen der Beine in der Wanne bewusstlos und musste von den anwesenden Ärzten reanimiert werden. Nicht vorzustellen, wenn das schiefgegangen wäre! Eigentlich war das schon mehr als Mut, nämlich Leichtsinn. Aber unser heutiges Sicherheitsdenken ist mit den damaligen Gepflogenheiten in vielen Bereichen gewiss nicht mehr vergleichbar.«

»War denn das Wissen über den Tod im Wasser damals schon unseren heutigen Kenntnissen entsprechend?«, fragte Granow.

»Keinesfalls«, erwiderte Schwarz, »eigentlich wurde erst im neunzehnten Jahrhundert wissenschaftlich allgemein akzeptiert, dass der Tod durch Ertrinken ein Erstickungsvorgang ist, ausgelöst durch das Eindringen von Ertrinkungsflüssigkeit in die Luftwege. Und die komplizierten Reflexmechanismen, die beim Tod im Wasser eine Rolle spielen können, wurden im Wesentlichen erst im zwanzigsten Jahrhundert erkannt und aufgeklärt. Damit kann man selbst die Studierenden der Medizin ganz schön ins Schwitzen bringen. Die Reflexe laufen über die Hirnnerven V und X – den *Nervus trigeminus* und den *Nervus vagus* – und bewirken Übelkeit, Bewusstlosigkeit, Senkung der Atemfrequenz, Blutdruckabfall und Pulsverlangsamung bis zum Herzstillstand. Sie werden durch Kältereiz auf die Gesichtshaut und die Gesichtsschleimhäute oder die Kehlkopfschleimhaut, durch Druck auf die Augäpfel oder auf die Magengrube oder durch Luftanhalten beziehungsweise Pressatmung ausgelöst. Erst mit diesen Kenntnissen waren die raffinierten Tötungen von Smith zu erklären.«

»Danach war auch erst die Gefährlichkeit der forensischen Badewannenversuche zu verstehen«, ergänzte Granow.

»Trotzdem sind unsere heutigen Möglichkeiten zur Klärung von Todesfällen in der Badewanne immer noch begrenzt«, warf Schwarz ein. »Da können auch einfach gestrickte Täter und wenig raffinierte Tatabläufe einmal unentdeckt bleiben. Mir fällt der Serienmörder Thomas R. ein. Er trieb von 1983 bis 1995 in Berlin sein Unwesen. Zuerst mordete er in West-Berlin, nach dem Fall der Mauer verlegte er dann sein ›Jagdrevier‹ in den Ostteil der Stadt. Ich hatte mit seinen Opfern mehrfach zu tun, darunter waren auch zwei Fälle mit dem Fundort Badewanne. Unser erster Fall war eine 58-jährige Frau, die in einem Abbruchhaus in Berlin-Mitte teilbekleidet in der wassergefüllten Badewanne lag. Fortgeschrittene Fäulnisveränderungen erschwerten die Befunderhebung und -interpretation. Bei der Obduktion fielen neben Zeichen des Ertrinkens Frakturen am Kehlkopf auf. Wir konnten damals nur Möglichkeiten anbieten: erstens einen Sturz in die Badewanne mit Aufschlag des Halses, zweitens einen vorausgegangenen Erhängungsversuch und drittens eine fremde Gewalteinwirkung durch Würgen oder Drosseln. Da sich in der Wohnung keine weiteren Auffälligkeiten gefunden hatten und bei der Verstorbenen Alkoholprobleme bekannt waren, wurde das Verfahren als offenbar unfallbedingtes Ertrinken in der Badewanne eingestellt. Wir ahnten nicht, dass es sich um das fünfte Opfer eines gefährlichen Berliner Serienmörders handelte.«

»Ich kenne den Fall«, stimmte Granow der Erzählung von Schwarz zu. »Und wenn ich mich nicht irre, dauerte es nicht lange, bis sich ein ähnlicher Fall in Berlin-Hellersdorf abspielte, oder?«

»Das war fünf Jahre später«, entgegnete Schwarz. »Ein 53-jähriger Mann wurde in der wassergefüllten Badewanne seiner Wohnung vollständig bekleidet tot aufgefunden. Diese Leiche war noch frisch, und so konnten bei der Leichenschau Stauungsblutungen in den Augenbindehäuten registriert werden. Die Obduktion erbrachte Zeichen des Ertrinkens, Kehlkopffrakturen, Brüche von Rippen und Brustbein sowie eine hohe Blutalkoholkonzentration von 2,8 Promille. Aufgrund der Auffindungssituation und der Alkoholisierung war die Deutung der Befunde auch hier schwierig. So wurde neben einem Sturz mit großer Wucht auf ein hartes Widerlager auch die Einwirkung von fremder Hand für möglich gehalten. Vor allem die Verletzungen am Hals waren in Verbindung mit den Bindehautblutungen verdächtig. Aber es gab keine Abwehrverletzungen. So war ein Unfalltod nicht auszuschließen. Bei allen Beteiligten bestanden Zweifel und Unsicherheiten.«

»Wie recht du hast«, stimmte ihm der Kriminalist zu. »Weißt du noch, wie der Täter damals gefasst wurde?«

»Erst als Thomas R. 1995 sein siebentes Opfer vergewaltigt und erwürgt und anschließend die Wohnung angezündet hatte, konnte er als ›Feuer-Mörder von Hellersdorf‹ gefasst werden. Überraschend gestand er nun sechs zurückliegende Tötungen, darunter die zitierten Badewannenfälle. Der ertränkte Mann war übrigens ein Verwandter von Thomas R. Der Täter erhielt lebenslange Haft mit anschließender Sicherungsverwahrung. Er hatte zu diesem Zeitpunkt schon dreizehn Jahre Haft hinter sich. Seine kriminelle Karriere, bei der Sex, Geld und Alkohol eine Rolle spielten und die er schon im Alter von vierzehn Jahren begonnen hatte, war nun hoffentlich beendet.«

»Diese Fälle sind wirklich lehrreich, wir müssen sie unseren jüngeren Mitarbeitern und den Studierenden eindringlich vor Augen führen«, ereiferte sich Granow.

»Wem sagst du das!«, stimmte ihm Schwarz zu und fuhr fort: »Doch der spektakulärste Badewannenfall im Nachkriegsdeutschland betrifft den ehemaligen Ministerpräsidenten von Schleswig-Holstein Uwe Barschel. Du weißt schon – ›Ich gebe Ihnen mein Ehrenwort‹. Der Fall könnte ein Politkrimi sein, selbst von illegalen Waffengeschäften war die Rede. Doch die Politik wollen wir mal beiseitelassen. Allein die rechtsmedizinischen und kriminalistischen Umstände sind höchst interessant und bis heute umstritten. Die Debatten um den Hergang des Todes – Mord oder Selbstmord? – und seine Hintergründe sind immer noch nicht verstummt. Uwe Barschel wurde am 11. Oktober 1987 tot in der Badewanne eines Genfer Hotelzimmers aufgefunden. Er war bekleidet, er trug sogar eine Krawatte. Im Hotelzimmer lagen verstreut seine verschnürten Schuhe sowie ein abgerissener Knopf – merkwürdige Befunde für einen Selbstmord. Weitere Besonderheiten ergab das toxikologische Gutachten. In den folgenden Jahren wurde zunehmend über Pannen bei der Ermittlung, Begutachtung, Spurensicherung und -asservierung berichtet. So glauben wohl immer mehr Fachleute, dass hier ein Tötungsdelikt vorliegen könnte. Aber das Verfahren wurde 1998 eingestellt und ruht bis heute. Mal sehen, ob wir noch eine schlüssige Aufklärung erleben. Bis jetzt sind jedenfalls die Akten geschlossen.«

»Ich bin ganz froh, dass ich nicht für den Fall Barschel zuständig bin«, meinte Granow und fügte mit Blick auf den Sektionstisch hinzu: »Aber ich glaube, wir halten dich von der Arbeit ab ...«

»So ist es«, gab Schwarz zurück. »die Gegenwart braucht uns.«

183

Madenfraß

Cornelia Woywode, ihres Zeichens Dr. rer. nat., war Biologie-Dozentin an der Freien Universität in Berlin, und zwar mit dem Spezialgebiet Mykologie, Pilzkunde also. Wie immer zu Semesterbeginn hatte sie auch diesmal ihre Studierenden zu einer kleinen Exkursion in die Wälder in und um Berlin gebeten. Vom S-Bahnhof Birkenwerder aus sollte es ins Briesetal gehen. Sie steckte die beiden farbigen Schautafeln, die sie nachher im Wald bei der Pilzbestimmung brauchen würde, in ihren Rucksack.

Sommer und Frühherbst: Wulstlinge (Amanita), Röhrlinge (Boletus, Suillus), Täublinge (Russula) und Egerlinge (Agaricus arvensis). Spätherbst: Frost-Schnecklinge (Hygrophorus hypothejus), Rötelritterlinge, Graukappen (Lepista-Arten), der Schwarzfaserige Ritterling (Tricholoma portentosum) und der Grünling (Tricholoma equestre).

Als Cornelia Woywode aus dem Hausflur trat, kam ihr Petra entgegen, ihre ökobewegte Nachbarin. Sie trug einen hölzernen Korb mit Pfifferlingen in der Hand.

Cornelia Woywode lachte. »Oh, alles selbst gesammelt?«

»Nein, nur selbst gekauft. Mit einem schlechten Gewissen, wegen der Strahlenbelastung. Aber nun ja ... Die Kinder kriegen jedenfalls keine, die sind nur für Thorsten und mich. Guck doch bitte schnell mal nach, ob nicht doch ein Pilz dabei ist, der ...«

Cornelia Woywode sah auf ihre Armbanduhr. »Du, ich muss! Ich bin mit meinen Studenten um zehn vor zehn auf dem Bahnhof Friedrichstraße verabredet.«

»Wenn wir uns vergiften und du zur Beerdigung musst, wirst du noch viel mehr Zeit verlieren.«

»Nun gut.« Cornelia Woywode nutzte die Finger ihrer rechten Hand als Harke und arbeitete sich durch die angehäuften *Cantharellus cibarius*. Plötzlich schrie sie auf. »Gott, was habt ihr denn da alles essen wollen? Da sind ja sogar ein *Amanita phalloides* und ein *Tricholoma equestre* dabei, beide tödlich giftig, wie wir sagen. Ein Grüner Knollenblätterpilz und ein Grünling.«

»Das darf doch nicht wahr sein!«, rief Petra.

»Das ist auch nicht wahr«, entgegnete Cornelia lachend. »Ich wollte nur, dass du mir alles schenkst.« Nachdem sie festgestellt hatte, dass alle Pfifferlinge in Ordnung waren, zumindest äußerlich, machte sie sich auf den Weg zur S-Bahn.

Sie wohnte in der Auguststraße und kam auf der Tucholskystraße zur Spree. Am Weidendamm verlangsamte sie ihr Tempo, um den Blick auf den Fluß zu genießen. Ein Touristenschiff nach dem anderen pflügte durch das grauschwarze Wasser. Hinter der Weidendammer Brücke glitt hoch oben die rot-gelbe Schlange eines S-Bahn-Zuges über den Fluss. Cornelia bog links in die Friedrichstraße ein, überquerte die Fahrbahn an der Ampel kurz vor dem Admiralspalast und warf einen langen Blick auf den anderen Palast, den Tränenpalast. Mit ihren 42 Jahren konnte sie sich noch gut daran erinnern, wie sie hier als West-Berlinerin ängstlich und geduckt gestanden und darauf gewartet hatte, wieder aus der DDR ausreisen zu dürfen, ohne wegen irgendeines nebulösen Vergehens von der Grenzpolizei festgehalten und von Stasi-Leuten verhört zu werden. Dass sie heute das Bahnhofsgebäude ganz einfach so betreten durfte, versetzte sie noch immer in ein gewisses Erstaunen. Sie lief mit schnellen Schritten zur Treppe, die zur Nord-Süd-Bahn hinunterführte, denn Abfahrtszeit für die S 1 Richtung Oranienburg war 9.47 Uhr – und jetzt war es genau dreiviertel. Sie flog geradezu auf den Bahnsteig hinunter. Der Pulk ihrer rund zwanzig Studierenden würde kaum zu übersehen sein, so voll der Bahnsteig auch war. Doch sie konnte, unten an-

185

kommen, nur in Gesichter starren, die ihr völlig fremd waren. Da wartete keine größere Gruppe, da war nicht einmal eine einzige Studentin zu sehen. Wie das? Sie holte ihr Handy aus der Handtasche und rief diejenige von ihren Studentinnen an, zu der sie den besten Draht hatte.

Die war irritiert. »Wieso heute? Wir wollten uns doch erst nächsten Mittwoch treffen.«

»Entschuldigung!«

Nun gut, Professorin war sie zwar noch nicht, aber eine gewisse Zerstreutheit hob das Image. Und sich einmal im Termin geirrt zu haben musste ja noch nicht auf eine beginnende Demenz hinweisen. Was sollte sie nun mit dem Tag anfangen, der eigentlich schon verplant war? Sollte sie wieder nach Hause laufen und arbeiten oder sich einfach treiben lassen und Berlin einmal so erleben, wie Touristen das taten?

»Hallo, bis du nicht die Conny, Cornelia Woywode?«

Sie fuhr herum. Im ersten Augenblick glaubte sie, den dicklichen Mann, der sie da angesprochen hatte, nie gesehen zu haben, dann fiel es ihr wieder ein: Das war dieser Klassenkamerad mit dem hugenottischen Namen. Irgendetwas mit »Du« vorne. Der hatte damals alles versucht, um mit ihr im Bett zu landen. Allerdings vergeblich. Sie hatte ihn einfach nur widerlich gefunden.

»Uwe ...«

»Uwe Dumoulin, ja!«

Michael und Sarah Trippmacher, beide junge Sozialarbeiter im Bezirksamt Reinickendorf und frisch verheiratet, hatten ein paar Tage Resturlaub nehmen müssen, aber keine Lust gehabt zu verreisen. Da es, nachdem sich der Frühnebel aufgelöst hatte, ein wunderschöner Herbsttag geworden war, beschlossen sie, mit der S-Bahn bis Frohnau zu fahren. Sie wollten von dort quer durch den Tegeler Forst nach Heiligensee wandern, am Niederneuendorfer See Mittag essen und dann weitersehen. Vorher aber wollte

Petra Trippmacher noch das Grab ihres Vaters besuchen, der auf dem Hermsdorfer Friedhof beigesetzt war. Den erreichte man zu Fuß am besten über den Nebeneingang an der Frohnauer Fischgrundbrücke.

Auch an ihren freien Tagen kamen sie von ihrem Job nicht los, denn überall, ob in den Zügen oder auf den Bahnsteigen, trafen sie auf Menschen, meistens Männer, die schon zu ihrer Klientel gehörten oder kurz davor standen, bei ihnen zu landen: Alkoholiker, Drogenabhängige, psychisch Kranke, Trebegänger, Loser aller Altersgruppen, Ausgeflippte, schräge Typen, Verlorene.

Sarah sagte: »Wie mein Großvater, der aus seligen West-Berliner Insulaner-Zeiten immer singt: *Sehn Se, das ist Berlin, / eine Stadt, die sich gewaschen hat, / sehn Se, das ist Berlin.*«

»Und trotzdem: Möchtest du woanders leben?«

»Nee.«

Eine Viertelstunde nachdem sie in Frohnau aus der S-Bahn gestiegen waren, standen sie am Grab von Sarahs Vater und legten eine Gedenkminute ein. Dann räumte Sarah die verwelkten Blumen und Pflanzen ab, um sie zum Komposthaufen zu tragen. Dabei musste sie einen kleinen Umweg machen, da gerade eine neue Grube ausgehoben war. Der zu Tage geförderte goldgelbe märkische Sand erinnerte sie an ihre Kindheit und ihre Zeit im Buddelkasten. Da schrie sie auf, denn aus dem frischen Grab fuhr ein Totenkopf heraus. Nein, es war nur ein Totengräber, der sich gerade gebückt hatte, um eine Wurzel zu entfernen. Er grinste, sagte aber nichts weiter. Sarah lief zu ihrem Mann zurück und ließ den alles entsorgen.

Vom Friedhof aus hatten sie nur ein paar hundert Meter die Frohnauer Straße und den Falkenthaler Steig entlangzulaufen, und schon waren sie im Wald.

»Auf zum Ehrenpfortenberg!«, rief Michael Trippmacher.

Sarah lachte. »Ganz ohne Sicherungsseile? Und das bei fast siebzig Metern Höhe.«

»Ich werde dich schon halten.«

»Ich weiß, du bist mein letzter Halt. Warum heißt 'n der Hügel so?«

Michael Trippmacher hatte einmal etwas darüber gelesen. »Hier soll eine Ehrenpforte gestanden haben, als sich nach dem Tode des Großen Kurfürsten ein Trauerzug aus den umliegenden Dörfern nach Berlin begeben hat. Aber auch Friedrich der Große soll den Ehrenpfortenberg erstiegen haben.«

Sarah Trippmacher erinnerte sich an das, was sie einmal im Kindergarten gesungen hatte: *Friedrich der Große / macht sich in die Hose, / Friedrich der Kleine / macht sie wieder reine.*

Sie zogen eine Weile durch den herbstlichen Forst und kamen zwar in ein Hundeauslaufgebiet und an einen Weiher, nicht aber zum Ehrenpfortenberg – trotz der von Michael Trippmacher mitgeführten Wanderkarte.

»Wie findet man denn nun diesen Ehrenpfortenberg?«

Er lachte. »Nur, indem man sich verläuft. Das weiß ich aus Erfahrung, das ging schon meinem Vater so, und der hörte immerhin auf den Namen Zwerg Allwissend.«

Es waren kaum Wanderer und Jogger unterwegs und auch keine Waldarbeiter, die Bäume fällten. Trotzdem beharrte er darauf, sich zum Picknick ein wenig ins Gebüsch zu schlagen, denn er wollte seine Packung Kondome nicht vergebens gekauft haben. Am besten, er sah sich nach einer Grube um, die zusätzlichen Sichtschutz gewährte. *Ist es im Oktober warm und trocken, / kann man noch im Freien bocken.* Das kannte er von seinem Vater, allerdings war es ursprünglich auf den Mai bezogen.

Sarah Trippmacher war wegen ihrer drückenden Blase ein paar Schritte zurückgeblieben. Da kam sie aber plötzlich hinter ihm her gehetzt. »Du, da in der Kuhle liegt 'ne Stadtstreicherin und schläft!«

Michael gab den Coolen. »Machen wir sie wach und nehmen sie mit in ein Übergangsheim.« Er ließ sich von seiner Frau die Stelle zeigen, um dann aufzuschreien: »Du, die schläft nicht, die ist tot – aus der kommen schon die Maden gekrochen!«

Gunnar Granow genoss es, dass alle ihm zuhörten. Das war etwas, das ihm in seiner Familie nur selten widerfuhr. Nun schön, hier gab es für das Zuhören und die spätere Wiedergabe des Gehörten auch Noten, dennoch fuhr er gern zur Hochschule für Wirtschaft und Recht nach Alt-Friedrichsfelde hinaus und verbreitete sich im Hörsaal über aktuelle und historische Themen der Kriminologie und Kriminalsoziologie. Diesmal hatte er sich das Thema »Serientäter im Nationalsozialismus« ausgesucht. Schon in der ersten Stunde, als es an das Verteilen der Referate ging, war ihm allerdings aufgefallen, dass die Überschrift nicht eben glücklich gewählt war, denn es wurde gefragt, ob man außer Hitler, Göring, Himmler und anderen Nationalsozialisten auch ganz gewöhnliche und sozusagen private Täter wie den reisenden Uhrmacher Adolf Seefeldt, genannt Onkel Tick Tack, nehmen dürfe.

»Ja, die sind eigentlich gemeint«, musste Granow erklären, »die vergleichsweise kleinen Fische.«

Heute nun hatte es ein sehr interessantes Referat über den »Schrecken des Elm« gegeben, den Versicherungsangestellten Friedrich Opitz, der zwischen 1931 und 1935 sage und schreibe 58 Raubüberfälle begangen haben sollte, wobei 18 Personen durch Schüsse und Schläge verletzt und 3 getötet worden waren. Im Morgengrauen des 12. Oktober 1937 war Opitz in Wolfenbüttel mit dem Fallbeil hingerichtet worden.

»War es den braunen Machthabern nicht peinlich, dass es im Lande der edlen deutschen Rasse noch solche Untaten gab?«, fragte Granow nach dem Vortrag.

Die beiden werdenden Kriminalkommissare, die das Referat gehalten hatten, verneinten das. »Komisch, aber zumindest bis zum Kriegsbeginn wurde fast genauso marktschreierisch über alle Kapitalverbrechen berichtet wie heute, denn zum einen sollte das präventiv wirkten, und zum anderen wollte man den Nachweis erbringen, dass man den deutschen Volkskörper rigoros von allen Schädlingen reinigte.«

Granow wollte diesen Gedanken noch weiter vertiefen, da dudelte sein Handy. »Entschuldigung ...« Er drückte auf mehrere Tasten, erwischte endlich die richtige und lauschte. Als er das Gerät wieder wegsteckte, war er keineswegs fröhlich. »Tut mir leid, aber ich muss zum Fundort einer Leiche, obwohl ich eigentlich ... Aber egal, es herrscht ein zu hoher Krankenstand, und alle anderen sind schon im Einsatz. Dann, bis zum nächsten Mal. Das mit dem Elm war übrigens bestens!« Damit packte er seine Sachen zusammen und stürzte zur Tür.

Auf dem Flur stieß er mit Hans-Jürgen Mannhardt zusammen. »Weshalb so in Eile?«

Granow informierte ihn. »Tote Frauenleiche mit Madenfraß im Tegeler Forst. Da sich kein anderer finden lässt, muss ich in den hohen Norden.«

Mannhardt überlegte kurz. »Wenn es dir recht ist, komme ich mit. Ich kenne da jeden Quadratmeter, denn ich habe in meinem ersten Leben in Hermsdorf gewohnt, sogar im eigenen Haus, und jetzt bin ich in Tegel zu Hause.«

»Das reicht für einen Anfangsverdacht. Sie sind hiermit festgenommen!«

»Danke, einmal musste es ja geschehen. Aber ich habe meine Schwiegermutter nicht mehr ertragen können.«

»Willst du meine nicht auch noch übernehmen?«

Da waren sie noch gut gelaunt, das änderte sich aber, als sie sich in Granows Wagen durch die Innenstadt quälen mussten. Sie erreichten trotz allem irgendwann die Autobahn nach Hamburg und kamen über die Ruppiner Chaussee, die eigentlich Linienbussen vorbehalten war, bis in die Nähe des Ehrenpfortenberges. Das letzte Stück ließ sich Granow von Theresa Marotzke per Handy lotsen. Nachdem sie sich nur zweimal verlaufen hatten, waren sie endlich am Set. Nur wurde hier kein *Tatort* gedreht, sondern ganz normal gearbeitet.

Theresa Marotzke begrüßte ihn. »Die ersten Erkenntnisse ham wa schon. Fundort scheint auch Tatort zu sein. Die Frau muss so um die vierzig sein. Das Ehepaar da drüben hat sie gefunden. Sie muss schon eine Weile hier liegen, dem Madenfraß nach zu urteilen. Der Schwarz ist schon da und guckt sich allet an.«

***

Prof. Schwarz hockte schon in seiner Schutzkleidung an der gesicherten Fundstelle neben der Leiche, als Mannhardt und Granow erschienen. »Welche Überraschung!«, rief er zu ihrer Begrüßung. »Zwei echte Erste Kriminalhauptkommissare geben sich die Ehre! Hallo, Hans-Jürgen, grüß dich, Gunnar! Wird das ein VIP-Vorgang, oder was ist hier los?«

Nachdem das Erscheinen von Mannhardt mit seiner Eigenschaft als Kenner der regionalen Gegebenheiten erklärt war, wandte sich die Gruppe wieder mit professioneller Ernsthaftigkeit der Toten zu.

»Das ist kein schöner Anblick«, warnte Schwarz. »Die Frau liegt hier schon längere Zeit, aber ich bin erst am Anfang meiner Untersuchungen. Der Fall wird auch für euch kompliziert, denn Fäulnis, Fliegen und Wildtiere haben so einiges verändert. Es handelt sich eindeutig um eine Frauenleiche, die ursprünglich in dieser Mulde des Wäldchens unter Gestrüpp und Laub verscharrt war. Sie wurde wahrscheinlich von Wildtieren – Wildschweinen oder Füchsen – freigelegt. An beiden Händen und Unterarmen sind entsprechende Tierfraßspuren zu sehen. Die Bekleidung ist noch recht gut erhalten: am Oberkörper Polo- beziehungsweise T-Shirt und BH, beides ohne erkennbare Beschädigungen. Die Jeans sind wie der Slip bis unter die Kniekehlen heruntergezogen, der Slip ist erheblich eingerissen. Ich muss euch nicht sagen, was wir davon zu halten haben. Gröbere Verletzungen kann ich jetzt nicht feststellen. Das ist auch schwierig, denn ihr seht den starken Befall mit Fliegenmaden.«

»Mein Jott, is det eklig«, entfuhr es Theresa Marotzke, die in der Stresssituation wieder einmal ihre Berliner Herkunft verriet.

191

»Wie die Maden da rumkrabbeln, in den Augen, der Nase, dem Mund – schrecklich!«

Mannhardt sah Granow an und äußerte ganz leise: »Das gewöhnt sich die gute Theresa noch ab. Wir waren auch nicht von Anfang an leichenfest.«

Schwarz fuhr dagegen unbeirrt fort: »Außerdem finden sich neben fortgeschrittenen Fäulnisveränderungen schon Stellen mit beginnender Fettwachsbildung an den Brüsten, dem Unterbauch und beiden Oberschenkeln.«

»Dann muss die Frau doch lange unter Luftabschluss gelegen haben, wie ich aus Ihrer Vorlesung weiß«, warf Theresa Marotzke ein, die sich wieder gefangen hatte. Sie bereute aber ihre Bemerkung sofort, denn nun drohte eine längere Vorlesung.

»So ist es«, bestätigte Schwarz ihre Vermutung. »Fettwachs braucht zu dieser Ausbildung mindestens einige Monate. Das ist ja eine chemische Umwandlung des Körperfetts, die durch Hydrolyse des Körperfetts und nachfolgende Hydrierung der ungesättigten Fettsäuren zu einer Härtung und Konservierung des Fettgewebes führt. Der chemische Vorgang ist ähnlich wie bei der Margarineproduktion – das klingt an dieser Stelle natürlich sehr profan. In der Natur braucht die Bildung von Adipocire – das ist eine hybride Wortschöpfung aus einem lateinischen und einem französischen Ausdruck – Feuchtigkeit und Luftabschluss, das heißt Sauerstoffmangel. Die Leiche dürfte deshalb noch nicht lange so frei gelegen haben. Erst dann werden sich die Insekten über die Leiche hergemacht haben. Vielleicht hilft uns bei dieser Frage die Forensische Entomologie.«

»Zu dem Gebiet haben Sie sich aber in der Vorlesung recht kritisch geäußert«, warf Theresa Marotzke ein.

»Die Insektenkunde wird in den Medien und einigen Krimis auch in grotesker Weise überbewertet. Sie ist nicht gerade mein Hobby, aber hier kann sie vielleicht helfen. Ich habe schon einige der Exemplare von Maden und Puppen gesichert, um sie bei einem Kollegen in Hamburg bestimmen zu lassen.«

»Und was kannst du uns jetzt zum Todeszeitpunkt sagen?«, fragte Granow.

»Ich vermute Frühjahr bis spätestens Sommeranfang. Genaueres werde ich wahrscheinlich auch nach der Obduktion nicht wissen. Und um deiner nächsten Frage zuvorzukommen: Zur Todesursache kann ich hier überhaupt noch nichts sagen. Da hoffe ich allerdings auf die Leichenöffnung.«

»Gut«, nickte Granow, »ein Raubmord dürfte nicht vorliegen, denn ich sehe die nicht ganz billige Armbanduhr und den Schmuckring an der linken Hand.«

»Die Wertsachen gebe ich euch gleich mit. Die sollten bei der Identifizierung hilfreich sein«, erwiderte Schwarz. »Personaldokumente konnten wir nicht finden. Die Abnahme von Fingerabdrücken dürfte bei dem Grad an Leichenveränderung auch schwierig werden. Ansonsten schätze ich ein mittleres Lebensalter, aber mit aller Vorsicht. Wenn wir den präzisen Zahnstatus und den Zustand der inneren Organe kennen, werde ich Genaueres sagen können. Vielleicht hilft euch eine Durchsicht der Vermisstenmeldungen. Also geduldet euch bis zur Obduktion! Es ist jetzt fünfzehn Uhr. Ich bin hier in Kürze fertig. Also könnten wir um achtzehn Uhr im Institut anfangen. Das wird wieder eine Nachtschicht. So ist das doch oft: Vormittags Fundmeldung, mittags Leichenschau und abends bis in die Nacht die Obduktion. Und vergesst bitte die Staatsanwaltschaft nicht!«

Als Schwarz zu seinem Pkw ging, blickte er noch einmal zurück, um die wunderschönen alten Laubbäume mit ihrer herbstlichen Färbung zu bewundern. Du wirst alt, konstatierte er. Was hätten dich früher alte Bäume interessiert! Jetzt wurde ihm der Kontrast zwischen der herrlichen Natur und den menschlichen Überresten erst richtig bewusst. Dann rief er seine Sekretärin an und bat sie, den zweiten Obduzenten über die anstehende Obduktion zu informieren. Er stellte im Pkw sein Navigationssystem auf die Institutsadresse ein und gab Gas. Unterwegs ging er nochmals in Gedanken den Tegeler Fall durch und sortierte im

Geiste, welche Proben abgenommen und untersucht oder archiviert werden mussten.

Im Institut angekommen, bat Schwarz seine Sekretärin um die Post und einen starken Kaffee. Die stellte ein großes Stück Bienenstich neben die Kaffeetasse, und Schwarz lächelte sie dankbar an. »Die Stärkung brauche ich jetzt, bevor ich mich wieder dem schrecklichen Fall widmen muss – danke!«

Der Sekretärin gelang nur ein verunglücktes Lächeln.

Schwarz fragte besorgt: »Fehlt Ihnen etwas?«

»Nein, nein«, erwiderte sie. »Sie sind heute nur schwer zu ertragen.« Als sie das fragende Stirnrunzeln ihres Chefs bemerkte, ergänzte sie rasch: »Ich meine das nur olfaktorisch.«

»Ach so«, sagte Schwarz lachend, »Sie wollten nur Ihre Lateinkenntnisse anbringen!«

Es klopfte an der Tür, und der Assistent Horst Schubert stand in seinem Zimmer. »Wir können anfangen, alles ist vorbereitet, die Staatsanwältin ist auch schon da.«

»Gut«, sagte Schwarz, »ich komme gleich mit. Je eher wir beginnen, umso schneller wissen wir, was passiert ist.«

Im Sektionssaal wartete trotz der auf Hochtouren laufenden Klimaanlage schon durchdringender Fäulnisgeruch auf die Obduzenten. Schwarz wandte sich an die Kriminalisten und sagte: »Schön, dass ihr so pünktlich seid. Legt bitte draußen so viel wie möglich von eurer Kleidung ab, und zieht euch lieber einen geschlossenen Kittel über – sonst dürft ihr nachher nicht mehr unter Menschen gehen. Mütze nicht vergessen!«

Von dem Leichnam wurde mehrere Übersichts- und Detailfotos gemacht. Dann begann Prof. Schwarz mit dem Diktat der »Äußeren Besichtigung«. Der Sektionsassistent Walter Mann sicherte die Fingernägel für spurenkundliche Untersuchungen. Dann entkleidete er die Tote sorgfältig. Der Assistenzarzt Schubert untersuchte jedes Kleidungsstück akribisch, und Schwarz hielt alle Befunde im Diktiergerät fest. Dann ging das Trio zur detaillierten Untersuchung aller Körperregionen über. Immer wieder wurde fotografiert. Von den Körperöffnungen wurden mit Tupfern Abstriche genommen. In der Genitalregion krabbelten so viele Maden, dass selbst der langjährige Sektionsassistent die Luft anhielt. Erst danach konnte der Leichnam von den Bestandteilen des Waldbodens, den Fliegenmaden und der Fäulnisflüssigkeit gesäubert werden. Wieder folgten Fotos aller charakteristischen Befunde.

»Hier haben wir den ersten wichtigen Hinweis«, sagte Schwarz laut, als er die Leiche gynäkologisch untersuchte. »Ich sehe einen groben Einriss im hinteren Scheidengewölbe. Das ist offensichtlich kein Madenfraß. Wir werden den Befund nachher mit einer speziellen Präparationstechnik darstellen.« Nun folgte die eigentliche Leichenöffnung, die Schwarz als »Innere Besichtigung« für das Sektionsprotokoll diktierte. Und der Professor erinnerte seine Mitarbeiter: »Den Hals bitte in künstliche Blutleere versetzen. Gerade bei diesem Fäulniszustand möchte ich die Halsorgane unter bestmöglichen Bedingungen präpariert haben.« Als der Assistenzarzt etwas hilflos guckte, sagte Schwarz: »Gut, ich ziehe mir rasch ein Paar Handschuhe über, und Sie schauen noch einmal zu.« Mit geübten Schnitten wurden Halsweichteile und Kehlkopfskelett schichtweise dargestellt. Und dann demonstrierte Schwarz seinem Assistenten und den Kriminalisten mehrere Frakturen an Zungenbein und Schildknorpel. »Diese Verletzungen entstehen nur durch grobe Kompression des Halses, also durch Würgen oder Drosseln. Leider lassen die postmortalen Veränderungen keine sichere Beurteilung der Vitalität mehr zu. Ich denke trotzdem, dass wir hier die Todesursache vor uns haben.«

Nachdem weitere Stunden vergangen waren, wandte sich Schwarz an die beiden Kriminalisten. »Wir kommen damit zum Schluss. Während Schubert und Mann noch die Leiche herrichten, aufräumen und die Asservate eintragen, werde ich jetzt das ›Vorläufige Gutachten‹ diktieren. Wenn ihr aufpasst, muss ich nachher nicht doppelt predigen. Und Herr Schubert, Sie hören bitte auch gut zu und ergänzen oder korrigieren mich notfalls!«

I. Sektionsergebnis

Leichnam einer unbekannten, ca. 40 bis 50 Jahre alten Frau im Zustand fortgeschrittener Fäulnis und mit beginnender Fettwachsbildung. Körpergröße ca. 170 cm, Körpergewicht ca. 60 kg.

Näher beschriebene Tierfraßverletzungen an beiden Händen und Unterarmen. Starker Fliegenmadenbefall.

Brüche des Zungenbeins, beider Schildknorpelhörner und der Schildknorpelplatte.

Näher beschriebene Scheidenverletzung.

Hinweise zur Identifizierung: Gut erhaltenes und saniertes Gebiss (siehe Zahnschema). Näher beschriebene Kleidung, Armbanduhr und Schmuckring (siehe Fotomappe). Zustand nach länger zurückliegender operativer Blinddarmentfernung (Appendektomie).

Geringe allgemeine Arteriosklerose.

Strangförmige Lungen-Rippenfell-Verwachsungen links.

II. Todesursache: wahrscheinlich Halskompression.

III. Das Ergebnis der quantitativen chemischen Alkoholbestimmung und toxikologischen Analyse aus verschiedenen Geweben wird nachgereicht.

IV. Die grobe Verletzung des Kehlkopfskeletts weist auf eine Kompression des Halses mit großer Kraft hin, z. B. durch Würgen oder Drosseln. Da andere vorbestehende krankhafte Veränderungen oder todeswürdige Verletzungen nicht nachgewiesen werden konnten, liegt hierin wahrscheinlich die Todesursache. Die Rissverletzung des hinteren Scheidengewölbes weist auf eine stattgehabte grobe stumpfe Gewalteinwirkung hin. Die fortgeschrittenen postmortalen Veränderungen lassen nur eine eingeschränkte Beurteilung der Befunde zu, das gilt auch für die Frage der Beibringung zu Lebzeiten bzw. die Reihenfolge der Gewalteinwirkungen. Insgesamt betrachtet bietet sich ein hinreichender Verdacht auf eine Tötung durch fremde Hand in Zusammenhang mit einem Sexualdelikt.

V. Die Liegezeit ist nicht näher zu bestimmen. Sie ist auf einen Zeitraum von mehreren Wochen bis wenigen Monaten zu schätzen.

VI. Zur Identifizierung der unbekannten Frau wurden Proben für DNS-Analysen entnommen. Weiterhin erfolgt noch eine zahnärztliche Dokumentation des Gebisszustandes.

VII. Die entnommenen Proben (Fingernägel, Abstriche von Körperöffnungen) werden spurenkundlich untersucht, insbesondere zur Frage von Fremd-DNS.
VIII. Die Obduzenten behalten sich ein endgültiges Gutachten ausdrücklich vor.
IX. Prof. Dr. med. Robert Schwarz, Assistenzarzt Horst Schubert

Die Rechtsmediziner traten zu den Kriminalisten, und Schwarz fasste zusammen: »Wir haben keine Zweifel, dass die Frau im Rahmen einer Vergewaltigung erdrosselt oder erwürgt wurde. Da wir bei dem Fäulnisgrad die Frage der vitalen Entstehung oder gar der Reihenfolge der Einwirkungen nicht mehr klären können, muss ich die Formulierungen in unserem Gutachten selbstverständlich vorsichtiger wählen. Aber nach meinen Erfahrungen war das Ganze *ein* Vorgang in einem eng begrenzten Zeitraum. Wenn ihr die Identität der Frau geklärt habt, werdet ihr hoffentlich erfahren, wann, wo und mit wem sie zuletzt gesehen wurde.«

Granow nickte und fragte mit nachdenklicher Miene: »Wir können also davon ausgehen, dass hier nicht eine Pilzsammlerin verunglückt oder aufgrund einer natürlichen Ursache gestorben ist? Gibt es irgendwelche Hinweise auf den Täter?«

Schwarz und Schubert schüttelten gleichzeitig die Köpfe. »Wenn wir Glück haben, lässt sich in einem der Abstriche männliche DNS identifizieren. Die neueren Techniken und Systeme sind empfindlicher und erfassen auch kleinste Bruchstücke von zerfallener DNS. Also hoffen wir das Beste. Mal sehen, wer das Rennen macht – moderne Technik oder altmodische Ermittlungsarbeit. Bei diesem Fall tippe ich eher auf den Kommissar als auf den Sequenzierautomaten.«

Dann verabschiedeten sich die Kommissare Gunnar Granow und Theresa Marotzke von den Rechtsmedizinern, wobei Granow das letzte Wort hatte. »Wer zuerst Neuigkeiten hat, gibt Laut!«

***

Der Fall der Ermordeten aus dem Wald beschäftigte Granow mehr als alle anderen Fälle, die es in letzter Zeit gegeben hatte, denn auch seine Frau ging gern allein im Wald spazieren. Um sich zu entspannen, aber auch um nach Pilzen und Beeren zu suchen. Zwar nicht oben im Tegeler Forst, sondern in der Döberitzer und der Gatower Heide bei ihnen in der Nähe, aber wenn es wieder einen Serientäter geben sollte wie vor neunzig Jahren den Friedrich Schumann, dann ... Der hatte mindestens sechs Menschen ermordet, elf Mordversuche unternommen und wurde der »Massenmörder vom Falkenhagener See« genannt. Geboren worden war er in Granows Heimatbezirk, in Spandau.

Als sie das Gutachten von Prof. Schwarz in den Händen hielten, begann Granow unvermittelt zu singen: »*Wer hat dich, du schöner Wald / aufgebaut so hoch da droben?*«

»Na, so hoch ist der Wald da zwischen Tegel, Heiligensee, Hermsdorf und Frohnau nu ooch wieda nich uffjebaut.« Theresa Marotzke sah über ihre beiden aneinandergerückten Schreibtische zu Granow hinüber. »Bist du eijentlich 'n jroßer Pilzfreund?«

»Nein, seit ich mal 'n Fußpilz hatte, nicht mehr.«

»Sei nich so alban!«

»Gut, sehen wir uns einmal an, wer so alles in dem Zeitraum, in dem die Frau Schwarz zufolge umgebracht worden ist, als vermisst gemeldet wurde.«

Es dauerte nicht lange, da konnten sie sicher sein, dass sie nach dem Mörder von Dr. Cornelia Woywode, einer Dozentin an der Freien Universität, zu suchen hatten. Sie setzten sich am Wittenbergplatz in einen Zug der U 3 und fuhren nach Dahlem hinaus, um mit den Studierenden der Toten zu sprechen und Näheres über ihr Umfeld zu erfahren, obwohl eine Beziehungstat eher unwahrscheinlich war. Es dauerte ewig, bis sie sich durchgefragt hatten und endlich an die Liste mit den Studierenden gelangten, die sich für den Kurs »Grundzüge der Mykologie« eingeschrieben hatten. Das war ihnen in einem Verwaltungsgebäude in der Thielallee geglückt.

Theresa Marotzke seufzte. »Nu müssen wa die ja hier ooch noch irgendwo uffjabeln. Wo sitzen denn die Pilzleute?«

»Den Fachbereich Biologie, Chemie, Pharmazie finden Sie in der Takustraße 3.«

Granow musste unwillkürlich grinsen, denn unendlich oft hatte er seinen Kindern etwas aus *Pippi in Taka-Tuka-Land* vorgelesen. Aber wahrscheinlich war Taku eine Stadt in Japan, und so fragte er die freundliche Dame in der Verwaltung, ob man eigens dorthin fliegen müsse.

»Nein, die Takustraße geht von der Königin-Luise-Straße ab.« Nun wurde ihnen der Weg zu den Biologen so unpräzise beschrieben, dass sie sich anschließend zweimal verliefen, was aber im vergleichsweise mondänen Dahlem durchaus erholsam war.

Dafür hatten sie dann im FU-Gebäude in der Takustraße mehr Glück, denn schon die dritte Studentin, die sie ansprachen, gehörte zur Schar derer, die sich bei Cornelia Woywode eingeschrieben hatten.

»Ja, wir wollten ins Briesetal, aber sie war eine Woche zu früh auf dem Bahnhof Friedrichstraße. Sie hat so zehn vor zehn mit ihrem Handy bei mir angerufen und gefragt, wo wir denn stecken würden.«

Was sie bei den Biologen noch so über die Tote erfuhren, brachte sie nicht weiter. Keine Affären, keine Skandale, nichts. Sie bedankten sich und gingen zum U-Bahnhof Dahlem-Dorf.

»Die große Frage ist«, fasste Granow ihre Erkenntnisse zusammen, »wieso Cornelia Woywode im Tegeler Forst gefunden worden ist, obwohl sie ins Briesetal wollte. Warum ist sie schon in Hermsdorf oder Frohnau aus der S 1 gestiegen und nicht erst in Birkenwerder?«

Sie fuhren in die Auguststraße, um mit den Nachbarn zu sprechen, die aber konnten ihnen auch nicht weiterhelfen. Da die Berliner Medien ausführlich über den Mordfall Woywode berichteten und auch Fotos der Dozentin abgedruckt wurden und im Fernsehen zu sehen waren, gingen nun viele E-Mails und Anrufe ein – und einer der Anrufe schien sie tatsächlich auf die berühmte heiße Spur zu führen.

»Ich habe auf dem Bahnhof Friedrichstraße gestanden, als Frau Woywode mit einem Mann gesprochen hat. Es muss ein alter Freund oder Bekannter von ihr gewesen sein, und sie hat ganz laut ›Uwe!‹ gerufen.«

Nun waren alle Kontaktpersonen der Woywode zu befragen, ob sie je von einem Uwe gehört hatten. Doch niemand konnte ihnen einen Hinweis geben. Dann aber meldeten sich die Eltern der Ermordeten, die inzwischen aus Bad Elsterwerda angereist waren, und gaben an, dass ihre Tochter einen Klassenkameraden mit diesem Vornamen gehabt habe. »Und der hat se richtig verehrt, aber sie hat ihn nicht haben wollen. Das war nicht ihr Typ. Und der hatte so einen merkwürdigen Nachnamen – irgendwas mit Dü...«

Mit Hilfe der sorgsam aufbewahrten Akten in Cornelia Woywodes Gymnasium kam man auf einen gewissen Uwe Dumoulin, der noch immer in Berlin wohnte, und zwar in Adlershof, Dörpfeldstraße. Da es wahnwitzig war, zur Mittagszeit mit dem Auto durch die Berliner Innenstadt zu fahren, nahmen sie die S-Bahn.

»Vielleicht geschieht ja mal ein Wunder, und wir kommen ohne Verzögerung ans Ziel.«

Ja, es geschah, und Uwe Dumoulin war sogar zu Hause. Als Granow ihn erblickte, war er sich sicher, einen Frauenmörder vor sich zu haben. Alles an ihm war typisch, obwohl Granow nicht hätte sagen können, was eigentlich typisch war. Auch Theresa Marotzke schien Ähnliches zu fühlen. Sie stellten sich vor und wurden hereingebeten. Unwillkürlich schnüffelte Granow, als sie an der Küche vorbeikamen, denn er erinnerte sich gerade an Karl Großmann, die »Bestie vom Schlesischen Bahnhof«, einen Serientäter, der das Fleisch ermordeter Frauen wochenlang in Schüsseln aufbewahrt hatte. Es roch tatsächlich etwas eigenartig.

»Ich bin Single«, erklärte Uwe Dumoulin.

»Das ist nicht zu übersehen«, sagte Granow und zeigte auf den Stapel von Tageszeitungen neben der Couch. »Apropos übersehen: Dass ihre frühere Klassenkameradin Cornelia Woywode ermordet worden ist, wird Ihnen nicht entgangen sein.«

»Ist es auch nicht. Ich bin erschüttert.«

»So erschüttert, dass Sie nicht bei uns anrufen konnten, um uns zu sagen, dass Sie sich auf dem Bahnhof Friedrichstraße getroffen hatten?«

Uwe Dumoulin senkte den Kopf. »Ich hatte Angst, dass Sie mich dann sofort für den Täter halten – so wie ich auf alle Menschen wirke.«

Granow überlegte, ob die Umstände für eine vorläufige Festnahme ausreichten, da klingelte sein Handy.

Es war sein Vorgesetzter. »Sie können ins Präsidium kommen. Der Mann, der die Woywode ermordet hat, sitzt gerade bei uns und hat ein umfassendes Geständnis abgelegt.«

Granow liebte überraschende Wendungen. Besonders in Spielfilmen. So aber fluchte er nur leise vor sich hin: »Mensch, wieda alle Arbeit umsonst.«

Theresa Marotzke klatschte in die Hände. »Schön, dette ooch noch berlinern kannst.«

»In der Schule haben sie's mir ausgetrieben, aber ich will es wieder lernen, denn laut Zeitung sollen ja nur noch 23 Prozent aller Menschen, die in Berlin leben, hier geboren worden sein. Und wenn die ooch noch alle anfang'n, Hochdeutsch zu sprechen, dann jute Nacht, Marie!«

Sie waren natürlich gespannt auf den Mann, der den Mord an Cornelia Woywode zugegeben hatte, und beeilten sich, wieder ins Dienstgebäude zu kommen. Es handelte sich um einen gewissen Björn Böttcher, 37 Jahre alt, aus der Singerstraße in Mitte. Er hatte eine gewisse Ähnlichkeit mit Franz Kafka, was vielleicht erklärte, dass Granow nicht sehr überrascht war, als er vom Beruf des Mannes erfuhr: Schriftsteller. Allerdings war ihm der Name Björn Böttcher bis jetzt noch nicht untergekommen.

»Was schreiben Sie denn?«, lautete deswegen Granows erste Frage.

»Prosa und Lyrik.«

»Und in welchem Verlag?«

Da zögerte Björn Böttcher. »Ja, also ... Ich habe einiges im Internet veröffentlicht. Und mein großer historischer Roman *König sein dagegen sehr* ist bei Sebastian von Schiller erschienen.«

Das war, wie Granow neulich gelesen hatte, ein Druckkostenzuschussverlag, und so lag die Frage nahe, wovon Böttcher denn lebe.

»Von Gelegenheitsjobs. Ich arbeite mal als Kurierfahrer, mal auf dem Bau. Was gerade so anfällt. Aber es gibt ja für einen Schriftsteller nichts Besseres, als Einblick in verschiedene Welten gewinnen zu können.«

So ging es eine gute Stunde lang, bis sie Björn Böttcher baten, ihnen doch bitte den Tathergang genau zu schildern. »Wie sind Sie denn auf Cornelia Woywode gekommen?«, wollte Theresa Marotzke als Erstes wissen.

»Im Fernsehen gab's einen Bericht über sie. Was man beim Pilzesammeln alles beachten muss, damit man keinen Pilz erwischt, der giftig ist. Und als ich sie gesehen habe, da kam es dann über mich, da hatte ich nur noch einen Gedanken: Die muss ich haben! Da habe ich dann angefangen, ihr überall aufzulauern. Stalking also.«

Granow ging das zu schnell, und er stellte eine Zwischenfrage. »Wie sieht es denn sonst mit Ihrem Liebesleben aus?«

Björn Böttcher zuckte mit den Schultern. »Schlecht. Wenn ich Frauen anspreche, lassen sie mich regelmäßig abblitzen. Und wenn ich wirklich einmal eine habe, dann ist es gleich wieder aus, weil ich beim Sex angeblich immer zu brutal bin.« Es folgten noch einige detaillierte Ausführungen über seine bevorzugten Sexualpraktiken.

»Dann schildern Sie uns doch einmal den Tathergang!«, bat ihn Granow schließlich.

»Ganz einfach, ich hatte schon lange herausbekommen, wo sie wohnt, in der Auguststraße, und bin ihr hinterher ... von ihrer Wohnung bis in den Wald, wo ich sie dann ...«

Es folgten noch einige Details, aber sie gingen nicht über das hinaus, was bereits in den Zeitungen gestanden hatte. Granow wurde von Minute zu Minute stutziger, zumal ihm, als Björn Böttcher seine sexuellen Vorlieben und seinen Hang zu Vergewaltigungen geschildert hatte, schon aufgefallen war, dass der wortwörtlich jene Formulierungen verwendet hat, die in den einschlägigen wissenschaftlichen Publikationen zu finden waren. Die kannte er von seiner Lehrtätigkeit her. Daher kam in ihm ein ganz bestimmter Verdacht auf. Also war zu prüfen, ob Björn Böttcher wirklich über das verfügte, was die Ermittler Täterwissen nannten. Granow stellte entsprechende Fragen – und siehe da, Björn Böttcher geriet ins Schwimmen. »Ich war wie im Rausch, daran kann ich mich nicht mehr erinnern!«, sagte er nur. Auch auf das, was Theresa Marotzke ihn fragte, kam keine andere Antwort.

Als es Abend wurde, beschloss Granow, ihr Spielchen zu beenden. »Kennen Sie den Paragraphen 145d des Strafgesetzbuches, Herr Böttcher?«

»Nein.«

»Dann darf ich Ihnen verraten, wie er lautet: *Wer wider besseres Wissen einer Behörde oder einer zur Entgegennahme von Anzeigen zuständigen Stelle vortäuscht, dass eine rechtswidrige Tat begangen worden sei, wird mit Freiheitsstrafe bis zu drei Jahren oder mit Geldstrafe bestraft.*«

»Was wollen Sie damit sagen?«

»Dass Sie Cornelia Woywode nicht ermordet, sondern ein falsches Geständnis abgelegt haben – in der Hoffnung, endlich einmal in die Medien zu kommen und auf diesem Wege Abnehmer für Ihre literarischen Publikationen zu finden. Vom No-Name-Autor auf die Bestsellerlisten.«

Björn Böttcher grinste. »Erraten, Herr Kommissar, und meine Hochachtung!«

Nachdem dies abgehakt war, konnten Granow und Marotzke sich daranmachen, über neue Strategien nachzudenken. Nach einem längeren Brainstorming hatte Granow die Idee, es mit einem Lockvogel zu versuchen.

Theresa Marotzke fuhr auf. »Wieso'n das? Beim S-Bahn-Mörder 1941 hat das doch auch nicht funktioniert.«

Granow grinste. »Ich bewundere, wie hellsichtig du sein kannst.«

»Wie meinst'n das?«

»Na, es gibt doch hier nur eine, die für die Lockvogelrolle in Frage kommt, und die heißt Theresa Marotzke.«

Sie willigte schließlich nach einigem Hin und Her ein und begab sich in den Tegeler Forst – mal als Pilzsammlerin, mal als Joggerin, mal als Wanderin. Dem Anschein nach immer einsam und allein, in Wirklichkeit aber beschirmt von Kolleginnen und Kollegen, die sich im Unterholz versteckt hatten oder sich als Waldarbeiter getarnt in ihrer Nähe aufhielten. Trotzdem war Theresa Marotzkes Adrenalinspiegel dabei sehr hoch. Wenn sie für alle sichtbar zitterte, dann lag das allerdings nicht an der Angst vor dem Mörder, sondern an der fast schon winterlichen Kälte. Um aufreizend auf den Triebtäter zu wirken, hatte sie sich nicht dick einhüllen dürfen, sondern musste in kurzem Rock umherlaufen. Wenigstens hatte man ihr Stiefel zugestanden.

Die ersten drei Tage passierte gar nichts, und man begann schon, am Sinn der ganzen Aktion zu zweifeln. Dann aber fiel Granow, der sich im Jagen 85 hinter einem Stapel gefällter und zugeschnittener Kiefern versteckt hatte, ein Mann auf. Der erinnerte ihn irgendwie an Rudolf Pleil, den sogenannten Totmacher, der in den Jahren 1946 und 1947 im Harz nahe der Grenze zwischen britischer und sowjetischer Besatzungszone – allein und gemeinsam mit zwei Komplizen – bis zu 25 Frauen ermordet hatte. Die genaue Anzahl war nicht festzustellen gewesen. Dasselbe runde Gesicht, die breite Nase, die randlose Brille. Ein Wiedergänger ... Unsinn!

Als der Mann Theresa Marotzke erblickte, folgte er ihr. Was noch gar nichts bewies, er mochte denselben Weg haben. Granow griff zum Handy, um Theresa Marotzke zu warnen. Das Vibrieren des Geräts war das verabredete Zeichen, auf das sie achten sollte, sprechen wollten sie nicht miteinander, um einen potentiellen Täter nicht darauf aufmerksam zu machen, dass da eine Falle auf ihn wartete.

Theresa Marotzke hatte verstanden, und sie verließ, als sei das reiner Zufall, den Fahrweg, um auf die Höhen des Ehrenpfortenberges zu gelangen. Zuerst arbeitete sie sich durch dichtes Buschwerk, dann gelangte sie auf eine kleine Lichtung. Hier bückte sie sich nach fiktiven Pilzen, um den Täter mit diesem Anblick zu locken.

Da war er auch schon hinter ihr und streckte seine Arme nach ihr aus. Sie warf sich herum, packte ihn mit einem automatisierten Judogriff an den Hüften und ließ ihn auf den Waldboden krachen. Ehe er begriff, was mit ihm geschehen war, hatte sie ihre Pistole aus der Tragetasche gerissen. »Kriminalpolizei! Bleiben Sie liegen, Sie sind verhaftet!«

Da waren auch Granow und zwei andere Kollegen heran. Bald hatten sie herausgefunden, wer ihnen da in die Falle gegangen war: der 31-jährige Thomas Brohasky, der auf dem Hermsdorfer Friedhof mit Hilfsarbeiten beschäftigt war.

Nach kurzer Zeit hatte er ein Geständnis abgelegt. »Ick bin doch so abstoßend, det ick so keene Frau jefunden habe, und ick wollte doch ooch eene ham.«

Als das mit dem Totengräber als Frauenmörder in allen Zeitungen stand, rief Sarah Trippmacher bei Granow an, um ihm mitzuteilen, dass es mit hoher Wahrscheinlichkeit jener Mann gewesen sei, der sie bei ihrem Friedhofsbesuch in Hermsdorf so lüstern angestarrt habe. »Das war vielleicht eine Stunde, bevor mein Mann und ich die Frau Doktor Woywode gefunden haben.«

Zum Glück hatte Granow schon wieder aufgelegt, bevor er

die Anruferin wegen ihrer außergewöhnlichen Dämlichkeit zu verfluchen begann. Anderenfalls hätte er wohl mit einem Disziplinarverfahren rechnen müssen.

***

Schwarz strebte zu seinem Hörsaal in der Hochschule für Wirtschaft und Recht, als ihm Granow über den Weg lief. »Grüß dich, Gunnar! Schön, dich einmal ohne Leiche zu treffen. Hast mich beim Fremdgehen erwischt: In fünfzehn Minuten beginnt hier meine Vorlesung über die Zeichen des Todes.«

»Und ich habe gerade mein Kolleg über operative Fallanalyse beendet. Unübersehbar *monday morning* – allgemeine Müdigkeit und Tuscheleien über die Erlebnisse des Wochenendes. Na ja, vielleicht werden die Hörer bei deinem Thema wach. Apropos Zeichen des Todes: Der Mord an der Biologiedozenten aus dem Tegeler Forst ist aufgeklärt. Theresa als Lockvogel – das war für sie spannend und nicht ganz ungefährlich. Am vierten Tag im Wald ging uns der Täter ins Netz: ein Friedhofsarbeiter aus Hermsdorf. Hatte sexuellen Notstand. Was fast verständlich ist angesichts seiner Hässlichkeit. Aber deshalb wie ein Tier über eine Frau herzufallen? Immerhin hat er rasch gestanden. Gut für unsere Aufklärungsquote und noch besser für unsere Frauen, die wieder ohne Furcht in die Pilze gehen können.«

»Ich würde meine ›Mädchen‹ trotzdem nicht allein in den Wald gehen lassen«, warf Schwarz ein. »Aber ich muss jetzt – bis zum nächsten Fall! Und schöne Grüße an die tapfere Theresa! Ihre Zuneigung zum männlichen Geschlecht wird nach diesem Erlebnis kaum gestiegen sein!«

Nachdem Schwarz sich in den stadteinwärts fließenden Autoverkehr der B 1 in Richtung Charité eingefädelt hatte, spukten ihm alte Fälle durch den Kopf. Kein Jahr seiner langen Dienstzeit war vergangen, ohne dass er lebende oder tote Opfer eines sexuell gestörten Täters zu untersuchen hatte. Die armen Frauen und Mädchen!

Seine einschlägige »Feuertaufe« hatte er im zweiten Berufsjahr erlebt. Damals hatte ihn ein älterer Kollege am Tatort in die Besonderheiten dieser speziellen Leichenschau und Spurensicherung eingeführt. Die entkleidete Frauenleiche war in einer mit Sträuchern bewachsenen Böschung in Nähe eines Berliner S-Bahnhofs gefunden worden. Schon am Tatort waren neben Würgemalen am Hals mehrere Bissmarken an den Brüsten des Opfers aufgefallen. Sie wurden im Institut aufwendig dokumentiert – damals noch ohne Hilfe von Computerprogrammen. Schließlich waren die rekonstruierten Gebissabdrücke ein hilfreiches Beweismittel bei der Überführung des Täters, weil dieser mit seinem lückenhaften Gebiss einen sehr charakteristischen Abdruck hinterlassen hatte. Aber auch unter heutigen Bedingungen war die Zuordnung von Bissmarken zu einem Verursacher keineswegs so einfach, wie das in einigen Krimiserien mit utopischen Hightech-Laboratorien suggeriert wurde. Menschliches Haut- und Unterhautgewebe war bekanntlich weich und elastisch, deshalb reversibel verformbar, was bei der Bewertung von geformten Hautabdrücken oder -durchtrennungen beachtet werden musste. Dagegen war die Bissspur etwa an einem Apfel oder einer Tafel Schokolade aufgrund des relativ formstabilen Materials wesentlich zuverlässiger auszuwerten.

Völlig neue Analysemethoden bot der Rechtsmedizin und der Kriminalistik seit Mitte der 1980er Jahre die Zuordnung von Blut, Speichel und anderen biologischen Spuren durch die DNS-Technologie. Schwarz bemühte sich starrköpfig, den deutschen Begriff DNS anstatt des englischen Kürzels DNA zu verwenden: S stand für Säure und A für die englische Übersetzung *acid*. Aber Schwarz war schon klar, dass die deutsche Sprache in vielen Bereichen hoffnungslos auf dem Rückzug war, vor allem in der Informationstechnologie. Die nannte keiner mehr IT in deutscher Aussprache, sondern »Ei-Ti«, wenn man kein Ewiggestriger sein wollte. Nun gut, ich sage auch nicht mehr Rechner sondern Computer, dachte Schwarz resigniert. Aber muss man denn gleich alles mit englischen Begriffen benennen?

Ob nun DNS oder DNA – jedenfalls war der Informationsgewinn bei der Untersuchung von Bissspuren, Speichel, Sperma und sonstigen biologischen Spuren einfach gigantisch. Schwarz, der von seinem akademischen Lehrer die große Liebe zur Forensischen Genetik übernommen hatte, war immer wieder begeistert von den Erfolgen der DNS-Analysen. Und wenn mit ihrer Hilfe die Lösung eines Jahrzehnte zurückliegenden Mordfalles gelang, empfand er eine tiefe Befriedigung.

An den damaligen Fall hatte er sonst keinerlei Erinnerung, weder an das Opfer noch an den Täter. Das war ja auch viele Jahre her. Nur die Bissmarken sah er noch recht genau vor sich – das menschliche Gedächtnis war schon eigenartig. Schwarz kam vorübergehend ins Grübeln: Bist du so abgestumpft, dass dich die menschliche Seite überhaupt nicht mehr interessiert? Nein, korrigierte er seine Selbstzweifel, das ist ein Schutzmechanismus, ohne den wir unseren Beruf nicht ausüben könnten.

Bald trat ein weiterer alter Fall vor sein inneres Auge. Da war Schwarz zur Leichenschau eines weiblichen Opfers in einen großen Berliner Volkspark gerufen worden. Nur wenige Meter von einem Parkweg entfernt lag in dichtem Strauchwerk die Leiche mit entblößtem Unterleib. Auch dieses Opfer war erwürgt worden und zeigte Spuren einer Vergewaltigung. Auch hier waren Aussehen und Alter der Frau aus seinem Gedächtnis verschwunden. Den Täter würde er jedoch nie vergessen – leider. Als der Tatverdächtige während der körperlichen Untersuchung von dem Rechtsmediziner nach dem Grund seiner Tat befragt wurde, hatte der offensichtlich geistig zurückgebliebene junge Mann ganz unbefangen angegeben, dass er »mal wieder ficken musste«. Weitere Ausführungen des Vorgeführten zum Tatablauf, deren Protokollierung für das Strafverfahren wichtig war, hatte der Rechtsmediziner nur mit großer Überwindung wörtlich notieren können. Schwarz konnte sich noch gut erinnern, wie später der Staatsanwalt bemüht war, dem Verhafteten einige »stubenreine« Sexualvokabeln beizubringen. In der Gerichtsverhandlung hatte dann der Strafverteidiger diese verspätete Erzieherrolle übernommen, um das Gericht und die Zuhörer zu schonen.

Im Rückblick tat der Täter mit seiner eingeschränkten Intelligenz und seiner minimalen kulturellen wie sozialen Bildung Schwarz fast schon leid. Während der in der Bevölkerung als »Sexbestie« bezeichnet wurde, wirkte er nach seiner Festnahme und während der Gerichtsverhandlung eher wie ein Häufchen Elend. Das hatte Schwarz übrigens mehrfach erlebt. Seine Unsicherheit und Gehemmtheit hatten den »Parkmörder« offenbar daran gehindert, auf gesellschaftlich akzeptablen Wegen Verbindung zum anderen Geschlecht zu suchen. Die musste er aber bereits gehabt haben, denn Schwarz hatte bei der gerichtsärztlichen Untersuchung eine schwere eitrige Gonorrhoe, einen sogenannten Tripper, und einen Zustand der Unterwäsche festgestellt, an den er sich lieber nicht mehr erinnern wollte. Für die Kontaktaufnahme mit dem anderen Geschlecht war dieser Zustand natürlich nicht gerade förderlich. Jedenfalls war der Täter hemmungslos und brutal über die junge Frau hergefallen, als die seine Annäherungsversuche zurückgewiesen hatte. Nein, dieser Täter hatte sein Mitleid wirklich nur *fast* verdient!

Jahre später war ihm ein ähnlicher Tätertyp bei einem Sexualmord im Rahnsdorfer Stadtforst begegnet. Der junge Mann stand an einem Abend im März unter sexuellem Druck und suchte ein mögliches Opfer. Da sah er am S-Bahnhof Rahnsdorf eine Frau, die ihm gefiel. Sie war aus der S-Bahn ausgestiegen, die in Richtung Erkner fuhr. Er folgte ihr, und auf dem einsamen, nur spärlich beleuchteten Waldweg zwischen Bahnhof und Siedlung bedrängte er sie. Die Frau sollte mit in den Wald kommen und sich ausziehen. Aber sie stieß ihn weg und lief einfach weiter. Das war ihr Todesurteil. Der Täter stach ihr in den Rücken und zog die nunmehr Wehrlose in den Wald. Hier öffnete er ihre Kleidung, um an Brüsten und Geschlechtsteil manipulieren zu können, wobei er onanierte. Schwarz erinnerte sich an die Fundortsituation bei der Leichenschau am nächsten Vormittag. Die Tote lag auf dem

Rücken mit entblößtem Unterleib, der Pullover hochgeschoben und der Büstenhalter zerrissen. Die Bekleidung am Oberkörper blutdurchtränkt. Im Rücken mehrere Stichverletzungen, die auch den Mantel durchsetzten. Die Zeichen des Todes wiesen auf eine Tatzeit am Abend des Vortages hin. Vom Waldweg bis zur Fundstelle der Leiche zog sich eine deutliche Schleifspur. In Umgebung der Toten lagen ihre Schuhe und ein verbogener Regenschirm.

Es gab am Fundort keine Hinweise auf die Identität der Frau, denn bei ihr fanden sich weder Personalpapiere noch Schmuck, Uhr oder Handtasche. So wurden rechtsmedizinische und kriminalistische Maßnahmen für eine Identifizierung erforderlich. Das hieß für die Rechtsmediziner Ermittlung von Lebensalter, Körpermaßen, Zahnstatus und Blutgruppe. Durch die Kripo wurde ein Vermisstenvorgang angelegt, und es wurden erkennungsdienstliche Maßnahmen eingeleitet, unter anderem die Abnahme der Fingerabdrücke sowie die Anfertigung einer Kleiderkarte mit relevanten Stoffproben der Bekleidung. Bei der unverzüglich stattfindenden Sofortobduktion wurde die Todesursache durch Erstechen bestätigt. Und es gab eine Spermaspur, mit Hilfe derer die Feststellung der Blutgruppe gelang. Gut konnte sich Schwarz an eine Überraschung bei der Obduktion erinnern, die eine mögliche Erklärung für die heftige Gegenwehr der Frau bot: Sie war bei einem geschätzten Lebensalter von zirka dreißig Jahren *virgo intacta*, jungfräulich. Weitere ungewöhnliche Umstände fielen Schwarz ein: Die gepflegt wirkende und gutgekleidete Frau wurde auch zwei Tage nach dem Auffinden immer noch nicht vermisst – gab es keine Verwandten oder Angehörigen?

Erst am dritten Tag meldete sich ein Hochschullehrer der Humboldt-Universität, der seine Ehefrau vermisste. Anhand der Kleidungsstücke konnte er die Tote eindeutig als seine Ehefrau identifizieren. Auch sie war promoviert und arbeitete als Wissenschaftlerin an der Humboldt-Universität. Naturgemäß zählte der Ehemann zu den Tatverdächtigen, zumal seine Erklärungen für das lange Warten bis zur Vermisstenmeldung recht fadenscheinig waren. Als wir Rechtsmediziner nun von der Mordkommission erfuhren, dass die Betroffene seit mehreren Jahren verheiratet war, herrschte erst einmal Ratlosigkeit. War die Identität der Frau falsch? War unsere anatomische Diagnose falsch? Nein, es gab eine Erklärung. Die promovierte Wissenschaftlerin hatte ihren etwas älteren Hochschullehrer geheiratet, und die beiden führten eine Ehe, bei der die wissenschaftliche Arbeit das bindende Element war, während das Sexualleben keine Rolle spielte. Die Frau hatte deshalb große Freiräume, übernachtete auch des Öfteren bei ihren Eltern – weshalb sie der Ehemann nicht früher vermisst hatte. Der Ehemann konnte bald als Täter ausgeschlossen werden. Dazu hatte auch der Abgleich seiner Blutgruppe mit der Spermaspur beigetragen. Da nach über einer Woche noch keine Hinweise auf den Täter gefunden waren und in der Bevölkerung große Unruhe wegen zahlreicher vorausgegangener Vergewaltigungen durch einen Messerstecher herrschte, wurden die polizeilichen Bemühungen intensiviert. Die gesamte Region des Naherholungsgebietes wurde von Polizisten mit Fährtenhunden durchsucht. In Zeitungsberichten wurde die Bevölkerung zur Mitarbeit bei der Aufklärung des Verbrechens aufgefordert. Mehrere hundert männliche Personen wurden befragt – sämtlich mit sexuellen Übergriffen in der Vorgeschichte.

Erst fast zwei Monate nach der Tat wurde bei der Befragung eines 18-jährigen, geistig minderbemittelten jungen Mannes überraschend ein Geständnis erlangt, untermauert durch Täterwissen. Der Geständige war schüchtern, aber freundlich und kooperativ und schilderte detailliert den Tathergang. In den Datenspeicher war er wegen mehrfachen Diebstahls von Damenunterwäsche und Exhibitionismus gelangt. Der forensisch-psychiatrische Gutachter bescheinigte dem Täter eine verminderte Zurechnungsfähigkeit. Dessen ungeachtet wurde er wegen Mordes zu einer lebenslangen Freiheitsstrafe verurteilt. Eine besonders tragische Geschichte, bei der eine Wissenschaftlerin die Verteidigung ihrer körperlichen Unversehrtheit mit dem Leben bezahlen musste.

Der Fall hatte sich bei Schwarz wohl deshalb in sein Gedächtnis eingebrannt, weil Opfer und Ehemann seine Kollegen an der Universität waren – wenn auch aus einer anderen Fakultät. Die Ähnlichkeit mit dem aktuellen Fall aus dem Tegeler Forst war schon beachtlich!

Keine Liebe ohne Leiche

Graziella Renninger hatte von der CMO-Filmproduktion ein Drehbuch zugeschickt bekommen, und das studierte sie nun mit Hingabe. Ein Fernseh-Krimi nach einer Kriminalgeschichte von -ky mit dem Titel *Keine Liebe ohne Leiche* sollte es werden. Wenn sie Glück hatte, bekam sie die Rolle der Charlotte. Das 2. Bild las sich wie folgt:

Wohnzimmer, innen, Tag, Musik: Je t'aime.
Charlotte sitzt auf dem Sofa und blättert in einer Zeitschrift. Es klingelt. Sie schaltet ihren CD-Player aus. Die Musik bricht ab. Sie sieht durch den Türspion und erkennt Gregor.
Charlotte: Gott, Gregor! (zieht die Kette zurück und öffnet die Tür)
Gregor tritt ein.
Gregor: Da bin ich wieder. (Hält eine Zigarettenschachtel hoch) Meine Zigaretten hab ich auch.
Charlotte: Das hat immerhin zwanzig Jahre gedauert ...
Gregor: Ich hab auch eine Menge erlebt ... (Geht zu einem Stuhl, setzt sich) Ich muss mit dir reden. Wie geht es dir?
Charlotte: Schlecht. Kein Engagement, kein Geld.
Gregor: Wie Schiller sagt: Dem Weibe kann geholfen werden!
Charlotte: Du mir?
Gregor: Ja, ich dir.
Charlotte: Wie denn?
Gregor: Ganz einfach: Du gehst zur Polizei und zeigst mich an. Auf meinen Kopf sind fünfzigtausend Dollar ausgesetzt. Ich habe in den USA und in Kanada zehn Frauen umgebracht, das FBI sucht mich als Serientäter.

Charlotte: (Kann nur mühsam einen Lachkrampf unterdrücken) Du hast ja nicht mal eine Fliege erschlagen können.

Gregor: Frauen sind nicht so harmlos wie Fliegen. Und außerdem habe ich sie erschossen. Mit dieser Pistole hier ... (Holt eine Pistole aus der Tasche)

Charlotte: (Glaubt ihm noch immer nicht) Ach, Gregor, lass das! Du warst schon immer ein schlechter Schauspieler. Aber dafür ein blendender Liebhaber. (Geht zu ihm, streichelt seinen Kopf) Komm, lass uns von vorne beginnen!

Gregor: (Steckt die Pistole wieder ein) Es gibt keinen neuen Anfang mehr. Die Ärzte haben mir gesagt, dass ich höchstens noch drei Monate zu leben habe. Ein Tumor in der Lunge. Also ... (Steht auf) Du gehst jetzt zum Telefon und rufst die Polizei an. Ich liege bei dir im Bett und schlafe, wenn sie kommen.

Charlotte: Und wenn du hundert Frauen umgebracht hättest, Gregor, ich würde dich nicht anzeigen ... Ich liebe dich doch. (Geht zu ihm, nimmt ihn in die Arme)

Gregor: (Befreit sich von ihr) Du glaubst mir noch immer nicht, dass ich ...

Charlotte: Nein, ich habe nirgends gelesen, dass sie einen Gregor Riese suchen.

Gregor: In den USA habe ich mich auch Greg Giant genannt.

Charlotte: (Lacht spöttisch) Ach Gregor, du wolltest immer stark und furchteinflößend sein, warst aber immer weich wie eine angefaulte Pflaume. (Tut so, als hätte sie eine solche in der Hand)

Gregor: Hör auf, mich so zu kränken! Ich kann meine fünfzigtausend Dollar auch einer anderen zukommen lassen.

Charlotte: Ja, der Psychiatrie, Bonnies Ranch.

Gregor: Charlotte, ich schwöre dir bei allem, was mir heilig ist, dass ich wirklich ein zehnfacher Mörder bin!

Charlotte: Ja, Gregor, ja, aber ich zeige dich trotzdem nicht an, dazu liebe ich dich zu sehr. Und ich möchte nicht, dass du in der Psychiatrie landest.

Gregor: Im Knast!

Charlotte: Nein, in der Psychiatrie.

Gregor: Du glaubst mir also nicht?

Charlotte: Nein, tut mir leid.

Gregor: (Reißt abermals die Pistole heraus, im Ausnahmezustand) Du hast
mir nie geglaubt, jetzt aber wirst du mir glauben. Endlich! (Damit feuert
er auf sie, einmal, zweimal)
Charlotte stürzt zu Boden.

Graziella Renninger ließ das Drehbuch sinken. Nun ja, die Chance, damit für einen Oscar nominiert zu werden, schien zwar gering, aber immerhin wäre sie wieder einmal auf dem Bildschirm
präsent. Und was man ihr geschickt hatte, war auch nur die erste
Drehbuchfassung, bei der sechsten würde alles schon wesentlich
besser aussehen. Sie nahm es als gutes Omen, dass ein Flugzeug
im Steigflug in den fast schon preußisch blauen Himmel stieß
und zu einer weiten Schleife um den Fernsehturm ansetzte. Jeden
Abend, wenn sie auf ihrer Dachterrasse saß, hatte sie das Bild vor
Augen, wie sich die Maschine in die gläserne Kugel unter den An-
tennen bohrte und alles explodierte.

Sie zuckte zusammen. Es hatte an ihrer Wohnungstür geklingelt: lang, kurz, kurz, lang. Das stand im Morsealphabet für
das X. Also war es Xaver Polenzko, ihr derzeitiger Geliebter.

Beide waren sie Teile der modernen Kreativwirtschaft, sie als
Schauspielerin, er als Regieassistent. Im Schnitt hatte jeder im
Monat kaum mehr als 850 Euro zum Leben, aber sie durften sich
als freie Menschen fühlen und pausenlos jubeln, das hohe Ziel der
Selbstverwirklichung erreicht zu haben. Mal bekam sie eine Rolle,
mal fand er für ein, zwei Monate einen Job. Aber sie hofften weiterhin auf die große Chance ihres Lebens. Berlin war eine einzige
große Castingshow für sie, deshalb waren sie auch an die Spree
gezogen.

Sie öffnete ihm. Seine Umarmung war so stürmisch, dass sie
aufschrie: »Du erdrückst mich ja!«

Die Organisation des Hoffestes in der Essener Straße war Susanne
Feysold und Udo Wulst übertragen worden. Sie war Therapeutin,
was eine gute Voraussetzung dafür war, verfeindete Nachbarn

an einen Tisch zu bringen. Er verdiente sein Geld als Geschäftsführer einer Firma, die Getränke kistenweise ins Haus lieferte und auch mit Festzelten sowie Bierbänken und -tischen dienen konnte, womit wesentliche logistische Probleme schon vor ihrer Entstehung gelöst waren. Beide hatten in den letzten Wochen viel für die Hausgemeinschaft getan: Plakate geklebt und Flyer verteilt und vor allem die Mieterinnen und Mieter überredet, ihren Beitrag zum Gelingen des Ganzen zu leisten. Wer backt Kuchen? Wer sorgt für Salate? Wer beschafft die Beschallungsanlage? Wer steht am Grill? Wer organisiert das Tischtennisturnier und wer das Kinderprogramm? Und immer wieder hatten sie den Wettergott beschworen: »Hoffentlich regnet es nicht!«

Sie hatten Glück, es wurde ein Sommertag wie aus dem Bilderbuch, und die Hauseigentümerin konnte gegen sechzehn Uhr zu einer kleinen Eröffnungsrede ansetzen. »Heute geht es nicht um Heizkostenabrechnungen und Mieterhöhungen, nicht um kaputte Wasserhähne und verstopfte Klosetts«, begann Hannelore Niedpodziani. »Heute vergessen wir das alles und sind nur fröhliche Menschen und nett zueinander. Ich hebe mein Glas auf das Wohl aller meiner Mieter und Mieterinnen und wünsche allen, dass es ein rauschendes Hoffest geben werde. Und für nachher habe ich für alle Anwesenden noch eine große Überraschung vorbereitet.«

»Die Renninger kommt auf den Hof runter«, wurde geflüstert, »und singt verruchte Chansons.«

Der Nachmittag verlief dann auch ohne größere Pannen, und mit Einsetzen der Dämmerung wurde es so richtig gemütlich. Die lieben Kleinen waren fortgeschafft worden, und man konnte nun ungestört flirten, tanzen und vor allem plaudern. Es war wie auf einem Kreuzfahrtschiff: Wer am Kapitänstisch, sprich an dem Tisch der Hauseigentümerin, sitzen durfte, konnte sich besonders gebauchpinselt fühlen. Natürlich wurde auch den beiden Cheforganisatoren diese Ehre zuteil. Es wurde viel geredet, insbesondere über die Mieter, die das Hoffest boykottiert hatten, aber auch über eigene Erlebnisse, denen man einen gewissen Unterhaltungswert zuschreiben zu können meinte.

Susanne Feysold setzte ihr Rotweinglas ab. »Der Notarzteinsatz neulich, der galt meiner Mutter. Die ist nämlich kollabiert, als sie mich in der Badewanne entdeckt hat.«

Udo Wulst prustete los. »Da hätte ich ganz anders reagiert!«

»Weiß ich nicht. Ich leblos – und das Wasser blutrot. Da dachte sie natürlich, ich hätte mir die Pulsadern aufgeschnitten und wäre so ins Jenseits hinübergeglitten wie der Petronius damals im alten Rom.«

»Und was war wirklich passiert?«, wollte die Hauseigentümerin wissen.

»Ich hatte mir nur vorher die Beine rasiert und mir dabei ein paar Schnittwunden zugefügt. Und in der Badewanne muss das dann wieder angefangen haben zu bluten, nachdem ich eingeschlafen war.«

»Das wäre eine schöne Szene für die Renninger«, fand Udo Wulst.

Seine Frau boxte ihm in die Seite. »Du willst die bloß mal nackt sehen.«

»Er wird sich doch schon längst den *Playboy* gekauft haben, in dem sie letzten Januar hüllenlos abgebildet war.«

»Die Überraschung«, murmelte die Hauseigentümerin und sah auf ihre Armbanduhr. »Sie müsste jeden Augenblick da sein.«

Da war Graziella Renninger auch schon. Sie kam als schwarzes Paket von ihrer Dachterrasse geflogen und schlug, während alles aufschrie, auf den leeren Tisch neben Susanne Feysold, Udo Wulst und Hannelore Niedpodziani.

Granow und Theresa Marotzke hatten Bereitschaftsdienst. Beide vertrieben sich die Zeit damit, sich um die verbliebenen nassen Fische, sprich die ungelösten Fälle, zu kümmern.

Granow schätzte, dass es weit über 50 waren. »Dazu kommt noch das Dunkelfeld«, brummte er, als ihm Theresa Marotzke präzise die Zahl 63 genannt hatte. Er erzählte, dass er bei seinen Lehrveranstaltungen an der Hochschule für Wirtschaft und Recht das Buch von Sabine Rückert *Tote haben keine Lobby – Die Dunkelziffer der vertuschten Morde* zur Pflichtlektüre gemacht habe. Es gäbe Wissenschaftler, die davon ausgingen, dass in Deutschland mindestens jede zweite Tötung unerkannt bliebe. »Von wegen den perfekten Mord gibt es nicht.«

Theresa Marotzke lachte. »Ein Cousin meiner Frau hat mal einen Ratgeber fürs perfekte Morden geschrieben, aber keiner wollte ihn drucken – aus ethischen Gesichtspunkten.«

»Aus ethischen Gesichtspunkten sollte man überhaupt nicht morden«, sagte Granow. »Lieber gehe ich vorher zur Paarberatung.«

»Was erzählst du deinen Leuten im Hörsaal immer?« Theresa Marotzke sah ihn fragend an.

»Denen erzähle ich vieles. Für die Klausuren müssen sie mehr als dreißig Theorien über deviantes und delinquentes Verhalten lernen.«

»Ich meine diesen Ausspruch von irgendeinem Dichter.«

Er überlegte einen Augenblick. »Ach, du meinst Oscar Wilde und *Die Ballade vom Zuchthaus in Reading.*« Ein paar Zeilen kannte er auswendig:

Doch jeder tötet, was er liebt,
Das hört nur allzumal!
Der tuts mit einem giftigen Blick,
Und der mit dem Schmeichelwort schmal.
Der Feigling tut es mit dem Kuss,
Der Tapfre mit dem Stahl.
Die einen töten ihr Lieb, wenn sie jung,
Die andern, wenn sie alt;
Der drosselt mit den Händen der Lust ...
Der Beste braucht ein Messer ...

Granow hielt einen Augenblick inne, bis er sich an die letzten beiden Zeilen erinnern konnte:

Denn jeder tötet, was er liebt,
Doch nicht jeder stirbt nachher.

»Womit wir wieder bei den nicht gesühnten Taten wären«, fügte Granow hinzu.

Theresa Marotzke wollte noch wissen, wie man mit einem Kuss töten könne. »Vielleicht indem man dem anderen beim Küssen eine Zyankalikapsel in den Mund legt und der sie dann zerbeißt?«

Ehe Granow antworten konnte, klingelte das Telefon. Er nahm ab, meldete sich und nickte dann mehrmals. »Ja, okay.« Er legte auf und berichtete Theresa Marotzke vom Auftrag, den sie gerade erhalten hatten. »Moabit, Essener Straße. Eine Schauspielerin namens Graziella Renninger – nie gehört – ist von ihrer Dachterrasse in den Innenhof gestürzt beziehungsweise gestürzt worden. Mitten in ein Hoffest hinein.«

»So einen Höhepunkt hat nicht jeder.«

»Du sagst es.«

Von der Keithstraße bis zum Ort des Geschehens war es nur ein vergleichsweise kurzes Stück. Hoch zur Hofjägerallee, in den Tiergarten hinein, um die Siegessäule herum und auf die Altonaer Straße, dann die Lessingstraße hinauf, über die Spree hinweg und von der Stromstraße links in die Essener Straße hinein. Als sie ankamen, hatte sich schon alles versammelt, was zum Tatort-Set gehörte, angefangen von den Schutzpolizisten und den Kriminaltechnikern bis hin zur Staatsanwältin Dr. Monique Müller-Linthe und dem Polizeireporter Charly Packebusch.

Auch als Leiche war die Schauspielerin Graziella Renninger noch ausgesprochen schön. Normalerweise wirkten Menschen nach einem Sturz aus dem vierten Stockwerk etwas deformiert, sie aber war nicht auf hartes Pflaster, sondern auf einen leeren Biertisch geknallt und dadurch einigermaßen erhalten geblieben. In einem der vielen Nachrufe sollte später stehen, der enge Hinterhof in der Essener Straße, auf dem man sich gerade zu einem großen Hoffest versammelt hatte, habe an alte Schauspielhäuser erinnert, nur dass es hier noch oberhalb des dritten Ranges Balkone gegeben habe, auf denen die Menschen gestanden hätten, um sie zu sehen. Ein junger Kulturjournalist hatte »zu erleben« geschrieben, aber das war ihm vom Redakteur herausgestrichen worden.

Alles war nun mit rot-weißen Flatterbändern abgesperrt, und statt fröhlicher Stimmung herrschte nur lähmendes Entsetzen. Granow und Theresa Marotzke gingen herum, um die Leute zu befragen, solange sie noch unten auf dem Hof verharrten.

Nach einer knappen Stunde hatte sich am verwaisten Buddelkasten eine Dreiergruppe eingefunden, um erste Schlüsse zu ziehen.

Granow hatte sich schnell ein Urteil gebildet. »Es könnte schlicht ein tragischer Unfall gewesen sein. Die Renninger hat ja Punkt 22 Uhr Chansons singen sollen – und sich kurz vorher vielleicht über die Brüstung ihrer Dachterrasse gebeugt, um zu sehen, wie viele Menschen auf sie warteten.«

Die Staatsanwältin sah ihn tadelnd an. »Ist Ihnen möglicherweise entgangen, dass die Nachbarn vorher einen Streit zwischen ihr und ihrem Liebhaber gehört haben wollen, diesem Xaver Polenzko?«

Granow winkte ab. »Der Geliebte ist um 21.10 Uhr beim Verlassen des Mietshauses gesehen worden.«

»Und kann später wieder zurückgekommen sein!« Dr. Monique Müller-Linthe machte einen gequälten Gesichtsausdruck. »Für mich ist es eine Eifersuchtstat. *Nihil novi sub sole.*«

»Ich kenne nur Novi Sad, das liegt in Serbien«, sagte Charly Packebusch. »Aber Novi Subsole? Und am Nil soll es sein, das klingt doch eher nach Italien ...«

»Latein müsste man gehabt haben, mein Lieber! *Nihil novi sub sole* bedeutet: Nichts Neues unter der Sonne.«

220

»Ich tippe auf einen Suizid«, sagte Charly Packebusch. »Er, der Polenzko, hat der Schauspielerin erklärt, dass er mit ihr Schluss machen will. Daraufhin verlässt er ihre Wohnung, und sie klettert auf die Brüstung und stürzt sich in den Tod.«

»Ohne Abschiedsbrief?«, fragte Granow.

»Dazu war keine Zeit mehr, und mir hat gerade eine enge Freundin erzählt, dass Graziella schon öfter von Selbstmord gesprochen hat.«

Theresa Marotzke winkte ab. »Sie wollen ja nur Ihre Story haben, und da macht sich was Tragisches immer gut.«

Dr. Monique Müller-Linthe wurde zunehmend ungehalten. »Mord, Selbsttötung oder Unfall – was denn nun? Warten wir ab, was der Rechtsmediziner herausfinden wird!«

»Da ist er ja schon.« Granow deutete auf Prof. Schwarz, der gerade durch die Toreinfahrt schritt.

***

Eigentlich hatte es für Prof. Schwarz eine entspannte Sommernacht werden sollen. Seine Dienstbereitschaft hatte er zwar nicht vergessen, aber manchmal ging es ja auch gut. Die netten Grundstücksnachbarn hatten zu einem Grillabend geladen, und die Rindersteaks waren wieder einmal vorzüglich gewesen. Die Damen tranken eiskalten Rosé und die Herren Bier. Allerdings hatte sich Schwarz nur ein alkoholfreies Bier gegönnt. Deshalb hatte er auch kein Problem damit, etwas später in die Dahme zu springen. Nun stand er im flachen Wasser und beobachtete den Sternenhimmel, nicht wegen der Sternzeichen – da erkannte er meist nur den Orion –, sondern weil sich in dieser Nacht das Zählen der Sternschnuppen lohnen sollte, denn der Meteorstrom der Perseiden war angekündigt. Diese Bezeichnung hing irgendwie mit Perseus, dem Sohn des Zeus, zusammen. Aber wie genau? In der griechischen Mythologie kannte sich Schwarz nicht gut aus. In seiner Schulzeit nach dem Zweiten Weltkrieg waren andere Themen wichtiger gewesen. Gerade sauste wieder eine Sternschnuppe durch den sternenübersäten Himmel, und Schwarz konnte die Welt um sich herum vergessen.

Das änderte sich schlagartig, als sein Mobiltelefon auf dem Gartentisch klingelte. Der Nachbar nahm ab und teilte der Kommissarin von der Mordkommission mit, dass sich der Professor leider zurzeit in der Dahme befinde.

Da staunte Theresa Marotzke nicht schlecht. Sie wollte schon eine anzügliche Bemerkung machen, besann sich dann aber eines Besseren. Ihr fiel noch rechtzeitig ein, dass der Rechtsmediziner am Wasser wohnte.

Schließlich war Schwarz am Telefon. »Liebe Frau Marotzke, womit wollen Sie denn diese herrliche Sommernacht stören? Die Lufttemperatur beträgt noch 24 Grad, die Wassertemperatur 26 Grad – soll ich mich jetzt etwa anziehen, um Leichen zu untersuchen?«

»Professor, da kommen Sie leider nicht drum rum. 'ne hübsche Schauspielerin sehnt sich nach Ihnen. Sie ist leider tot, offenbar von der Dachterrasse gefallen. Wir müssen wissen, wie und warum sie starb. Sie wollen doch die Staatsanwältin und meinen Chef nicht enttäuschen?«

»Also zur Essener Straße in Moabit«, versicherte Schwarz der Kommissarin schließlich, und vierzig Minuten später war er vor Ort.

Nach kurzer Begrüßung gab Granow dem Rechtsmediziner einen Bericht zu den ersten Ermittlungen. Zum Schutz vor den neugierigen Blicken der Anwohner und der ersten Journalisten hatte man den Leichnam provisorisch mit einigen Decken abgeschirmt. Als Schwarz näher trat, lag die tote Frau Renninger noch unverändert auf dem Steinboden neben dem leeren Biertisch. Er diktierte einige Notizen zur Auffindungssituation und untersuchte dann die Tote.

Wenn nicht die unnatürliche Haltung der Beine gewesen wäre, hätte man die Frau für eine Schlafende halten können. Schwarz registrierte die vollständige sommerliche Bekleidung, um danach Kopf, Rumpf und Gliedmaßen abzutasten. Dann wandte sich Schwarz an die Staatsanwältin und die Kommissare. »Nach meinen ersten Untersuchungen kann ich unter diesen Bedingungen und bei der Beleuchtung nur sagen, dass die Frau eine massive Schädelzertrümmerung aufweist – wahrscheinlich der primäre Aufschlagpunkt. Beide Beine und der rechte Arm sind gebrochen, außerdem vermute ich mehrere Rippenbrüche. Bis jetzt ist noch alles möglich. Lediglich der Sturz aus großer Höhe scheint sicher, aber das war wohl schon klar. Wie hoch liegt denn die Wohnung unseres Opfers? Ich möchte mir gerne die Wohnung ansehen, speziell den Balkon und die Fenster.«

»Die Renninger wohnt in der Dachwohnung, das ist hier die sechste Etage«, erläuterte die Staatsanwältin.

Und Granow fügte hinzu: »Das ist auf jeden Fall eine Höhe von deutlich über zehn Metern. Die Wohnung ist bis jetzt nur gesichert worden. Wir wollten zuerst die Leichenschau abwarten.«

Schwarz musste bei der Formulierung »auf jeden Fall« schmunzeln. Als Granow in fragend ansah, flüsterte Schwarz: »Ach, nichts weiter, nur die deutsche Sprache: Bei unserem Fall geschah der Fall auf jeden Fall im freien Fall ...«

Nach einem Rundgang durch die Wohnung der Renninger mit eingehender Besichtigung der Dachterrasse hatten die Ermittler und Schwarz genug gesehen. Die Fenster zum Hof waren sämtlich in Kippstellung.

»Hier hätte sie kaum hindurchgepasst«, äußerte Schwarz mit Blick auf die Fenster.

Auf der Dachterrasse lag ein Geranientopf an der Innenseite der Brüstung, ansonsten gab es keine Auffälligkeiten wie Kampfspuren oder Steighilfen zum Überklettern des Geländers.

Granow fasste zusammen: »Hier muss natürlich noch unser Team von der Spurensicherung ran. Aber der erste Eindruck ist nichtssagend. Der Blumentopf kann durch eine Windbö zu Fall gebracht worden sein. Und auffällige Schleif- oder Schürfspuren sind an dem Edelstahlgeländer sowieso nicht zu erwarten. Warten wir also das Ergebnis unserer Kriminaltechniker und der Obduktion ab!«

Damit fühlte sich die Staatsanwältin angesprochen. »Die gerichtliche Obduktion ist selbstverständlich erforderlich. Ich denke, es reicht, wenn wir uns in sechs Stunden im Institut für Rechtsmedizin bei Professor Schwarz treffen«, sagte sie, wobei sie fragend zu dem Rechtsmediziner blickte.

Der nickte ihr zu und verabschiedete sich mit den Worten: »Geht klar, ich werde alles Nötige veranlassen. Wünsche uns dann einen schönen Sonntag!« Das war durchaus ironisch gemeint.

Schwarz ging daraufhin ins Institut, trank in seinem Dienstzimmer ein großes Glas Apfelschorle und überlegte. Du kannst jetzt hier sechs Stunden schlecht schlafen oder zu Hause vier Stunden gut schlafen und bekommst dazu gratis noch knapp zwei Stunden Autofahrt. Dann entschied er sich für die weniger stressige Variante und rief seine Frau an. Die war an seine Diensteinsätze zu jeder Tages- und Nachtzeit gewöhnt. Schwarz musste bei dem Gedanken an seine Einsätze schmunzeln. Die Vokabel »Einsatz« hatte er in seinem Freundeskreis auch für abendliche Ausflüge zu einem Bier oder Wein eingeführt, und daraus ergaben sich gelegentlich lustige Missverständnisse. Bevor Schwarz sich auf der Couch sein provisorisches Nachtlager herrichtete, befragte er noch den wöchentlichen Dienstplan, um den zweiten diensthabenden Rechtsmediziner über die geplante Obduktion am Sonntagmorgen zu informieren. Es traf Dr. Spohr – gut so. Danach besprach er als Letztes telefonisch mit der Sektionsassistentin Jessica Schüler den morgigen Sektionstag.

Um 8.30 Uhr klingelte der Wecker von Schwarz. Da war noch Zeit für eine Tasse Kaffee, ein paar Kekse aus der Notreserve-Dose und eine Rasur. Pünktlich um 9.00 Uhr war Prof. Schwarz im Sektionssaal, wo er schon die Staatsanwältin sowie Granow und Marotzke von der Mordkommission begrüßen konnte. Dr. Spohr und Frau Schüler ordneten gerade das Instrumentarium auf dem Sektionstisch, auf dem schon die verstorbene Schauspielerin lag.

»Ich kannte sie als Schauspielerin nicht«, meinte die Staats-anwältin Dr. Müller-Linthe. »Aber sie ist noch im Tode eine schö-ne Frau.«

Theresa Marotzke konnte nur bedingt zustimmen. »Ja sicher, wenn man sich den zerplatzten Schädel und die verdrehten Bein wegdenkt.«

Schwarz war nun bemüht, diese Debatte nicht ausufern zu lassen. Er begrüßte sein Team, und nach kurzer Abstimmung be-gann er mit dem Diktat der »Äußeren Besichtigung«.

Inzwischen war auch der Polizeifotograf eingetroffen, den Schwarz um einige Übersichts- und Detailaufnahmen bat. Die Mediziner arbeiteten routiniert Hand in Hand. Die Kleidung wurde sorgfältig besichtigt und schichtweise entfernt. Dann wur-den Kopf, Hals, Rumpf und Gliedmaßen systematisch untersucht und die Ergebnisse auf dem Diktiergerät festgehalten. Jetzt konn-ten die Rechtsmediziner alles unter optimaler Beleuchtung be-sichtigen. Das sollte sich lohnen, denn an der Halshaut entdeckte Schwarz mehrere fleckförmige Unterblutungen, zum Teil mit zar-ten streifigen Abschürfungen. Er diktierte die Befunde akribisch, ließ dann detaillierte Fotos schießen.

Als die Staatsanwältin mit den Kriminalisten interessiert nä-her trat, demonstrierte Schwarz die Halsbefunde. »Man braucht immer beste Bedingungen für die Leichenschau. Auf dem Hof war ja in der Nacht nicht viel zu erkennen. Diese unterbluteten streifigen Abschürfungen am Hals imponieren wie Würgemale. Aber Vorsicht! Beim Sturz aus der Höhe ist vieles möglich, je nach An- oder Aufschlag. Wir müssen unbedingt die inneren Befunde abwarten, zu denen wir gleich kommen werden. Das ist jedenfalls erst einmal verdächtig.«

Schwarz begann dann mit dem Diktat der »Inneren Besichti-gung«, während Dr. Spohr mit Unterstützung durch Frau Schüler die Sektionsschnitte legte. Vorher hatte sich das Sektionsteam noch auf die Halspräparation, die schichtweise und in »künst-licher Blutleere« vorgenommen werden sollte, verständigt. Die

Präparation des zertrümmerten Schädels und weiterer Knochenbrüche dauerte seine Zeit. Jeder wichtige Befund wurde den Ermittlern und der Staatsanwältin gezeigt und erläutert, außerdem fotografisch gesichert. Das galt besonders für die Brüche am Kehlkopfskelett.

Als die Leichenöffnung beendet war, diktierte Prof. Schwarz das »Vorläufige Gutachten« des Protokolls der gerichtlichen Sektion von Graziella Renninger.

I. Sektionsergebnis
Leichnam einer bekannten, 35 Jahre alten, ca. 171 cm großen und 68 kg schweren Frau.
Näher beschriebene Abschürfungen und Unterblutungen der Halshaut sowie Unterblutungen der Halsweichteile. Mehrfache unterblutete Brüche von Zungenbein und Schildknorpel.
Zahlreiche punktförmige Blutungen in der Gesichtshaut, in den Augenlidern und -bindehäuten sowie in der Lippen- und Mundschleimhaut.
Schwere offene Trümmerfraktur des Schädeldachs mit ausgedehnter Hirnquetschung. Brüche des 3. bis 6. Lendenwirbelkörpers. Rippenserienfrakturen beiderseits. Unterarmbruch rechts von Elle und Speiche. Brüche beider Oberschenkelknochen und des Unterschenkels rechts von Schien- und Wadenbein.
Geringe allgemeine Arteriosklerose.
Kleine Eierstockzysten linksseitig.
II. Todesursache: Halskompression.
III. Die quantitative chemische Alkoholbestimmung nach zwei Methoden ergab im Schenkelblut mit 0,7 mg/g Ethanol und im Urin mit 0,5 mg/g eine leichte alkoholische Beeinflussung zum Zeitpunkt des Todeseintritts.
IV. Der Tod ist durch eine Halskompression, am ehesten durch Würgen eingetreten. Die Diagnose des Erwürgens wird durch die Stauungsblutungen in Haut und Schleimhäuten des Gesichts gestützt. Die schweren Verletzungen von Schädel, Brustkorb und Gliedmaßen sind durch den Sturz aus großer Höhe zu erklären, wobei der primäre Aufschlagspunkt in der Scheitelhöhe liegt. Aufgrund der fehlenden bzw. äußerst schwach ausgeprägten

vitalen Zeichen an den Sturzverletzungen ist davon auszugehen, dass der Sturz erst post mortem erfolgte. Natürliche krankhafte Veränderungen, die unmittelbar mit dem Todeseintritt in Zusammenhang stehen könnten, fanden sich nicht.

V. Die Sektionsbefunde sprechen für eine Tötung von fremder Hand.

VI. Das Ergebnis der toxikologischen Untersuchungen von Körperflüssigkeiten, Mageninhalt und Organmaterial wird nachgereicht.

VII. Für mikroskopische und spurenkundliche Analysen wurden Abstriche von den Körperöffnungen und weiteres Probenmaterial von der Leiche entnommen.

VIII. Die Obduzenten behalten sich ein endgültiges Gutachten ausdrücklich vor.

IX. Prof. Dr. med. Robert Schwarz, Dr. med. Albert Spohr

Schwarz und Spohr entledigten sich ihrer Sektionskleidung und traten zu den wartenden Besuchern von Justiz und Polizei. Schwarz erklärte: »Sie haben in unserer Zusammenfassung gehört, dass die Renninger nicht selbst in den Hof gesprungen sein kann, denn da war sie schon tot. Sie ist vorher durch eine komprimierende Gewalteinwirkung auf den Hals gestorben – sieht ganz nach Erwürgen aus. Hier ist fremde Hand im Spiel! Aber es fällt auf, dass wir keine eindeutigen Kampf- oder Abwehrverletzungen finden. Deren Erkennung kann zwar bei der Schwere der Sturzverletzungen durchaus schwierig sein, aber irgendetwas sollte nach einer heftigen Gegenwehr doch vorhanden sein. Warum hat sie sich nicht gewehrt? An ihrem Schwips kann das nicht gelegen haben.«

»Vielleicht hat sie ihren Mörder gekannt?«, warf Theresa Marotzke in die Diskussion.

»Oder der Angriff kam völlig überraschend«, stellte die Staatsanwältin fest.

»Sag ich doch«, beharrte die Marotzke. »Deshalb konnte der Täter überraschend zupacken!«

»Zuerst müssen wir uns also noch einmal gründlich die Wohnung vornehmen«, ließ sich nun Granow hören. »Vor allem, um Spuren von Besuchern zu sichern. Da müssen unsere Kriminaltechniker ran. Und dann schauen wir uns den Bekanntenkreis der Renninger an.« Dann wandte er sich Schwarz zu. »Gab es denn Anzeichen für sexuelle Handlungen bei der Leiche?«

Schwarz schüttelte den Kopf. »Keine diesbezüglichen Verletzungen, kein grobsichtiger Anhalt für Spermaspuren. Dazu werden wir aber noch die entnommenen Abstriche untersuchen. Finden wir dort Sperma, dann haben wir auch den genetischen Fingerabdruck des Verursachers.«

»Womit wir ja auch den Täter hätten«, meinte die Staatsanwältin.

Wie auf Verabredung schüttelten alle übrigen Teilnehmer der Gesprächsrunde die Köpfe.

»Spermien halten sich viele Stunden«, begründete Schwarz die Zweifel. »Natürlich können wir mikroskopisch die Morphologie der Samenzellen beurteilen. Aber eine präzise Zeitangabe zur Verweildauer des Spermas an der Fundstelle lässt sich damit nicht gewinnen. Die Renninger kann doch heute Mittag oder schon morgens, meinetwegen auch gestern Abend einen Liebhaber vernascht haben. Trotzdem könnte uns eine Spermaspur natürlich weiterbringen.«

Die Staatsanwältin wollte es jetzt ganz genau wissen. »Professor Schwarz, warum sagen Sie Fundstelle, wenn Sie Scheide meinen?«

»Verehrte Staatsanwältin«, lächelte Schwarz sie an, »in meinem Fach muss man mit allem rechnen. Ohne jetzt einen Vortrag über Sexualpraktiken zu halten, möchte ich daran erinnern, dass es auch Oral- und Analverkehr geben soll, von anderen, ausgefalleneren Spielchen ganz zu schweigen. Deshalb untersuchen wir in Fällen wie diesem auch Abstriche aus der Mund- und Afterregion.«

»Ja, natürlich«, musste die Staatsanwältin leicht errötend zugeben. Granow, Marotzke und Spohr blickten sich an und hatten Mühe, ein Grinsen zu verkneifen.

Theresa Marotzke ergriff sofort die Gelegenheit und sagte zu Schwarz: »Professor, ick hätte nischt jejen 'ne Vorlesung üba Sexpraktiken einzuwenden.«

»Genug für heute«, beendete Granow das Thema. »Fürs Erste wissen wir, wie es weitergehen muss. Danke und bis bald – oder bis zu neuen Ergebnissen.« Damit schüttelte er den Rechtsmedizinern die Hand. »Kann ich Sie auf unserer Rückfahrt bis zur Turmstrasse mitnehmen?«, fragte Granow die Staatsanwältin.

Die aber verneinte dankend. »Ich bin heute selbst motorisiert, will auch noch einige Gutachten aus dem Sekretariat mitnehmen.« Damit verabschiedete sie sich.

Schwarz setzte sich in seinem Zimmer gleich an das Mikroskop und durchmusterte die Objektträger mit den Abstrichen. In dem Vaginalabstrich sah er massenhaft guterhaltene Spermien. Na bitte, dachte er zufrieden, dann haben wir auch Material für die DNS-Analyse. Vielleicht hatte der Täter doch seine Visitenkarte hinterlassen. Bevor er sich auf den Weg nach Hause machte, wo er noch die sonntägliche Kaffeerunde zu erreichen hoffte, gab er seinen mikroskopischen Befund telefonisch an die Mordkommission durch.

***

Als Granow und Theresa Marotzke das Gutachten von Prof. Schwarz gelesen hatten, hielt sich ihre Begeisterung in Grenzen. War der Umgang mit wirklich prominenten Menschen schon schwer, so erst recht mit denen, die sich für prominent hielten, ohne dass sie es wirklich waren. Granow ärgerte sich über derlei egozentrische Menschen.

»Reg dich doch nicht so auf!«, sagte Theresa Marotzke, als er all seinen Unmut darüber vor ihr ausgebreitet hatte. »Die Hauptdarstellerin in diesem Film ist doch schon tot.«

»Und ihr Abgang war ja wirklich filmreif. Schade, dass sie nichts mehr von ihm hat.«

Theresa Marotzke fand es richtig traurig, dass Graziella

Renninger nicht mehr alles sehen und lesen konnte, was über sie berichtet wurde. »Det ist ja tausendmal mehr als zu ihren Lebzeiten.«

»Und damit ihr Leben verfilmt wird, müssten wir jetzt herausfinden, dass ihr Mörder tatsächlich ein Prominenter war«, bemerkte Granow.

Sie stand auf. »Dann fangen wir mal an, in ihrem Liebesleben herumzuwühlen!«

Dazu mussten sie zuerst mit dem Filmmenschen Xaver Polenzko reden, dessen Name ja schon seit ihrem Besuch beim Hoffest in der Essener Straße in Granows Notizbuch stand. Der Mann bewohnte ein Loft am Spreeufer, und sie fuhren mit der U-Bahn bis Schlesisches Tor und mit dem Bus weiter in die Köpenicker Straße. Granow liebte den Hochbahnhof Schlesisches Tor, für ihn der schönste in ganz Berlin, aber auch den Blick auf die Oberbaumbrücke. Insofern war er bei guter Laune, als sie den alten Speicher betraten, den man in ein feudales Wohnquartier umgewandelt hatte.

»Hier sind zwar nur die Ratten und keine Alt-Kreuzberger vertrieben worden, trotzdem ist dies wohl ein Beispiel für die berüchtigte Gentrifizierung«, stellte Granow fest.

Als sie Xaver Polenzko gegenüberstanden, fand Granow, dass Klischees die Wirklichkeit noch immer am besten trafen. So wie der hatte ein Angehöriger der Kreativwirtschaft auszusehen. Links trug er einen funkelnden Ohrstecker, was Granows Kenntnissen zufolge bedeutete, sich als Freibeuter in allen sieben Weltmeeren zu fühlen. Sein Kopf war kahl geschoren, seine Brille hatte einen derart dicken schwarzen Rahmen, dass Granow fast ausgerufen hätte: Ah, das ist der Trauerrand wegen Graziella!

Xaver Polenzko zeigte sich über ihr Erscheinen nicht sonderlich erstaunt. Er hieß sie eintreten und lud zu einer Tasse grünen Tee ein.

Granow lehnte dankend ab. »Nicht im Dienst.«

Theresa Marotzke zeigte Mut zu einer unabhängigen Meinung. »Mir können Se ruhig eene bringen. Wenn Sie irgendwat rin tun sollten, mein Kollege sinkt ja nicht betäubt zu Boden.«

Xaver Polenzko lachte. »Tut mir leid, meine K.-o.-Tropfen sind gerade alle, ich habe nur Arsen im Hause, aber das wirkt ja nicht so schnell.«

Sie plauderten noch eine Weile so, dann kam Granow endlich zum Thema. »Sie haben ja sicher schon in der Zeitung gelesen oder im Radio gehört, dass Ihre Freundin Graziella Renninger keinen Selbstmord begangen hat, sondern erwürgt worden und dann von ihrer Dachterrasse auf den Hof ge...« Das passende Verb wollte ihm nicht einfallen. »Geworfen wurde« ging nicht, das hörte sich an, als ob er einen Gegenstand meinen würde. »Gefallen ist« klang so, als würde sie noch leben. Schließlich schloss er seinen Satz anders ab: »... bevor sie auf den Hof befördert wurde.«

Xaver Polenzko schluckte mehrmals und spielte die tiefe Betroffenheit so nach, wie er es bei seinen Dreharbeiten immer wieder gesehen hatte. Auch die passenden Versatzstücke hatte er parat. »Sie wird uns allen fehlen. Und ich kann nur wiederholen, was ich ihr immer wieder ins Ohr geflüstert habe: Du bist das Beste, was mir je passiert ist. Zum Glück habe ich ja nicht miterleben müssen, wie sie ...« Er schloss die Augen und seufzte so pathetisch, wie es nur ging.

Granow wurde nun ein wenig härter. »Sie waren ja den Zeugenaussagen zufolge noch bei ihr, als ...«

Xaver Polenzko fiel ihm ins Wort. »Bevor! Bevor sie ... Ich habe Zeugen dafür, dass ich ihre Wohnung kurz nach 21 Uhr verlassen habe.«

Granow nickte. »Richtig, aber ...« Er erinnerte sich an den Einwand von Dr. Monique Müller-Linthe, dass er später zurückgekommen sein könnte. »Dass Sie gegangen sind, schließt ja nicht aus, dass Sie später noch einmal bei ihr waren. Und wäre ich der Staatsanwalt, dann würde ich sagen: Sie sind ja nur deswegen gegangen, um sich aus der Schusslinie zu nehmen und dann ungesehen noch einmal zurückzukehren.«

»Das ist doch absurd!«, rief Xaver Polenzko. »Was für'n Motiv sollte ich denn gehabt haben?«

»Sie haben sich heftig mit Graziella Renninger gestritten. Es soll um andere Männer gegangen sein. Und Eifersucht ist immer ein starkes Motiv.«

»Ja, ich habe mich mit ihr gestritten!«, rief Xaver Polenzko. »Aber wenn bei allen Paaren, die sich streiten, der eine Teil den anderen auch gleich umbringen würde, dann hätten wir jeden Tag so viele Leichen in Deutschland, dass wir die Lüneburger Heide als Zentralfriedhof bräuchten.«

Theresa Marotzke machte weiter. »Lieber Herr Polenzko, wenn Sie uns ein Alibi für die Tatzeit beibringen können, also für 22 Uhr, dann suchen wir sofort wieder das Weite.«

Nun wurde Xaver Polenzko doch etwas blass im Gesicht. »Wo soll ich ein Alibi herhaben? Ich habe mich, als ich bei Graziella raus war, in meinen Wagen gesetzt und bin ein bisschen durch Berlin gefahren, um mich zu beruhigen.«

»Hat Sie jemand gesehen? Sind Sie irgendwo geblitzt worden?«

»Nicht, dass ich wüsste.«

Granow stand auf. »Gut, für heute jedenfalls. Sollte Ihnen noch etwas einfallen, dann rufen Sie uns doch bitte umgehend an.« Er drückte dem Regieassistenten seine Karte in die Hand.

Wieder auf der Straße, beschlossen sie, sich ein wenig zu erholen und einen kleinen Spaziergang zum Ostbahnhof zu machen und von da mit der S-Bahn nach Moabit zu fahren. An der Kreuzung von Köpenicker Straße, Bethanien- und Engeldamm erhob sich die Berlin-Brandenburgische Zentrale der Gewerkschaft ver.di, und Granow fühlte sich durch das rote Backsteingebäude an monolithische Felsen im amerikanischen Wilden Westen erinnert. Dann ging es über die Schillingbrücke hinweg, und von der die Spree hinauf- und hinunterzublicken, genossen beide immer wieder. Stadteinwärts schlängelten sich auf dem Stadtbahnviadukt, vorbei am Radialsystem V, pausenlos Züge durch die Innenstadt: weiß der ICE, rot die Doppelstockwagen der Regionalzüge und im klassischen Gelb-Rot die S-Bahn. Und dies alles mit dem Fernsehturm als Hintergrundkulisse. Noch schöner war vielleicht der Blick flussab an der Arena am Ostbahnhof vorbei, wenn gerade ein sattgelber U-Bahn-Zug über die Oberbaumbrücke geschlichen kam.

Aber nicht einmal in einem »Verweile doch, du bist so schön«-Augenblick wie diesem bekam Granow seine *déformation professionelle* in den Griff. Er konnte nicht anders, als an Berlins »erfolgreichsten« Serienmörder zu denken. »Hier – und am Luisenstädtischen Kanal – hat Karl Großmann, die Bestie vom Schlesischen Bahnhof, seine zerstückelten Frauenleichen ins Wasser geworfen.«

»Und noch imma keen Denkmal«, murmelte Theresa Marotzke.

»Nicht nur das«, erklärte ihr Granow. »Auch das Haus in der Lange Straße 88, wo er gewohnt und gewirkt hat, gibt es nicht mehr.«

»Aba wenigstens den Schlesischen Bahnhof, den jibt et noch«, sagte Theresa Marotzke. »Ooch wenna jetzt Ostbahnhof heißt.«

Sie durchquerten die den Bahnsteigen vorgelagerte Einkaufsmeile, stiegen in einen Zug der S 75, fuhren bis Bellevue und liefen von dort zur Essener Straße, wobei die Spree abermals zu überqueren war, diesmal auf der Lessingbrücke.

»Hätten wa ooch schwimmen können«, sagte Theresa Marotzke.

»Du ja, ich nicht. Meine diesbezüglichen Künste sind derart bescheiden, dass ich fast schon als Nichtschwimmer gelten kann.«

Sie hatten vor, mit möglichst vielen Mietern aus Vorderhaus, Hinterhaus und Seitenflügel über Graziella Renninger zu reden. Vielleicht fand sich dabei die berühmte heiße Spur. Ihr größtes Interesse galt aber Susanne Freysold, denn die hatte Graziella Renninger nicht nur gut gekannt, sondern war auch noch Psychologin. Sie war zum Glück zu Hause und begann, als sie bei ihr

Platz genommen hatten, mit dem berufsspezifischen Eröffnungszug: »Dann erzählen Sie mal ...«

»Ja, ich habe da ein Problem«, begann Granow. »Ich schlage meine Frau und meine Kinder ständig ...«

Susanne Freysold zuckte zusammen. »Wie?«

»Ja, beim Schach und beim Tischtennis.«

»Aber deswegen sind Sie nicht hier?«

»Nein, es geht uns um Graziella Renninger. Was war sie für ein Mensch? Zu wem unterhielt sie Kontakte?«

Susanne Freysold zögerte ein wenig mit ihrer Antwort. »Toten soll man ja nichts Schlechtes nachsagen ... aber ... sie war immer nur auf One-Night-Stands oder kurze Affären aus – nur keine feste Bindung eingehen.«

Granow grinste. »Was ist daran so schlecht?«

»Für sie war schlecht daran, dass sie einer ihrer Liebhaber umgebracht hat.« Theresa Marotzke war es, die das klarstellte.

»Haben Sie denn ein paar Namen für uns?«, fragte Granow die Psychologin.

»Ja, Xaver Polenzko, aber den werden Sie schon abgehakt haben. Dann irgend so ein Schreiber von der Yellow Press und dieser Fernseh-Entertainer, der auch eine Schauspiel- und Tanzschule hat, Jérôme Mondenschein, nicht weit von hier, in dem alten Fabrikgebäude Turmstraße, Ecke Stromstraße. Vor dem hatte sie zuletzt ziemlich Angst, denn sie muss ihn bei etwas erwischt haben, das die Staatsanwaltschaft interessiert hätte.«

»Was genau, wissen Sie aber nicht?«

»Nein, leider.« Mehr war aus Susanne Freysold nicht herauszuholen.

Auch bei Jérôme Mondenschein erfuhren sie nicht mehr. Das war ein Kotzbrocken, der seine proletarische Herkunft zum Markenzeichen gemacht hatte und alles anpöbelte, was ihm nicht zu Füßen lag oder ihn nicht wenigstens hofierte. »Ja, ick hab's mit Grazie jetrieben, aba mir war et scheißejal, mit wem sie sonst noch so rumjevögelt hat.«

Granow versuchte, sich cool zu geben. »Und da haben Sie ihr im Bett so manches anvertraut, was Sie womöglich in Schwierigkeiten bringen könnte?«

Jérôme Mondenschein lachte. »Wenn Sie det mit meine Jelder inna Schweiz meinen, da kann ick Sie beruhijen, da hab ick meinen Frieden mit den Finanzämtern jemacht. Und mein Alibi is vom Feinsten: Ick war um die Zeit, wo eena Grazie vonna Terrasse jefeuat hat, inna Schlossparkklinik. Mit Vadacht uff 'n Herzinfarkt.« Er holte sein Handy heraus, wählte die Nummer und hielt Granow das Gerät hin.

»Danke.« Granow hörte, dass es wirklich die besagte Klinik war, mit der er verbunden war, und erfuhr nach einigem Hin und Her, dass Jérôme Mondenschein die Wahrheit gesagt hatte.

»Na, bin ick nu rehablilitiert?«

Granow nickte und verzichtete darauf, ihn zu korrigieren. »Haben Sie Ihrerseits einen Verdacht, wer es gewesen sein könnte?«

»Nee, aba wenn ihr eena uff 'n Keks jegangen is, dann eena von diesen Zeitungsschreiban da. Der wollte immer in't Bett mit ihr, sie aba nich mit ihm. Wat an sich astaunlich is.«

»Haben Sie zufällig den Namen parat?«

»Klar, weil dieset Arschloch ein paar Mal so einen Scheiß über mich jeschrieben hat. Der Charly Packebusch is det.«

Granow und Theresa Marotzke hatten Mühe, nicht vor Schreck vom Stuhl zu fallen, und unterdrückten einen Aufschrei höchsten Erstaunens. Sie bedankten sich bei Jérôme Mondenschein und liefen wie in Trance Richtung U-Bahnhof Turmstraße.

Granow blieb stehen. »Wir sollten vielleicht nicht gleich in die Keithstraße zurück und uns Charly Packebusch kommen lassen, sondern erst noch einmal in die Essener Straße gehen und weitere Mieter befragen.«

»Wenn de recht hast, haste recht«, sagte Theresa Marotzke und begann, laut zu denken: »Der Xaver Polenzko hat die Wohnung der Renninger kurz nach neun verlassen, und von der Dachterrasse runtergesegelt is sie um zehn ...«

»Ja, blieb ihr also fast eine Stunde, um neuen Besuch zu empfangen«, fuhr Granow fort.

»Und nachher hattet der jute Charly Packebusch nich weit zum Tatort jehabt«, konnte Theresa Marotzke feststellen. »Wie praktisch.«

Granow ahmte die Stimme ihres Vorgesetzten nach: »Bitte, keine Vorverurteilung! Aber du hast recht. Das wäre der Punkt, wo wir ansetzen müssen. Hat ihn seine Redaktion in die Essener Straße gerufen oder hat er sich sozusagen selbst in Marsch gesetzt? Sofern er denn wirklich etwas mit der Renninger hatte.«

Ja, das hatte er, wie sie bald feststellen konnten, als sie sich noch genauer als beim ersten Mal in der Wohnung der Schauspielerin umgesehen hatten. Auf dem Drehbuch zu *Keine Liebe ohne Leiche*, das sie studiert hatte, fand sich an einer Stelle die Notiz *Charly Packebusch fragen, ob dass so überhaupt möglich ist*, und auf ihrer Festplatte gab es mehrere E-Mails, die sie ausgetauscht hatten. Zum Beispiel: *Pass auf, wenn Du Dich auf mich einlässt, ich will immer ganz besonderen Sex. Du musst mich als Schlampe beschimpfen. Überhaupt: viel dirty talk. Ich will mit Gewalt genommen werden, und so richtig komme ich erst, wenn ich gewürgt werde.* Und die Antwort war: *Okay, mach ich gern!*

Das ergab für Granow eine schlüssige Arbeitshypothese. »Charly Packebusch ist kurz vor deren Auftritt beim Hoffest bei Graziella Renninger und hat mit ihr Sex in der gewünschten Art und Weise. Dabei verliert er die Kontrolle über die Situation und würgt sie so stark, dass sie erstickt. Aus der Angst heraus, als ihr Mörder verurteilt zu werden und für viele Jahre im Knast zu landen, täuscht er einen Unfall vor, das heißt, er stürzt sie von ihrer Dachterrasse.«

Theresa Marotzke zögerte nicht, ihm zu widersprechen. »Er is dein Freund, det merkt man. Ick kann ebenso jut behaupten, dass er sie mit Vorsatz umjebracht hat, da er eifersüchtig war und sie gehasst hat, weil sie et mit so vielen anderen Männern jetrieben hat.«

Sie brauchten noch zwei Tage, dann hatten sie alle Fakten zusammengetragen, und Charly Packebusch war so weit, das zuzugeben, was Granow ihm unterstellt hatte. »Ich wollte sie nicht umbringen, es war ein Unfall!«, schwor er immer wieder.

***

Prof. Schwarz sortierte in seinem Dienstzimmer die Unterlagen für den internationalen Kongress der Rechtsmedizin in Oslo, als sich Granow am Telefon meldete. »Ich freue mich ja immer, wenn du anrufst, Gunnar, aber ich bin gerade in Eile. Ich fliege zur Tagung in Oslo. Bitte mach's kurz!«

»Hallo, Robert! Dann sei dir in aller Kürze mitgeteilt, dass die Schauspielerin Renninger tatsächlich erwürgt und dann zur Vertuschung in den Hof gestürzt wurde. Ihr Tod war offenbar ein Unfall. Ihr Geliebter – du kennst ihn, es ist die journalistische Klette Charly Packebusch – hat sie beim Sex zu heftig gewürgt. Sie selbst habe das Würgen verlangt. Man könnte fast sagen: Künstlerpech! Also dann guten Flug, und komm gesund wieder!«

»Danke«, erwiderte Schwarz und fügte ironisch hinzu: »Du kennst ja meine große Liebe zum Fliegen.« Schwarz kannte zwar die Statistiken über die Sicherheit des modernen Flugverkehrs – aber was halfen rationale Gedanken, wenn die Bilder von den bearbeiteten Flugunfällen sich in seinem Kopf festgesetzt hatten?

Beim Flug mit der kleinen, aber schnellen Maschine hatte Schwarz dann genug Zeit, über den Tod der Renninger nachzudenken. Das entsprechende Gebiet hieß in seinem Fach »Sturz aus der Höhe«. Gemeint war der freie Fall des menschlichen Körpers aus der Höhe, und das konnten Häuser, Türme, Brücken, Bäume, Berge und vieles mehr sein. Physikalisch gesehen war der Vorgang klar: Die Fallhöhe bestimmte die Fallgeschwindigkeit und diese wiederum unter Mitwirkung des Körpergewichts die kinetische Energie, die sich beim Auftreffen in Zerstörungsarbeit entlud. Die Zerstörung konnte gemildert werden, wenn die Geschwindigkeit der Energieentladung verlangsamt wurde. Prägnante Beispiele für Mittel zur Abbremsung waren das Gummiseil beim Bungee-Jumping, das Sprungkissen oder -tuch der Feuerwehr, die federnden Puffer unter Fahrstuhlkabinen oder der Sturz des Stuntman in Pappkartons oder Strohballen. Das gleiche Prinzip wirkte beim Aufschlag eines gutgepolsterten Gesäßes im Vergleich zum Aufschlag mit dem Hinterkopf. Ebenso milderte ein weicher Untergrund wie Rasen oder Sträucher die Folgen eines Sturzes im Vergleich zu Betonboden erheblich. Besonders verringerte natürlich Wasser die Folgen eines Aufschlags, sonst wäre ja ein Sprung vom 10-Meter-Turm tödlich. Aber auch für Wasser war die Fallhöhe nicht gleichgültig, ab zirka dreißig Meter Höhe kam schon die Mehrzahl der Aufschlagenden zu Tode.

Bei diesen Gedanken schaute Schwarz aus dem Flugzeug. Der klare Blick auf die Nordsee – war das schon das Skagerrak? – mit den winzig erscheinenden Wellen war wunderschön, aber die Höhe war trotzdem furchterregend. Schwarz wusste noch aus seiner Jugend, dass Wasser verdammt hart erscheinen konnte, wenn man nur vom 5-Meter-Turm einen Bauchklatscher produzierte. Er kannte schließlich auch die Leichenbefunde beim Sturz aus großer Höhe. Da gab es charakteristische streifige Hautverfärbungen an den Auftreffflächen der Gliedmaßen. Sie hießen anämische Aufschlagspuren, gaben die Kontur des darunterliegenden Röhrenknochens wieder und traten sowohl bei festem als auch bei weicherem oder Wasser-Untergrund auf, wenn die Fallhöhe groß genug war. Oft war die Haut äußerlich kaum verletzt, während sich im Innern des Körpers schwerste Verletzungen von Knochen und Organen befanden. Das hatte Schwarz einmal sehr prägnant bei einem Fallschirmspringer gesehen, dessen Schirm sich nicht geöffnet hatte. Aber keine Angst, die Triebwerke der Maschine laufen ruhig und gleichmäßig, dachte er und konnte sich also entspannt zurücklehnen.

Kurz bevor er in seinem Flugzeugsitz einnickte, fiel Schwarz

238

der mysteriöse Todesfall in einem großen Industriewerk ein. Am Stadtrand von Berlin hatte man auf dem Werksgelände einen ranghohen Betriebsmanager tot aufgefunden. Der Mann lag mit schweren Verletzungen am Tor einer Werkhalle neben einer von schweren Lkws befahrenen Werkstraße. Die Sicherheitskräfte des Betriebes hatten einen Verkehrsunfall mit Fahrerflucht vermutet, und so waren Kriminalpolizei und Rechtsmedizin angefordert worden. Hier konnte die gründliche Besichtigung des Fundortes den entscheidenden Hinweis zur Aufklärung liefern. Schwarz hatte neben der Leiche einige auffällige Holzstücke bemerkt, die frische Bruchstellen aufwiesen. Nun glitt sein Blick nach oben, und in dem mindestens zehn Meter hohen Dach der Halle fiel eine unregelmäßig begrenzte Öffnung auf. Die Besichtigung der Dachoberseite offenbarte in dem mit Dachpappe gedeckten Holzdach eine große und frische Bruchstelle. Dieses Dach – so wussten Kenner des Betriebes – wurde verbotenerweise gerne als Abkürzung überquert. Das war dem Mann, der alkoholisiert von einer Betriebsfeier seinen Heimweg durch das Betriebsgelände über das Dach abkürzen wollte, zum Verhängnis geworden. Die Obduktion brachte die endgültige Bestätigung: Der Mann war an schweren Verletzungen nach Sturz aus der Höhe gestorben.

Hier hatte es sich um einen Unfall gehandelt. So klar waren Todesfälle durch Sturz aus der Höhe aber nicht immer. Häufig kam auch ein Suizid in Frage, der manchmal durch Beobachtungen von Zeugen oder einen hinterlassenen Abschiedsbrief erkannt werden konnte. In jeder Region gab es Türme, Brücken oder Hochhäuser, die von Selbstmördern bevorzugt wurden. Das konnten auch Sicherheitsmaßnahmen nicht immer verhindern – besonders bei großen Häusern und bei Brücken war eine perfekte Absperrung gegen unbefugtes Betreten kaum möglich. Wenn der Lebensmüde aktiv von seinem Standort in die Tiefe sprang, so war in der Regel der Abstand von der Senkrechten zu seinem Absturzort weiter als bei einem Tötungsdelikt. Diese Regel klang einfach, war aber schwierig als Beweis anzuwenden, denn viele Unwägbarkeiten konnten das eindeutige Bild verwischen, wenn ein Opfer in die Tiefe gestürzt wurde.

Hierzu erinnerte sich Schwarz an die kriminalistische und rechtsmedizinische Tatortuntersuchung eines tödlichen Sturzes aus der Höhe. Eine junge Frau wurde nach lautem Streit mit ihrem Partner leblos im Vorgarten ihres Berliner Mietshauses gefunden. Das Fenster in der vierten Etage stand offen. Die Spurenlage in der Wohnung war nicht eindeutig. Das Opfer wurde in einem Abstand von knapp einem Meter zur Hauswand gefunden, was durchaus auf ein gewaltsames Herausstürzen hindeuten konnte. Der Partner leugnete dies hartnäckig und zeigte sich auch bei der Rekonstruktion unbeeindruckt. Als ihm sein rechtsmedizinischer Kollege zur Version des suizidalen Sprungs vorhielt, dass die Frau in diesem Fall in größerem Abstand zur Hauswand liegen müsste, sagte der Verdächtige provozierend: »Machen Sie das doch mal vor, Herr Doktor!« Der Fall wurde seines Wissens als ungeklärt abgeschlossen.

In der Vorlesung fragten die Studierenden bei dem Thema häufig, ob nicht der Rechtsmediziner bei einem Tötungsdelikt Spuren der Gewaltanwendung am Opfer finden müsse, zum Beispiel von einem Stoß, einem Schubs, einem derben Zufassen oder Ähnlichem. Dann musste Schwarz einräumen, dass durch die genannten Einwirkungen häufig kein oder nur ein geringes morphologisches Substrat entstand, das heißt kaum erkennbare Verletzungen vorhanden seien. Und selbst im positiven Falle sei die Abgrenzung gegen die schweren Sturzfolgen in der Regel schwierig. »Dann ist doch das Herabstürzen einer Person aus der Höhe bei aller Primitivität des Vorgehens eine ziemlich raffinierte Tötungsmethode«, hatte eine Studentin erstaunt festgestellt. Dazu konnte Schwarz nur nicken. »Das ist ja die Höhe! Ja leider, aber Sie müssen das nicht in Weiterbildungskursen publik machen!«

Und dann fielen Schwarz die vielen Bezüge der deutschen Sprache zur Höhe ein: »Wer hoch steigt, kann tief fallen« – »Der hat einen Höhenflug« – »Er geht durch Höhen und Tiefen«. Und es gab die »Hohe Schule«, das »Hohe Gericht«, die »höheren Pflanzen«, die »hochkarätige Besetzung«, die »Hochachtung«, den »Hochstapler«, die »Hochzeit« und schließlich die »Hoheiten«. Eine Liste ohne Ende. Danach war der Begriff der Höhe überwiegend positiv besetzt, drückte Wertschätzung und Bedeutung aus. Und der Rechtsmediziner dachte: Wenn da nur nicht der tiefe Fall wäre! Das war dann wieder sein Fall.

Kennt Prof. Schwarz
Tag und Stunde?

Die Situation kam Prof. Dr. Johannes Worch mehr als absurd vor. Da hatte er gestern in Dortmund stundenlang Studentinnen und Studenten geprüft, und nun wurde er selbst geprüft. Hier in Frankfurt an der Oder hatten sie einen Lehrstuhl für die Geschichte Brandenburg-Preußens geschaffen – das war sein Spezialgebiet und seine Leidenschaft. Und wenn es mit der Stelle klappen sollte, konnte er auch wieder nach Berlin zurückkehren, zurück nach Wilmersdorf. Seit er nach Dortmund gegangen war, lebte Corinna allein in ihrem großen Haus in der Brienner Straße. Das war auf Dauer keine Lösung, und sie hatten sich schon sehr voneinander entfremdet. Seine Ehe war nur noch zu retten, wenn er den Lehrstuhl in Frankfurt an der Oder bekam, denn von der Berliner Stadtgrenze bis zur Viadrina brauchte man mit dem Auto kaum mehr als eine Stunde.

Die Vorsitzende der Berufungskommission war eine Kollegin, von der er noch nie etwas gehört oder gelesen hatte, eine gewisse Sophie Sandow-Mahlpfuhl, und da fiel es ihm schwer, nicht arrogant zu wirken.

»Herr Worch, Sie wissen ja, dass wir hier in Frankfurt sehr auf die Nähe zu unserem polnischen Nachbarn bedacht sind und uns besonders für Themen interessieren, die mit der Geschichte beider Völker zu tun haben ...«

»Eben darum möchte ich ja gern hier arbeiten.« Er verwies auf sein Werk *Die Geschichte der preußischen Provinz Posen*. »In meiner Arbeit habe ich auch festgehalten, dass es in Posen 1890, wenn man nach der Sprache urteilt, rund siebenhunderttausend Deutsche und etwas über eine Million Polen gegeben hat. Das ist ein Verhältnis, das wir im östlichen Brandenburg auch irgendwann einmal haben könnten, wenn die jungen Leute alle westwärts ziehen, die Alten sterben – und die Polen nachrücken.«

Seine Art, wissenschaftliche Kompetenz mit hintergründigem Humor zu verbinden, kam an. Und nachdem sie sich eine halbe Stunde lang angeregt unterhalten hatten, zweifelte er nicht im Geringsten daran, auf der beim Ministerium einzureichenden Dreierliste mit Abstand auf Platz eins zu stehen, zumal er den Eindruck hatte, dass ein Großteil seiner Kontrahenten an Sachkenntnissen nichts weiter vorzuweisen hatte als die Lektüre der Roman-Reihe *Wie Berlin und Brandenburg wurden, was sie sind* aus einem Berliner Verlag. Einzig Michael Massenz mochte er noch als ernsthaften Konkurrenten gelten lassen. Der kam aus Spremberg und hatte gerade seine Dissertation über die Sorben etwas ausgeweitet und in einem renommierten Verlag veröffentlicht. Aber dass er eine Gefahr für ihn darstellte, war nicht anzunehmen, zumal er kaum Lehrerfahrung vorzuweisen hatte.

Johannes Worch und Michael Massenz trafen sich auf dem Frankfurter Bahnhof. Worch wollte über Berlin nach Dortmund zurück und Massenz über Cottbus nach Spremberg.

»Ah, nach Grodk!«, rief Worch, als ihm Massenz das erklärt hatte. Grodk war der sorbische Name für Spremberg.

Massenz staunte: »Sie sind ja bestens informiert.«

Der Regionalexpress nach Cottbus fuhr ein, und Massenz musste sich verabschieden. Bald kam auch der Zug nach Berlin, und Worch machte es sich auf dem oberen Stock bequem – erster Klasse natürlich, wie es sich für einen erstklassigen Historiker gehörte.

Corinna Worch kam von einer Dienstreise aus Leipzig zurück. Sie war Juristin und hatte es bis zur Abteilungsleiterin in einer der großen Berliner Behörden gebracht. Was hätte sie, da Johannes in Dortmund saß, auch anderes machen können als Karriere? Sie war nicht nur in der Verwaltung, sondern auch in der SPD tätig und konnte bei der nächsten Regierungsbildung damit rechnen, zumindest Staatssekretärin zu werden. Dennoch war sie therapiebedürftig. Ein Glück, dass ihre Freundin Claudia am Südkreuz auf dem Bahnhof stand, um sie abzuholen. Sie umarmten sich lange.

»Glaub mir, Conny, wenn Johannes erst den Lehrstuhl in Frankfurt/Oder bekommen hat und wieder jeden Tag in Berlin ist, wird wieder zusammenwachsen, was zusammengehört.«

Corinna Worch löste sich von der Freundin und griff nach ihrem Rollkoffer. »Können zwei Menschen, die sich hassen, zusammengehören? Und mit meiner Partei habe ich auch nur Ärger. Ich bin auf einem Bauernhof groß geworden, und da haben wir uns als Kinder manchmal den Spaß gemacht, für unser halbes Dutzend Katzen nur einen Futternapf hinzustellen. Genauso geht es bei uns zu, wenn der Kampf um die raren Futternäpfe entbrennt. Da passt die Steigerung Feind, Todfeind, Parteifreund.«

Claudia lächelte ironisch. »Anders als im normalen Arbeitsleben: Da lieben sich alle.«

»Man kann das nur überleben, wenn man zu Hause jemanden hat, mit dem man über alles reden und bei dem man sich mal so richtig ausweinen kann.«

»Womit wir wieder bei Johannes wären«, murmelte die Freundin.

»Genau!« Corinna Worch kam nicht los von diesem Thema. »Er war nie zu Hause, und wenn er doch zu Hause war, dann hat er mich meistens niedergemacht, anstatt mich zu stützen.«

Sie gingen zum Parkplatz. Vom Bahnhof Südkreuz bis zur Brienner Straße waren es höchstens sechs, sieben Minuten, falls die A 100 nicht gerade wieder zwischen Innsbrucker Platz und Funkturm völlig verstopft war. Sie hatten Glück und kamen in flottem Tempo zum Abzweig Steglitz. Nun mussten sie rechts auf die Berliner und anschließend links auf die Brienner Straße einbiegen. Höhepunkt ihrer kleinen Sightseeing-Tour war der Friedhof Wilmersdorf mit seiner monumentalen Trauerhalle.

»Habt ihr hier euer Familiengrab?«, wollte Claudia wissen.

Corinna Worch lachte bitter. »Ja, natürlich habe ich mir schon eine Grabstätte ausgesucht, denn als ich Johannes neulich gefragt habe, ob er an Scheidung denke, hat er geantwortet: ›Ich denke eher an Mord.‹«

Wer Berlin nicht genauer kannte, hätte nie vermutet, dass sich gleich hinter dem wuseligen Fehrbelliner Platz und östlich des Hohenzollerndamms, der als Fortsetzung der Stadtautobahn anzusehen war, ein kleines Villenviertel versteckte. An der Mansfelder, der Kaub- und der Brienner Straße gab es ansehnliche Wohnobjekte, so auch das von Johannes und Corinna Worch.

»Ist dein Mann zu Hause?«, fragte Claudia.

»Nein, nach der Anhörung in Frankfurt wollte er nur ein paar Tage in Berlin bleiben und dann gleich wieder nach Dortmund, aber so genau weiß ich das nicht.«

Die beiden Freundinnen betraten das Haus, schalteten das Licht ein und gingen daran, alles für einen gemütlichen Abend vorzubereiten.

»Im Keller ist mehr Wein, als mancher Händler hat«, sagte Corinna Worch. »Und etwas zu essen hole ich aus der Tiefkühltruhe. Soll ich uns Scampi braten?«

»Ja, gerne.«

Sie stiegen die Kellertreppe hinunter. Hier war alles so sauber und ordentlich, dass Claudia es kaum fassen konnte, wenn sie an die Unordnung in ihrer Wohnung dachte. »Und gleich zwei Tiefkühltruhen habt ihr!«, rief sie. »Und eine ist so groß wie die im Supermarkt.«

»Ja, die ist aber erst letzte Woche geliefert worden und noch leer.«

Gunnar Granow galt bei seinen Kollegen als Exot, weil er seine Schwiegermutter mochte. Eigentlich jedenfalls. Sabine, gelernte Kindergärtnerin, mischte sich nicht in seine Angelegenheiten ein, sie kümmerte sich rührend um ihre Enkelkinder, sie war immer da, wenn man sie brauchte. Dennoch nervte sie ihn gehörig, denn es schien ihm, als sei sie Fontane begegnet und habe den zur Formulierung einer seiner schönsten Sentenzen angeregt: ... *das ist immer das Schlimme, dass die Menschen gerade die Passion haben, die sie nicht haben sollen.* Die große Leidenschaft seiner Schwiegermutter waren Kreuzworträtsel, während man ihre Allgemeinbildung aber bestenfalls mit mangelhaft bewerten konnte. Das führte dazu, dass sie ihn andauernd nach etwas fragte.

Er las gerade in der Fachzeitschrift *Kriminalistik* einen Artikel über kognitive Verzerrungen bei polizeilichen Analysen. Der Autor Civelli hieß mit Vornamen Ignaz, was auf eine schwere Kindheit schließen ließ. Sechzehn Wahrnehmungsfallen hatte er aufgelistet, und Granow beschäftigte sich gerade konzentriert mit der vierten, der *Selbstwertdienlichen Verzerrung*, die folgendermaßen beschrieben wurde:

Ein Analyst, der unter nagenden Zweifeln an seinen analytischen Befähigungen leidet, vermag im Polizeialltag nicht zu bestehen. Überschätzt der Analyst hingegen seine eigenen analytischen Fähigkeiten zu sehr, so beeinträchtigt dies seine professionelle Analysekompetenz.

»Gunnar, in meinem Kreuzworträtsel ist nach einem Trauerspieldichter gefragt«, bemerkte seine Schwiegermutter.

Granow sah auf und überlegte. »Was haben wir für Trauerspiele? *Emilia Galotti* von Lessing.«

»Zu kurz.«

»Nehmen wir Hauptmann, *Rose Bernd*, das ist länger.«

Seine Schwiegermutter probierte es. »Hauptmann ist zu lang. Das gesuchte Wort hat acht Buchstaben.«

Granow dachte weiter nach. »Goethe und Hebbel sind dann zu kurz, und sonst fällt mir keiner ein. Hast du denn den ersten Buchstaben schon?«

»Nein«, musste sie bekennen.

»Was wird denn in der Zeile oben waagerecht gesucht?«

»Mexikanischer Indianer mit sechs Buchstaben.«

»Azteke.«

»Was du alles weißt!«, rief seine Schwiegermutter.

»Danke. Womit fängt denn nun der Trauerspieldichter an?«

»Mit Z.«

»Wie hast du denn Azteke geschrieben?« Er warf einen kurzen Blick auf ihre Rätselzeitschrift. »Du, erst kommt das Z und dann das T. Also Trauerspieldichter mit T.« Doch keiner fiel ihm ein. Also griff er zum guten alten Lexikon. »Dichter mit T? Tagore, Rabindranath – nein. Theodorakis, Mikis – auch nicht. Thoma, Ludwig – nein. Tieck, Ludwig – wieder Fehlanzeige. Trakl, Georg. Traven, B. – ich geb's auf! Dann musst du eben warten, bis sie im nächsten Heft die Auflösung abgedruckt haben.«

»Nein, das geht nicht! Bleiben Felder leer, dann kann ich nicht einschlafen.«

»Mensch!« Jetzt war Granow doch die Lösung eingefallen. »Sie suchen gar keinen einzelnen Dichter, sondern nur ein Synonym für Trauerspieldichter. Prüf mal, ob Tragiker passt.«

»Ja, wunderbar!«

Granow wandte sich wieder seiner Fachzeitschrift zu. Er war gerade am sechsten Punkt seines Artikels angelangt – *Handeln auf Grund einer Realitätsillusion* –, da kam die nächste Frage seiner Schwiegermutter.

»Gunnar – ungebetener Gast?«

Ehe Granow »Du!« ausrufen konnte, klingelte sein Telefon.

Es war der Koordinator der Berliner Mordkommissionen. »Gunnar, Toter in der Tiefkühltruhe!«

»Wie viele Buchstaben?«

Der Kollege war schlagfertig. »Fünf.«

Jetzt war es an Granow, verwirrt zu sein. »Wie?«

»Worch, Professor Doktor Thomas Worch, Historiker in Dortmund.«

»Da soll ich jetzt nach Dortmund fahren? Na schön, aber nur, wenn Borussia spielt.«

»Der Mann hat einen Lehrstuhl an der Uni Dortmund, aber ein Haus in Berlin, in der Brienner Straße, gleich am Fehrbelliner Platz. Und da haben ihn seine Frau und deren Freundin in einer großen Tiefkühltruhe gefunden, einer sogenannten Handelstiefkühltruhe«, erklärte ihm der Koordinator.

»In den USA lassen sich viele einfrieren, weil sie hoffen, dass man sie fünfhundert Jahre später, wenn die Medizin fortgeschritten ist, wieder zum Leben erwecken kann.«

»Komm, setz dich ins Auto und fahr los!«

Granow, auf das Ausführen von Befehlen gedrillt, kam dem umgehend nach, und da es beim Zusammensein mit seiner Schwiegermutter doch ein wenig am erotischen Kribbeln gefehlt hatte, rief er, kaum dass er aus der Garage gerollt war, seine schöne Staatsanwältin an.

Frau Dr. Monique Müller-Linthe freute sich in der Tat, von ihm mitgenommen zu werden. »Erst dachte ich, Sie wollten mich auf den Arm nehmen«, sagte sie, als sie eingestiegen war. »Tote Babys in Tiefkühltruhen haben wir ja ab und an einmal und in Brandenburg – schrecklich! –, öfter auch einzelne Leichenteile. Aber ein ganzer Professor!«

»Möglicherweise war es ein Selbstversuch«, sagte Granow. »Der Mann war Historiker. Vielleicht wollte er einmal am eigenen Leibe erfahren, wie es so gewesen sein könnte, als den Menschen zu Beginn der Eiszeit langsam der Verstand eingefroren ist.«

»Sie scherzen!«

»Ja, aber wie meine Schwiegermutter immer sagt: Die Welt wird von Tag zu Tag verrückter. Es gibt heutzutage die skurrilsten Arten, zu Tode zu kommen.« Er verwies auf ein Buch von Wendy Northcutt. »Da haben auf den Philippinen Kriminalbeamte neben einem Eimer voll TNT eine Zigarettenpause gemacht. Und ein Schwertschlucker hat ersatzweise einen Regenschirm genommen und aus Versehen auf den Knopf gedrückt, so dass der sich in seinem Schlund geöffnet hat. Und so weiter.«

Die Staatsanwältin verfolgte einen anderen Gedanken. »Ich

kann mir vorstellen, dass jemand den Toten in die Riesentiefkühltruhe gelegt hat, damit man den genauen Zeitpunkt des Todes nicht mehr feststellen kann.«

Granow lächelte. »Trotzdem kann Professor Schwarz Tag und Stunde feststellen.«

»Na hoffentlich!«

***

Prof. Schwarz saß mit seiner geliebten Enkeltochter in einem Eiscafé am Strausberger Platz und war glücklich. Die Sonne schien, man schaute auf die sprudelnden Fontänen des Springbrunnens, und Nora war mit ihrem Eisbecher beschäftigt. Das Eisschlecken hielt sie aber nicht davon ab, eifrig über einen »ganz doofen« Klassenkameraden zu berichten. Die Rolle des Großvaters beschränkte sich darauf, immer wieder zu nicken und »Hm« zu brummen. Schwarz hätte noch stundenlang so sitzen können, doch das Klingeln seines Mobiltelefons beendete die Idylle.

Es meldete sich Theresa Marotzke. »Hallo, Professor, wir haben hier einen super-coolen Kollegen von Ihnen. Die Staatsanwältin und mein Chef möchten Sie möglichst bald hier sehen. Brienner Straße in Wilmersdorf, nahe Fehrbelliner Platz.«

»Ich komme«, erwiderte Schwarz. »Ich muss nur noch meine Enkeltochter unterbringen und werde wohl Mutter und Großmutter beim lange geplanten Sonnabend-Shopping stören müssen. Aber was heißt denn ›Kollege‹? Es geht doch nicht etwa um einen Rechtsmediziner – unsere ›Fachfamilie‹ ist klein.«

»Nein, keine Sorge. Kollege war nur auf die Professur bezogen, der Tote war wohl Historiker. Und ›cool‹ sollte meinen, dass er in einer Tiefkühltruhe liegt.«

»Na, das wird ja richtig interessant. Hoffentlich hat die Truhe Energieklasse A, sonst bekommen wir es noch mit den Umweltaktivisten zu tun.«

Nora sah ihren Großvater ernst an. »Ich weiß schon, du musst zum Einsatz. Schade. Ist ein Freund von dir gestorben?«

Schwarz beruhigte die Kleine »Nein, nein, ich kenne den Mann gar nicht. Jetzt gebe ich dich bei deiner Mama ab, und dann muss ich weiter zur Arbeit.«

Als die sanfte Frauenstimme seines Navigationsgerätes Schwarz verriet, dass er sein Ziel erreicht hatte, sah er auch schon den Streifenwagen und den Polizeiposten an der Haustür.

Der Polizist nickte freundlich. »Guten Tag, Professor Schwarz, bitte geradezu in den Keller!«

Dort empfingen ihn neben der Staatsanwältin auch Granow und Marotzke von der Mordkommission. Zwei Kriminaltechniker packten gerade ihre Einsatzkoffer aus.

Die Staatsanwältin Dr. Müller-Linthe gab eine erste Übersicht. »Der Tote heißt Johannes Worch, 47 Jahre, Professor für Geschichte in Dortmund, hat aber hier im Haus eine Wohnung. Seine Ehefrau hat ihn gefunden und identifiziert. Wir brauchen vor allem die Todesursache und die Todeszeit.«

Schwarz nickte. »Mit der Todesursache werden wir kaum Probleme kriegen, so gut wie die Leiche gekühlt wurde. Das kann nur etwas dauern. Aber mit der Todeszeit ... Na, schauen wir mal. Kann ich denn schon anfangen?«

Der Kriminaltechniker schüttelte den Kopf. »Wir brauchen noch zirka eine halbe Stunde, vor allem um Fingerabdrücke und DNS-Spuren an der Truhe zu sichern.«

»Gut«, stimmte Schwarz zu, »wir gehen währenddessen wieder an die Sonne.«

Die Staatsanwältin zündete sich dort eine Zigarette an und wandte sich an Schwarz. »Tut mir leid, dass wir Ihren Sonnabend mit dem Enkelkind gestört haben.«

»Glücklicherweise lässt sich das ja wiederholen. Aber diesen Tiefkühlfall hätte ich mir ungern entgehen lassen. Ich habe den Eindruck, dass das allmählich in Mode kommt, wenn auch eher mit Säuglingen oder Leichenteilen. Insofern ist die Vorgehensweise nicht ganz neu, aber ein vollständiger Erwachsener – das ist doch eine Premiere für mich. Ich muss Sie jetzt schon darauf vorbereiten, dass frühestens morgen am Nachmittag mit der Sektion begonnen werden kann, sollte unser Mann völlig durchgefroren sein. Das zeigt unsere Erfahrung mit Erfrorenen, die bei starkem Frost erst nach Tagen im Freien gefunden wurden.«

»Die Truhe war auf minus achtzehn Grad eingestellt. Bei unserem Eintreffen haben wir minus sechzehn Grad gemessen«, warf der Kriminaltechniker ein.

Und Granow ergänzte: »Die Ehefrau ist sich aber nicht sicher, wie lange die Truhe nach der grauenvollen Entdeckung geöffnet war.«

Dann begann Schwarz mit der Leichenschau. Granow und die beiden Kriminaltechniker hoben den steif gefrorenen Leichnam aus der Truhe und legten ihn auf eine ausgerollte Folie. Der Tote war vollständig mit Anzug und Schuhen bekleidet. Schwarz und die Kriminaltechniker schossen mehrere Übersichts- und Detailfotos. Schwarz diktierte seine Befunde der »Äußeren Besichtigung« und registrierte eine Platzwunde am Hinterkopf, mehrere fleckförmige Hautabschürfungen an der linken Stirnseite, am Nasenrücken, am linken Jochbeinbogen und an beiden Handrücken. Die Kleidung öffnete er, soweit es möglich war. »An eine vollständige Entkleidung ist hier nicht zu denken, es sei denn, wir zerschneiden die Sachen.« Dabei blickte Schwarz fragend zur Staatsanwältin.

Die bat ihn, damit noch zu warten.

Danach wandte er sich an die interessiert zuschauenden Vertreter von Justiz und Polizei. »Ich kann gar nichts zu eventuellen inneren Verletzungen sagen. Der Leichnam ist steinhart, offenbar durchgefroren und braucht Zeit zum Auftauen. Aber es gibt äußere Verletzungen, sie sind Folgen stumpfer Gewalt und passen am ehesten zu einem Sturzgeschehen. Die Hautabschürfungen, insbesondere aber die Kopfplatzwunde sollten Spuren am Ereignisort hinterlassen haben. Die Todeszeitbestimmung wird schwierig. Unser übliches Programm mit Totenflecken, Totenstarre, Leichenkälte, mechanischer und elektrischer Erregbarkeit der Muskulatur und so weiter ist hier nicht anwendbar. Bis jetzt gibt es zwei Hinweise. Erstens: Das komplette Durchfrieren des Körpers hat wahrscheinlich mindestens 24 Stunden gedauert. Zweitens: Die Horn- und Bindehäute der Augen sind deutlich vertrocknet, und die Abschürfungen an Gesicht und Händen zeigen Vertrocknungen leichteren Grades. Das würde auch zu einer Lagerung in der Truhe von über 24 Stunden passen. Aber mehr nach der Obduktion! Diesmal liegen die Möglichkeiten zur Klärung der Todeszeit vielleicht eher auf der Seite der Ermittlungen. Es muss doch rauszukriegen sein, wann der Professor Worch zuletzt lebend gesehen wurde. Ach ja, noch etwas, die Totenflecke sind auffallend hellrot. Das dürfte hier ein reiner Kälteeffekt sein. Ich meine, der ist nach dem Tode eingetreten, denn die Fingernägel sind ziemlich dunkel livide.«

Der Erste Kriminalhauptkommissar Granow startete noch einen letzten Versuch. »Robert, ist der Mann denn nun durch Unterkühlung gestorben oder tot in die Truhe geraten?«

Die Reaktion von Schwarz war ungewohnt kühl. »Ich dachte, das hatten wir geklärt, Gunnar. Wir müssen die Obduktion abwarten. Ich will mich trotzdem zu einer vorsichtigen Vermutung hinreißen lassen. Es erscheint mir wahrscheinlicher, dass Worch erst nach einer tödlichen Gewalteinwirkung oder einem Tod aus anderer Ursache in die Truhe geraten ist. Ich meine doppelte Totenflecksysteme zu sehen – aber das ist bei dem jetzigen Kenntnisstand nicht sicher.«

»Was sind doppelte Totenflecke?«, fragte die Staatsanwältin.

Da antworteten Schwarz und Granow fast im Chor: »Die liegen an der Körpervorder- und -rückseite.«

Schwarz ergänzte: »Das passiert nur, wenn der Tote nach einigen Stunden umgelagert wurde.« Danach packte Prof. Schwarz seine Einsatztasche und verabschiedete sich mit den Worten »Wir sehen uns morgen um 16 Uhr im Sektionssaal«.

Am nächsten Tag führte der Rechtsmediziner die Staatsanwältin und die Kommissare zu dem Leichnam. »Wir haben unsere Tiefkühlleiche seit gestern bei Raumtemperatur liegen lassen, wie es aussieht, mit Erfolg.« Schwarz begrüßte den Assistenten Dr. Krell und den Sektionsassistenten Walter Mann. »Vorgehen wie immer. Ich hoffe, der Tote ist jetzt ausreichend aufgetaut. Herr Mann entkleidet vorsichtig Schicht für Schicht, und wir schauen. Alles Wichtige der ›Äußeren Besichtigung‹ wird von mir diktiert.«

Und so arbeitete das Team sich vorwärts. Die Kleidung wurde sorgfältig ausgebreitet.

Schwarz untersuchte die wertvolle Uhr und tat sie in einen Asservatenbeutel. An dem entkleideten Leichnam demonstrierte er den Besuchern die Totenflecke. »Sehen Sie, wir finden einmal die typische Hypostase, das heißt Blutsenkungsfülle, an der Körpervorderseite, wenn auch recht schwach ausgeprägt, und dann deutlicher an der Rückseite. Wir schließen daraus, dass der Tote nach etwa sechs bis acht Stunden von der Bauchlage in die Rückenlage verbracht wurde, in der er dann aufgefunden wurde.«

Es folgte die detaillierte Untersuchung aller Körperregionen mit besonderer Beschreibung und fotografischer Dokumentation der Verletzungen. Schließlich konnten die Rechtsmediziner mit der »Inneren Besichtigung« fortfahren. Mit besonderer Sorgfalt wurde der Schädel präpariert. Ebenso wurde die Wirbelsäule dargestellt, zuerst von der Rückenseite freigelegt, dann nach Entnahme der inneren Organe von vorne. Bevor Schwarz zum »Vorläufigen Gutachten« überging, demonstrierte er die wichtigsten Verletzungen. »Entscheidend für den Tod ist diese schwere Hirnprellung bei einem Bruch von Schädeldach und -basis. Weiterhin gibt es einen Bruch des vierten und fünften Halswirbelkörpers. Wie Sie hier sehen, ist darunter das Rückenmark gequetscht. Ich fasse jetzt zusammen.«

I. Sektionsergebnis
Leiche eines bekannten, 47 Jahre alten, 179 cm großen und 78 kg schweren Mannes.
Näher beschriebene Platzwunde der Kopfschwarte am Hinterhaupt, kor-

respondierende Fraktur von Schädeldach und -basis mit schwerer Hirnprellung.

Näher beschriebene Halswirbelfrakturen mit Halsmarkquetschung.

Mehrfache fleckförmige Hautunterblutungen und -abschürfungen am
Gesicht, an beiden Handrücken und Kniegelenken.

Bluteinatmungsherde beider Lungen. Kleinfleckige Unterblutungen der
Herzinnenhaut.

Kleiner Nierenbeckenstein links.

Geringe allgemeine Arteriosklerose.

II. Todesursache: schweres Schädel-Hirn-Trauma und Bruch der Halswirbelsäule.

III. Es handelt sich um einen Tod aus nicht-natürlicher Ursache.

IV. Nach dem Ergebnis der quantitativen Alkoholbestimmung aus Schenkelblut und Urin lag zum Zeitpunkt des Todeseintritts keine alkoholische
Beeinflussung vor.

V. Der Betroffene wurde am gestrigen Tag tiefgefroren in einer Tiefkühltruhe im Keller seines Wohnhauses aufgefunden. Das bei der äußeren
Besichtigung vorgefundene doppelte Totenflecksystem lässt darauf schließen, dass sich der Betroffene nach dem Todeseintritt zuerst für mehrere
Stunden in Bauchlage befand und nach ca. 6 bis 8 Stunden in Rückenlage
verbracht wurde. Als Todesursache ist zweifelsfrei die schwere Verletzung
des Schädels und der Halswirbelsäule festzustellen. Sie ist Folge stumpfer
Gewalteinwirkung, wozu am ehesten ein mehrzeitiges Sturzgeschehen geeignet erscheint.

VI. Zur Frage der vitalen Einwirkung tiefer Temperaturen ist festzustellen,
dass die Sektion an Haut und inneren Organen keine Zeichen der Unterkühlung ergab. Histologische und histochemische Untersuchungen von
Gewebsproben der Haut und innerer Organe werden noch zur Frage der
Vitalität durchgeführt.

VII. Die Bestimmung der Todeszeit ist im vorliegenden Fall sehr schwierig.
Bis zum Zeitpunkt der Auffindung sollten aber mindestens 24 bis 36 Stunden vergangen sein.

VIII. Zur Frage einer eventuellen toxischen Beeinflussung wurde entsprechendes Organmaterial einer chemisch-toxikologischen Analyse zugeführt.

IX. Die Obduzenten behalten sich ein endgültiges Gutachten ausdrücklich vor.
X. Prof. Dr. med. Robert Schwarz, Dr. med. Hans Krell

Granow fasste die Meinung der Kriminalisten zusammen. »Haben wir das richtig verstanden: Wir haben jetzt nur noch Ort, Zeitpunkt und Ursache des tödlichen Sturzes zu klären?«

»Also ganz einfach«, fügte Marotzke spöttisch hinzu.

Da ergriff Schwarz das Wort. »Der klassische Ort für so ein mehrzeitiges Sturzgeschehen wäre eine Treppe. Ein Treppensturz würde alle Verletzungen von Johannes Worch einschließlich der tödlichen Befunde erklären. Vielleicht findet ihr ja entsprechende Spuren in seiner Wohnung oder seinem Treppenhaus. Mehr Glück braucht ihr sicher für die Aufdeckung der Ursache seines Sturzes.«

»Und wie sollen wir das Alibi von Tatverdächtigen prüfen, wenn die Todeszeit so unsicher ist?«, fragte die Staatsanwältin.

»Da kämen wir weiter, wenn ich entsprechende Kühlversuche unternehmen könnte. Dazu bräuchten wir eine frische Leiche mit 78 kg Körpergewicht und vergleichbarer Kleidung, die wir in eine typengleiche Truhe bei minus achtzehn Grad deponieren.«

Die Staatsanwältin machte ein erschrockenes Gesicht. »Das kann ich nicht genehmigen! Ganz abgesehen davon – wie wollen Sie denn die passende Leiche finden? Ohne den zustimmenden Willen des Verstorbenen oder seiner Hinterbliebenen sehe ich rechtliche Probleme. Und denken Sie an die Boulevardpresse, wenn die das mitkriegt!«

»Dann nehmen wir eben ein passendes Schwein als Versuchsobjekt«, schlug Schwarz vor. »Auch das ist natürlich ein großer Aufwand. Oder Sie vertrauen meiner Intuition in Kombination mit detaillierten Untersuchungen. Danach ist der Tod des Professors Worch vor genau drei Tagen gegen 17.10 Uhr eingetreten.«

Jetzt konnte man eine Stecknadel fallen hören. Alle schauten zu Prof. Schwarz, der seinen Auftritt sichtlich genoss.

»Wie haben Sie denn das herausgefunden?«, fragte die Staatsanwältin.

Granow machte ein nachdenkliches Gesicht und sagte zu dem Rechtsmediziner: »Robert, du nimmst uns jetzt auf den Arm. Nach diesem Zeitraum ist eine präzise Todeszeitbestimmung doch gar nicht mehr möglich. Das hast du auch bisher nie gemacht. Also rück schon raus mit der Sprache!«

»Dann werde ich mein Geheimnis verraten«, freute sich Schwarz. »Der Tote trug eine Armbanduhr, teures Stück der Marke Cartier, 750er Gold, Automatik. Die hat einen gewaltigen Schlag erhalten, erkennbar an der Delle im Gehäuse und dem Sprung im Deckglas. Die ist mit an Sicherheit grenzender Wahrscheinlichkeit bei dem Sturz stehengeblieben – vor drei Tagen um 17.10 Uhr. Ich habe die Uhr schnell bei den Asservaten verschwinden lassen, weil ich ihre Bedeutung von Anfang an erkannt hatte.«

»Also, da überlege ich mir, ob ich nicht ein Strafverfahren wegen Unterschlagung von Beweismitteln gegen Sie einleite«, meinte die Staatsanwältin lachend.

Und Granow brummte: »Robert, das zahle ich dir heim. So seine alten Freunde und erfahrene Ermittler zu verscheißern! Aber gut, damit haben wir jetzt einen Anhaltspunkt, für welche Zeit wir Alibis zu prüfen haben. Eigentlich wäre die Uhr ja unser Revier gewesen.«

»Darüber streiten sich allerdings die Gelehrten«, erwiderte Schwarz. »Nach meiner Philosophie ›gehört‹ die Leiche und alles an der Leiche dem Rechtsmediziner.«

»Ihre Theorie hat einen Haken, Professor«, warf Theresa Marotzke ein. »Mit Ihrer Zeitangabe können Sie doch nur die Zeit des Sturzes meinen, wir wollen aber die Todeszeit wissen.«

»Ich merke, Sie denken mit«, stimmte ihr Schwarz zu. »Aber das habe ich schon bedacht. Die schwere Verletzung von Gehirn und Halsmark hat das Opfer bestenfalls noch Minuten überlebt, also gibt es keine relevante Zeitabweichung zwischen Sturz und Todeseintritt.«

Mit den Worten »Dann können wir uns wieder an unsere Arbeit machen« verabschiedeten sich die Kriminalisten.

Auch Frau Dr. Müller-Linthe wandte sich zum Gehen, musste aber vorher noch einen an Schwarz gerichteten scherzhaften Tadel loswerden. »Wehe, wenn Sie uns noch einmal so auf den Arm nehmen, Herr Professor!«

***

Sie kannten nun den Tathergang und wussten ziemlich genau, wann Johannes Worch getötet worden war, aber das sei, so Granow, auch nicht mehr als das Wissen, dass zwei mal zwei gleich vier war. Nun, es kam zwar nicht die ganze Menschheit als Täter in Frage, aber es gab doch mehr Verdächtige, als ihnen lieb sein konnte.

»Da hätten wir erst einmal all jene Studierenden, die bei ihm durchgefallen sind und sich von ihm schlecht behandelt fühlten«, begann Granow mit der Aufzählung.

»Plus der Doktoranden, die Angst hatten, dass er sie beim Plagiat erwischt«, fügte Theresa Marotzke hinzu.

»Kommen die lieben Kollegen hinzu, die ihn gehasst haben könnten, warum auch immer«, fuhr Granow fort. »Und als letzte Gruppe haben wir noch seine engen Bezugspersonen von der Ehefrau über den Schwiegervater bis zur Geliebten.«

»Die Zufallstäter nicht zu vergessen«, beendete Theresa Marotzke die Aufzählung. »Der Einbrecher zum Beispiel, den er in seiner Villa überrascht hat.«

»Wo fangen wir an?« Das war rein rhetorisch gefragt, und Granow gab sich auch gleich selbst die Antwort. »Natürlich bei seiner Frau.«

Theresa Marotzke blickte ungläubig zu ihm hinüber. »Du meinst, die war es selber?«

»Nein, obwohl ja nichts ganz auszuschließen ist, aber sie kann uns am besten sagen, bei wem ihr Mann auf der Abschussliste gestanden haben könnte.«

Sie fuhren also in die Brienner Straße, diesmal mit Granows Wagen, trafen aber Corinna Worch nicht an. Nachbarn verrieten ihnen, dass sie es nicht ausgehalten habe, sich allein in der »Mordvilla« aufzuhalten, und zu ihrer Freundin Claudia gezogen sei. Deren Telefonnummer hatte man, und so bekam Granow schnell heraus, dass sie nach Westend in die Bayernallee zu fahren hatten.

Corinna Worch sah aus, als würde sie jeden Augenblick kollabieren. Granow fragte sich, ob es der Tod ihres Mannes war, der ihr so zusetzte, oder die Angst um ihre politische Karriere, denn wie immer die Sache ausgehen sollte, etwas blieb immer hängen.

»Wir bitten um Verständnis, dass wir alles noch einmal aufwühlen müssen und Sie damit zusätzlich belasten«, begann er. »Aber es ist unsere Pflicht, den Täter ausfindig zu machen.«

»Ja, selbstverständlich. Fragen Sie nur!« Sie trank die Tasse Beruhigungstee aus, die ihre Freundin für sie gekocht hatte. »Darf Claudia bei unserem Gespräch dabei sein?«

»Eigentlich nicht ...«

Nachdem die Freundin das Wohnzimmer verlassen hatte, baten Granow und Marotzke Corinna Worch zu erzählen, wie sie beide nach Hause gekommen waren und den Toten gefunden hatten. Dies sozusagen zur Aufwärmung, aber auch um etwaige Widersprüche zu entdecken. Die gab es aber nicht.

Theresa Marotzke stellte dann die erste relevante Frage. »Wie war denn das Verhältnis zu Ihrem Mann?«

Corinna Worch zögerte einen Augenblick mit einer Antwort. »Wenn ich jetzt sage, dass es denkbar schlecht gewesen sei, dann komme ich als Täterin in Frage. Behaupte ich aber, es sei wunderbar gewesen, dann werden Sie bald von anderen die Wahrheit hören, und wieder bin ich verdächtig.«

»Sie haben ja das Alibi, zur vermuteten Tatzeit in Leipzig gewesen zu sein«, begann Granow. »Aber von Leipzig ist man mit dem Zug in einer guten Stunde in Berlin, und Hotels kann man auch verlassen, ohne dass es an der Rezeption jemand bemerkt.«

»Danke für Ihre Offenheit!«, rief Corinna Worch. »Aber wo sind die Fakten, die das belegen? Ohne die werden Sie keinen Untersuchungsrichter dazu bringen, mich in Untersuchungshaft zu nehmen.«

Theresa Marotzke machte eine Handbewegung, die sie beruhigen sollte. »Nicht so heftig, Frau Worch, bitte! Wenn Sie die Sache nüchtern sehen, dann werden Sie zugeben müssen, dass wir gar nicht anders handeln können.«

Granow staunte, dass die verehrte Kollegin imstande war, auch druckreifes Deutsch zu reden, und verlor darüber fast den Faden. »Ja, äh ...«

»Wenn Sie es nicht waren, Frau Worch, dann muss es doch jemand anders gewesen sein, logo!« Theresa Marotzke lief langsam zur Höchstform auf. »Und wer fällt Ihnen da ein, wenn Sie einmal nachdenken würden ...«

»Zuerst fällt mir da der Monteur ein, der uns diese dreimal verfluchte Riesentiefkühltruhe angeschlossen hat. Sie hat und hat nicht richtig funktionieren wollen, sooft er auch gekommen ist, um sie zu reparieren. Zum Schluss hat es einen Riesenkrach mit meinem Mann gegeben, und sie sind wohl sogar mit den Fäusten aufeinander losgegangen.«

»Sie können also nicht ausschließen, dass die Tiefkühltruhe, als Sie in Leipzig waren, wieder einmal kaputtgegangen ist und der Monteur Ihren Mann nach einem heftigen Streit die Kellertreppe hinuntergestoßen hat?«, hakte Theresa Marotzke nach.

»Sie sagen es, Frau Marotzke.«

Granow fragte sich, ob Theresa Marotzke den VHS-Kurs »Hochdeutsch für Berliner« mit einer »Eins plus« abgeschlossen hatte, und hatte Mühe, sich weiter auf das Gespräch mit Corinna Worch zu konzentrieren. Nachdem sich Theresa Marotzke den Namen des Monteurs aufgeschrieben hatte, Michael Witschel, kam Granow auf die Studenten zu sprechen, die Johannes Worch womöglich bis hin zu Mordgedanken gehasst hatten.

»Am ehesten war es einer von denen, die bei ihm durchgefallen sind.« Corinna Worch schloss die Augen, um sich besser konzentrieren zu können. »Da war besonders einer, der fürchterliche Drohungen ausgestoßen hat ... Wie der hieß? Lassen Sie mich überlegen ... Der hatte einen Namen, der mich immer an eine der Schauspielerinnen aus der alten Garde erinnert hat.«

Granow wollte ihr auf die Sprünge helfen. »Grete Weiser, Hertha Feiler, Heli Finkenzeller, Brigitte Mira?«

»Nein, nein ... Die hat in der Serie *Forsthaus Falkenau* mitgespielt. Die Oma ...«

»Bruni Löbel!«, rief Theresa Marotzke. »Hat meine Frau immer gesehen.«

»Ja, richtig, Löbel heißt der Kerl! Der wollte bei meinem Mann promovieren, das hat aber nicht geklappt. Er war hier und hat geschrien, durch die Unmenschlichkeit meines Mannes sei sein ganzes Leben verpfuscht. Er werde aber eines Tages die richtige Antwort auf diese Kränkung finden.«

Granow blickte zu Theresa Marotzke hinüber. Die nickte, und damit konnten sie sich erst einmal von Corinna Worch verabschieden. »Auf Wiedersehen.«

Sie lachte. »So sympathisch Sie auch sein mögen – ich erhoffe mir kein Wiedersehen.«

Michael Witschel und Löbel, diese zwei Namen standen nun obenan auf ihrem Notizblock, und sie beschlossen, mit dem Monteur zu beginnen.

»Bei der mangelnden Selbstbeherrschung, die Witschel zu haben scheint, könnte er doch durchaus den Herrn Professor die Treppe hinuntergestürzt und anschließend in die Tiefkühltruhe gelegt haben, um die sie sich vorher gestritten hatten. Was für ein Gag!«

Die Firma, für die Michael Witschel arbeitete, residierte in der Köpenicker Straße, und zwar zwischen Michaelkirchstraße und Bethaniendamm.

»Das ist die absolut hässlichste Ecke Berlins!«, rief Granow, als sie dort angekommen und ausgestiegen waren. Bauruinen wechselten sich ab mit besetzten Häusern, von denen jeden Augenblick Putz und Balkone herunterzufallen drohten, verfallenen Fabrikgebäuden, die sich ebenfalls im Besitz irgendwelcher Autonomen befanden, Plätzen des billigsten Gebrauchtwagenhandels und verwahrlosten Brachen. Dazwischen ein Jugendhotel, ein aufgestylter Gewerbehof aus früheren Zeiten und durchaus das eine oder andere moderne Bürogebäude – aber das half der Gegend wenig, den Eindruck eines Slums zu verwischen.

Diesen Michael Witschel glaubte Granow schon einmal gesehen zu haben – in einer Fernsehsendung, bei der der stärkste Mann gesucht wurde. Das waren Kerle, die dicke Baumstämme in die Höhe stemmten, schwere Lastwagen an einem Seil hinter sich herzogen oder dutzendweise Steine vom Umfang einer Weltkugel auf hohe Gestelle hoben. Ein Leichtgewicht wie Worch zu packen und die Kellertreppe hinunterzuwerfen wäre für Michael Witschel ein Klacks gewesen.

Das Einleitungsritual dauerte nicht lange, schon kamen sie zu den ersten Fragen. Ob sich Michael Witschel an die Lieferung der Riesentiefkühltruhe an Prof. Worch in die Brienner Straße erinnern könne.

Der Hüne schaute grimmig auf sie herab. »Seine Frau hat Ihnen von dem ganzen Theater erzählt, wie?«

»Ja«, wagte Granow zu antworten, wobei er schon überlegte, mit welchem der Karateschläge oder Judogriffe, die er einmal gelernt hatte, diesem sprechenden Muskelberg am besten beizukommen war. Wahrscheinlich mit keinem.

Michael Witschel wurde noch um einige Grade böser. »Und jetzt behauptet diese selten dämliche Kuh sicherlich, ich hätte ihren Alten umgebracht.«

»Nein, das sind wir, die das in Erwähnung ziehen müssen«, sagte Theresa Marotzke und sah mit Erleichterung, wie Granows Hand langsam in Richtung seiner Waffe ging.

Diese Bewegung schien auch Michael Witschel nicht entgangen zu sein, denn er wurde eine Spur friedfertiger und schilderte in knappen Worten, was er in der Brienner Straße alles erlebt hatte. »Der Herr Professor war immer so von oben herab ...«

Von oben herab – so war er auch die Kellertreppe hinuntergesegelt, dachte Granow, hielt aber den Mund. Den öffnete er erst wieder, als sie zur berühmten A-Frage kamen. »Gut, wir nehmen zu Protokoll, Herr Witschel, dass Sie die Tat entschieden abstreiten. Das können Sie nun am besten mit einem hieb- und stichfesten Alibi untermauern.« Er nannte Tag und Stunde, so wie sie aus dem Gutachten von Prof. Schwarz herauszulesen waren.

»Tut mir leid, da war ich die ganze Zeit bei mir im Keller und habe trainiert. Allein, ja.«

Froh, nicht in der Charité gelandet zu sein, setzten sie sich wieder ins Auto, um zur Freien Universität zu fahren. Theresa Marotzke hatte schon herausgefunden, dass der Fachbereich für Geschichts- und Kulturwissenschaften in der Koserstraße 20 residierte. Als Granow das in sein Navi eingegeben hatte, wurde ihm gemeldet, dass es bis dorthin 13,0 Kilometer seien und sie bei der aktuellen Verkehrslage 37 Minuten bräuchten. Das stimmte in etwa, aber es dauerte doppelt so lange, bis sie Löbel gefunden hatten. Er saß mit einigen Kommilitonen in einem Restaurant in der Altensteinstraße. Granow und Marotzke stellten sich vor und baten ihn in einen der hinteren Räume. Granow musste Worch posthum recht geben: Einem solchen Dumpfmeier wie diesem Löbel hätte er nicht einmal ein Plagiat á la Guttenberg zugetraut. Schnell kamen sie zur Sache.

Löbel prallte zurück. »Ich soll Professor Worch umgebracht haben?«

Theresa Marotzke nickte. »Ja, weil er sie nicht als Doktoranden haben wollte.«

»Wer sagt das?«, rief Löbel.

»Wir stellen hier die Fragen«, kam automatisch Granows Antwort.

»Das ist doch totaler Blödsinn!«, erregte sich Löbel. »Es ging doch gar nicht um eine Dissertation, sondern darum, dass er alles darangesetzt hat, mich nach meinem Bachelor vom Masterstudium auszuschließen.«

Theresa Marotzke hatte ein sagenhaftes Geschick, harmlos zu tun und dabei unbemerkt eine Falle aufzustellen. »Und da waren Sie noch einmal bei ihm zu Hause, um ihn umzustimmen?«

»Nein, nicht bei ihm zu Hause, sondern in seinem Büro.«

Nun sah Granow den Zeitpunkt gekommen, auch Löbel die A-Frage zu stellen.

Der druckste eine Weile herum, aber es fiel ihm nichts ein, was ihn entlastet hätte. »Ja, da muss ich wohl zu Hause gewesen sein und geschlafen haben.«

Zurück in der Keithstraße, machten sich Granow und Theresa Marotzke erst einmal ans Kaffeetrinken. Sie schwiegen eine Weile von diesem und jenem, dann hatte Granow eine Idee.

»Wir spielen jetzt Gottesurteil, das heißt, ich mache vier Lose, und du ziehst eines. Dann wissen wir, wer es war beziehungsweise ob wir noch weiter suchen müssen.« Er machte sich ans Werk, riss vier gelbe Zettel von seinem Notizklotz und beschriftete sie:

Corinna Worch
Michael Witschel
Björn Löbel
Der große Unbekannte

Nachdem er alle sorgfältig zusammengefaltet und unter dem Schreibtisch gemischt hatte, hielt er sie Theresa Marotzke hin.

Die zögerte noch mit ihrer Entscheidung. »Ist das nicht ein bisschen unprofessionell?«

Granow lachte. »Das ist das Kommissar-Zufall-System in seiner reinsten Form.«

»Na gut.«

Theresa Marotzke griff zu und zog *Der große Unbekannte*.

»Törööö!«, machte Granow. Das kannte er noch aus der Zeit,

als seine Kinder eine Benjamin-Blümchen-Kassette nach der anderen gehört hatten. »Alles zurück auf null!«

»Dann müssen wir in der Worch-Villa anfangen.«

»Du sagst es!«

Wieder in der Brienner Straße, sahen sie im Arbeitszimmer von Prof. Worch alles durch. Sie hofften, etwas zu finden, das für sie irgendwie von Interesse sein konnte. Vor allem suchten sie nach einem Hinweis auf einen Kollegen, Doktoranden oder Studenten, der so mit dem Professor verfeindet war, dass eine heftige körperliche Auseinandersetzung möglich schien.

»Nichts!« Nach einer Stunde hatten sie nichts gefunden, was sie weiterbringen konnte, und Granow sank im Wohnzimmer auf die Couch, um sich ein wenig zu erholen. Er warf dabei einen Blick auf den Glastisch, wo einige Zeitungen, Magazine und Romane herumlagen. Was las man so im Hause eines angesehenen Historikers und einer zukünftigen Spitzenpolitikerin? Sicherlich nur äußerst anspruchsvolle Literatur. Bei dieser Erwartungshaltung zuckte er regelrecht zusammen, als er ein Produkt der Yellow Press erblickte. Aufgeschlagen war die Seite mit den Kreuzworträtseln. Das erinnerte ihn an seine nervende Schwiegermutter, und da er noch etliche weiße Felder sah, waagerecht wie senkrecht, hörte er unwillkürlich die Gute fragen: »Gunnar – linker Nebenfluss der Donau?« Er nahm das Blättchen zur Hand, um zu sehen, welche Frage so schwierig war, dass Corinna Worch nicht in der Lage gewesen war, sie zu beantworten. Dass es eine weibliche Handschrift war, erkannte er auch ohne graphologisches Studium. Dann stutzte er, denn in einigen Feldern hatte er eine männliche Handschrift entdeckt. Typisch männliche Druckbuchstaben, exakt und mit mehr Druck geschrieben. Er rief Theresa Marotzke herbei und fragte sie, was sie davon hielte.

»Ja, das muss ein Mann gewesen sein, da haste recht.«

Granow verstand das nicht. »Wenn ich meiner Schwiegermutter beim Rätselraten helfe, dann fragt sie mich nach etwas, und ich rufe ihr zu, welches Wort sie einsetzen soll, aber ich gehe doch nicht hin und nehme ihr den Bleistift aus der Hand, um das gesuchte Wort selber einzutragen.«

Für Theresa Marotzke ließ das nur eine Schlussfolgerung zu. »Da hat sich einer über das Kreuzworträtsel hergemacht, der Langeweile hatte. Und zwar als Corinna Worch nicht da war.«

»Ja, aber ihr Mann kann das nicht gewesen sein, der war ja in Dortmund.«

Um in dieser Hinsicht ganz sicher zu sein, suchten sie in Worchs Unterlagen nach Passagen, wo er etwas in Druckschrift festgehalten hatte. Nein, er war es nicht, der sich am herumliegenden Kreuzworträtsel versucht hatte.

»Also muss es ein anderer gewesen sein, ein Besucher.«

Sie riefen Corinna Worch am Arbeitsplatz an und erfuhren, dass sie keinen Besucher empfangen habe, einen männlichen schon gar nicht. »Nur meine Freundin Claudia war da.«

Als Granow wieder aufgelegt hatte, fragte ihn Theresa Marotzke, was denn der große Unbekannte eingetragen habe. »Ich meine, was hat er denn gewusst, das die Worch nicht gewusst hat?«

»Hier, Held in Strittmatters *Der Laden*.«

»Und?«

»*ESAU MATT*«, antwortete Granow. »Wäre mir nie eingefallen.«

»Mir auch nicht«, bekannte auch Theresa Marotzke. »Und was noch?«

»Russischer General gegen Napoleon: *WITTGENSTEIN*. Ich dachte immer, das sei ein Philosoph gewesen ...«

»So was kann doch nur ein Historiker wissen, also einer von Worchs Truppe!«, rief Theresa Marotzke.

»Und ein Strittmatter-Kenner oder einer, der über die Sorben geforscht hat«, fügte Granow hinzu. »Aber wer?«

Da sprang Theresa Marotzke auf. »Mensch, bei Worch auf dem Schreibtisch liegt eine Dreierliste der Viadrina aus Frankfurt an der Oder. Da steht er an erster Stelle und an zweiter einer, der was über die Sorben veröffentlicht hat. Wenn der nun hier war und ...«

»Ja, vielleicht ein wenig corriger la fortune«, murmelte Granow.

»Wat is los?«, fragte Theresa Marotzke mit einem kleinen sprachlichen Rückfall.

»Dem Schicksal, dem Glück ein wenig auf die Sprünge helfen.«

So kamen sie auf Dr. Michael Massenz, und das Weitere war dann reine Routine. Nach zwei Tagen hatte er ein umfassendes Geständnis abgelegt. »Ich war gierig nach der Professur. Und Worch war doch schon Professor, er hätte ruhig zu meinen Gunsten verzichten können. Ich habe ihn fast kniefällig darum gebeten, doch er wollte mich hinauswerfen. Dabei ist es zu der Rangelei gekommen, in deren Folge er die Treppe hinuntergestürzt ist. Um die Tat zu vertuschen, habe ich ihn dann in die Tiefkühltruhe gelegt.«

***

Granow rief bei Schwarz im Institut für Rechtsmedizin an, um ihm die neueste Entwicklung zu präsentieren. »Stell dir vor, Robert, wir haben es mit einem Berufungsstreit unter Akademikern zu tun. Der Täter stand mit Worch auf einer Berufungsliste, aber nur auf Platz zwei. Hat sich mit Worch gestritten, weil dieser seine Bewerbung nicht zurückziehen wollte.«

»Wundert mich eigentlich nicht, da geht es doch um viel. Auch im akademischen Betrieb kann man in ein Haifischbecken geraten. Hat denn mein Kabinettstückchen mit der Todeszeit bei der Aufklärung geholfen?«, fragte Schwarz.

»Na sicher, sonst hätten wir weder die Angaben zum Alibi noch zum Tatablauf klären können. Übrigens, meine Holde lässt schön grüßen und fragt, ob wir nicht den Erfolg bei unserem Italiener in Zehlendorf mit einem guten Rotwein feiern wollen. Unsere Frauen werden, wie üblich, den Termin klarmachen.«

»Geht in Ordnung, und schöne Grüße zurück!« Danach wandte sich Schwarz wieder seinem Gutachten zu, aber seine Gedanken waren immer noch bei dem Fall Worch. Wenn die Leute wüssten, wie komplex und schwierig die Todeszeitbestimmung ist, dachte der Rechtsmediziner. Die sahen und hörten ja in ihren Krimis überwiegend sogenannte Experten – meist auch noch fälschlich als Pathologen oder Kriminaltechniker bezeichnet –, die den Todeseintritt präzise in Stunde oder sogar Minute angaben. Aber das konnte in Wirklichkeit niemand.

Wenn Mediziner oder Kriminalisten von Todeszeitbestimmung sprachen, dann war das retrospektiv gemeint, also rückblickend auf die Zeit des eingetretenen Todes gerichtet. Wenn man das prospektiv könnte – den Zeitpunkt des künftigen Todes vorhersagen! Aber wie die alten Römer schon gesagt hatten: *Mors certa, hora incerta.* Sinngemäß lautete die Aussage: Unser Tod ist gewiss, der Zeitpunkt ist ungewiss. Und das war auch gut so!

Die Rechtsmediziner verfügten bei ihren Untersuchungen zur Todeszeit zwar über die notwendigen Kenntnisse und Methoden, kannten aber auch deren Grenzen. Vor allem wussten sie um die Probleme und die Bedeutung ihrer Aussagen – vorrangig im Rahmen strafrechtlicher Ermittlungen, aber auch was das Zivilrecht, zum Beispiel die Erbfolge bei mehreren Verstorbenen, betraf. Sie sprachen deshalb lieber von »Todeszeitschätzung« und gaben klugerweise eher ein zu großes als ein zu kleines Todeszeitintervall an. Schwarz kannte Fälle, bei denen durch falsche Datierung der Todesstunde oder des Todestages die kriminalpolizeilichen Ermittlungen in eine falsche Richtung gelenkt worden waren. Ja, musste Schwarz feststellen, in meinem Fach ist oft genug die Praxis der Prüfstein für die Qualität des Sachverständigen. *Ein* Fehlgutachten reichte, das Ansehen eines jahrelang erfolgreichen Gutachters zu erschüttern.

Das Repertoire der Methoden war groß, musste aber gekonnt und kritisch eingesetzt werden. Es reichte von der Beurteilung der Leichenveränderungen – in der frühen Phase waren das die Totenflecke, die Totenstarre und die Abkühlung der Leiche – bis zu den supravitalen Reaktionen. Hier wurden spezielle Muskelreaktionen geprüft, die mittels mechanischer, elektrischer oder pharmakologischer Reizung in den ersten Stunden nach dem Todeseintritt auslösbar waren. Als einfachste und wichtigste Methode in der frühen postmortalen Phase galt die Messung der Leichentemperatur, zum Beispiel rektal. Aber auch hier war der Messwert von vielen Einflussfaktoren wie der Ausgangstemperatur des Körpers – bestand zu Lebzeiten Fieber? –, der Umgebungstemperatur, dem Körpergewicht, der Bekleidung oder Bedeckung und anderen Umständen des Fundortes abhängig. Schwarz hatte schon einem allzu kritischen Vertreter der Staatsanwaltschaft am Tatort entgegengehalten: »Wenn Sie mir für die vergangene Nacht den Verlauf von Lufttemperatur, -feuchtigkeit und Windgeschwindigkeit an diesem Fundort sagen können, werde ich gerne meine Aussagen zur Todeszeit präzisieren.« Das war das Problem. Alle Daten, die der Rechtsmediziner an einem Verstorbenen erheben konnte, waren von Einflussfaktoren abhängig, die nicht immer zu klären waren, und der wichtigste dieser Faktoren war die Umgebungstemperatur. Deshalb blieb die Todeszeitbestimmung trotz aller wissenschaftlichen Erfolge der letzten Jahrzehnte eine große Herausforderung für den Rechtsmediziner.

Zu den größten Fortschritten der jüngeren Zeit zählte zweifellos das von einem Kollegen am Institut entwickelte Todeszeit-Nomogramm. Schwarz hatte jahrelang mit dem Kollegen zusammengearbeitet und dessen Forschungsarbeiten mit Respekt verfolgt. Das Ergebnis war eine große Hilfe für den Fachmann – der konnte nach Eingabe von Körpergewicht, Rektaltemperatur und Umgebungstemperatur aus dem Nomogramm die wahrscheinliche Todeszeit ablesen. Aber, dachte Schwarz, die Betonung liegt auf *Fachmann*. Das Nomogramm fand sich in allen wichtigen Lehrbüchern des Faches, was Laien gelegentlich zum Selbstgebrauch verleitete, zum Beispiel vor Gericht – die Ergebnisse waren meist unbrauchbar.

Wurde die Umgebungstemperatur einer Leiche künstlich erhöht, beispielsweise durch Heizkörper oder Sauna, oder erniedrigt, zum Beispiel in einer Gefriertruhe, so hatte der Rechtsmediziner tatsächlich größere Schwierigkeiten mit der Todeszeitschätzung. Tiefkühltruhen waren heute praktisch in jedem Haushalt vorhanden, denn die Vorzüge von Tiefkühlkost waren vielfältig. So wurden die technischen Möglichkeiten in zunehmendem Maße auch von Tätern genutzt – als Lager für Kinderleichen oder Leichenteile. Die Nutzung einer Gefriertruhe zur Verdunklung der Todeszeit bei einer erwachsenen Person hatte Schwarz vor der Auffindung des toten Prof. Worch allerdings noch nicht erlebt. In diesen Fällen mussten in Kooperation mit den Kriminalisten andere Hinweise zur Todeszeit gewonnen werden. Im Körper konnten das Hinweise auf die Einnahme alkoholischer Getränke oder die Zusammensetzung der letzten Mahlzeit sein. Außerhalb des Leichnams waren Uhren, Kalender, Zeitungen, Bahntickets, Einkaufsquittungen oder der Zustand angebrochener Nahrungsmittel interessant. Auch die Beleuchtung oder Verdunklung einer Wohnung konnte Hinweise liefern.

Tiefe Temperaturen wurden seit Jahrzehnten in einigen Zweigen der Medizin für die Konservierung lebender Zellen, die sogenannte Kryokonservierung, genutzt. Zum Beispiel verwendeten Transfusions-, Transplantations- und Reproduktionsmedizin tiefgefrorene Zellen wie Blutzellen oder Spermien, Zellkulturen, Gewebe oder Embryonen. Das war auch bei Schwarz im Institut ähnlich. Für die Forschungsarbeiten auf dem Gebiet der Forensischen Genetik lagerten Tausende von Blut-, Serum-, Zell- oder Gewebsproben in den Kühlgeräten seines Instituts. Ob ein Überleben größerer Organe, Körperteile oder kompletter menschlicher Körper durch Kältelagerung möglich war, bezweifelte Schwarz. Er wusste natürlich, dass seit Jahrzehnten in den USA eingefrorene Menschen, sogenannte Suspendierte, auf ihre Wiedererweckung warteten. Die Anhänger der Kryonik ließen sich von spezialisierten Bestattungsfirmen möglichst rasch nach dem

Tode entweder komplett oder nur partiell – Kopf oder Gehirn – präparieren und einfrieren. Die Lagerung erfolgte bei unter minus 140 Grad in flüssigem Stickstoff. Ähnliche Unternehmen soll es auch in Großbritannien, Australien, Russland und der Schweiz geben. In Deutschland war das geschilderte Vorgehen juristisch noch ungeklärt. Generell gab es auch wissenschaftliche Probleme. Sie bestanden vor allem in den Schäden, die durch das Einfrieren an Zellstrukturen entstanden. Vielleicht wurden sie eines Tages gelöst. Wer wollte aber heute schon das Risiko eingehen, sich bei guter Gesundheit kryokonservieren zu lassen, um *vielleicht* spätere Jahrzehnte oder Jahrhunderte zu erleben. Denn eine Lebensverlängerung durch Kryokonservierung setzte voraus, dass tödliche Krankheiten in kommenden Jahrzehnten zu beherrschen waren. Wie auch immer, bisher war Schwarz kein Fall bekannt, bei dem jemand nach Kryokonservierung erfolgreich revitalisiert wurde. Der ausstehende Beweis für die Sinnhaftigkeit des Verfahrens musste also der Zukunft überlassen werden.

Ein anderes Kapitel war der gute Erhaltungszustand von Leichen, die in Gletschern oder Polareis aufgefunden wurden. Ein beeindruckendes Zeugnis dafür waren die Opfer der Franklin-Expedition in der Arktis, bei der von 1845 bis 1848 alle 129 Besatzungsmitglieder den Tod fanden. Der kanadische Anthropologe Owen Beattie untersuchte 1984 drei Mumien von Seeleuten, die in Gräbern der Franklin-Expedition auf Beechey Island im Norden des amerikanischen Kontinents durch den Permafrost erstaunlich gut konserviert waren. Die veröffentlichten Fotos der Mumien mit guterhaltenen Gesichtern – offensichtlich sogar mit intakten Augäpfeln – hatten Schwarz sehr beeindruckt.

Bei diesen Überlegungen musste Schwarz an die wohl bekannteste und vielleicht älteste Kälte-Leiche der Welt denken, die rasch unter dem Spitznamen Ötzi berühmt wurde. Die Gletschermumie des Mannes wurde im September 1991 im Hochgebirge der Ötztaler Alpen in Südtirol zufällig von einem Urlauberehepaar im Grenzgebiet von Österreich und Italien gefunden. Der Fall ist

270

exemplarisch für die Schwierigkeiten der Todes- und Todeszeitermittlung. Zunächst glaubte man an einen rezenten Fund, was zu laienhaften Bergungsversuchen führte. Dann wurde das gerichtsmedizinische Institut der Universität Innsbruck eingeschaltet, sein Direktor leitete und filmte die Bergung. Bei der Staatsanwaltschaft soll sogar ein Strafverfahren gegen Unbekannt eingeleitet worden sein, wie bei unklaren Todesfällen üblich. Aber Kleidung und weitere Fundstücke bei der Leiche sprachen für eine längere Liegezeit. Archäologische Untersuchungen klärten schließlich, dass der Tote über fünftausend Jahre im Eis lag, also der Jungsteinzeit entstammt. Der Fund wurde aufgrund dieser Datierung und des guten Erhaltungszustandes zu einer internationalen Sensation, die auch einen Streit um die internationale Zugehörigkeit der Fundstelle auslöste. Nach Klärung der Region als italienisches Staatsgebiet wurde schließlich für die Mumie ein Museum in Bozen eingerichtet, wo der Leichnam seit 1998 in einer Kühlzelle bei minus sechs Grad gelagert wird. Inzwischen wurde er von zahlreichen Experten verschiedener Fachgebiete untersucht, auch mittels bildgebender Verfahren, Autopsie und zahlreicher Laborverfahren. So sind heute viele Eigenschaften der »jungneolithischen Mumie aus dem Gletscher vom Hauslabjoch« – wie die korrekte wissenschaftliche Bezeichnung heißt – geklärt. Die Wissenschaftler ermittelten die Körpergröße, das Lebensalter, die Haar- und Augenfarbe, den Mageninhalt, natürliche Erkrankungen, Verletzungen sowie die DNS-Merkmale. Als für Archäologen besonders interessant erwiesen sich die Bekleidung des Toten und die mitgeführten Waffen. Das wäre alles für einen Rechtsmediziner weniger interessant, dachte Schwarz, wenn nicht die detaillierten Analysen schließlich doch einen Kriminalfall aufgedeckt hätten. Der Leichnam zeigte mehrere frische Rippenfrakturen, eine Gesichtsschädelfraktur mit Hirnblutung und eine Pfeilspitze in der linken Schulter. Der Pfeil musste die Schulter von hinten durchdrungen haben. Strittig war, ob das Schädel-Hirn-Trauma Folge eines Sturzes oder eines Schlags mit einem stumpfen Gegenstand war – diskutiert wurde eine Keule. Nach den Beschreibungen der Schädelverletzung, soweit Schwarz sie kannte, war für ihn die Theorie einer Schlagverletzung wenig wahrscheinlich. Da hätte er charakteristische Impressionsfrakturen erwartet. Unstrittig erschien dagegen die Gewalteinwirkung von fremder Hand in Form des Pfeilschusses in den Rücken. Hier hätte der Tod durch Verbluten aus einem größeren Blutgefäß eingetreten sein können. Aber auch die Schädelverletzung könnte zum Tod geführt haben. Sie war für Schwarz gut als Sturzverletzung erklärbar, ausgelöst durch den Pfeilschuss mit Stürzen des Getroffenen nach vorne. Also war der Einsatz von Rechtsmedizin und Staatsanwaltschaft im Fall Ötzi gar nicht so verkehrt – nur mindestens fünftausend Jahre zu spät!

Die Menschheit hat jedenfalls durch den Fund des Ötzi viel über die damalige Zeit gelernt. Der unerwartet gute Erhaltungszustand des Leichnams wurde durch eine natürliche Gefriertrocknung in luftdurchlässigem Schnee erklärt. Für Wissenschaftler wie Journalisten war die Gletschermumie über Jahre ein ergiebiger Fall. Doch kein aufsehenerregender Fall ohne mystisches Rätsel – in diesem Falle »Fluch des Ötzi« genannt. Bisher sollen sieben Menschen, die mit der Untersuchung des Ötzi befasst waren, verstorben sein. Tutanchamun lässt grüßen! Da hatte der rational denkende Rechtsmediziner seine Zweifel. Schwarz überlegte: Eine seriöse Untersuchung müsste das Lebensalter und die Vorerkrankungen der Verstorbenen sowie die Zahl aller in Frage kommenden Menschen berücksichtigen – das dürften mehrere hundert Personen sein. Gab es da wirklich eine signifikante Häufung von Todesfällen? Aber die Theorie vom Fluch des Ötzi hatte auch ihren Nutzen – sie bot den Medien reichlich Stoff.

Der Mann aus dem Ötztal hatte für unsere heutigen Vorstellungen früh sterben müssen, mit zirka 45 Jahren. Er war für seine Zeit schon recht betagt und hatte die damalige Lebenserwartung bereits erreicht. Aber sein Ende war traumatisch und wahrscheinlich unerwartet. *Mors certa – hora incerta!*